智闻未来：

人工智能技术视域下的新闻传播发展研究

岳小玲　尹红茹　著

中南大学出版社
www.csupress.com.cn
·长沙·

前　言

在这个信息爆炸的时代，新闻传播的速度、方式以及生产和消费模式都经历了前所未有的变革。而近年来，与新闻传播产业最为紧密、最为深入的技术莫过于人工智能（artificial intelligence, AI）。它不仅为传统新闻领域带来颠覆性的变革，也引发了一系列伦理、法律和社会问题，值得人们深入探讨。

本书是对当前与未来新闻传播在人工智能技术视域下发展的一次系统性探索。在撰写本书时，笔者意识到，人工智能不仅是一门技术，更是一种思考方式，它对传统新闻传播产业的冲击与改变并非仅仅停留在技术层面，而是触及了新闻生产、传播与消费的每一个环节。

第一章概述了人工智能的起源与历史演进，介绍了关键技术与算法，并探讨了智能技术在构建新闻传媒拟态环境中的应用。第二章分析了智能新闻的传播特征、传播模式和生产形态。第三章主要探讨了人工智能如何促进传统新闻业态的转型和发展，分析了新闻媒体和聚合平台之间的资源争夺，并讨论了人工智能技术在生产主体、用户群体、新闻理念及社会镜像方面所引发的变化。第四章深入分析了人工智能如何革新新闻生产流程，涵盖了新闻信息的智能采集、机器写作、人工智能辅助的信息审核、新闻分发的算法优化、虚拟技术的应用以及多终端新闻呈现的创新。第五章分析了 AI 新闻主播的发展、优势、人格化建构与专业能力重塑，新闻主播需拓展的能力维度和转型策略。第六章探讨了算法视野下新闻传播的风险与伦理困境，包括算法偏见、信息茧房等问题。第七章讨论了在智能传播时代中，新闻价值的重塑策略，包括技术与内容的平衡、伦理与责任、行业监管与法律框架、受众参与与反馈。第八章计算传播学的概述、计算传播学与大众传播的解构与重构，以及计算传播学视角下的新闻传播策略与实践。第九章介绍了人工智能新闻问题应对策略以及智能传播的未来图景。在完成这本书的过程中，笔者深感新闻与技术、传统与创新、伦理与效率之间的矛盾与冲突。但正是这些矛盾与冲突，推动了人们不断前进，寻找更好的解决之道。

笔者希望这本书能为所有关心新闻传播发展的读者提供有价值的观点和思考。在人工智能技术持续发展的未来，新闻传播如何更好地服务社会、满足人们的需求，值得每一个人共同思考和努力。

岳小玲　尹红茹

2024 年 5 月

目　录

第一章　绪论

第一节　人工智能的起源与历史演进

一、人工智能的早期尝试与图灵测试

在探讨现代人工智能（artificial intelligence, AI）的复杂景象之前，需要回顾它的起源和它如何从最初的尝试发展到当前的先进技术。人工智能的概念并不新鲜，但在 20 世纪中叶之前，它更多的是科幻小说和哲学讨论的领域。但到了 1950 年，这一概念开始变得更为具体化和技术化。艾伦·图灵（Alan Turing），一位备受尊重的计算机科学家，于 1950 年介绍了一项被称为图灵测试的评估标准，旨在检查机器是否具备与人类相似的思考能力。艾伦·图灵在他的经典论文《计算机器与智能》中阐述了这一测试，通过提出“机器能想到吗”的问题来挑战科技和哲学领域的传统观念。图灵测试如图 1-1 所示，其核心是一种模仿游戏，涉及计算机、人类响应者、询问者这三个参与者，任务是确定哪一个是机器。这一过程完全通过文字交流，避免了声音或外貌带来的偏见。评判的标准并不是计算机提供的每个答案的正确性，而是其答案与人类答案的相似性。计算机有权迷惑询问者，其目的是使询问者难以区分机器和人类。

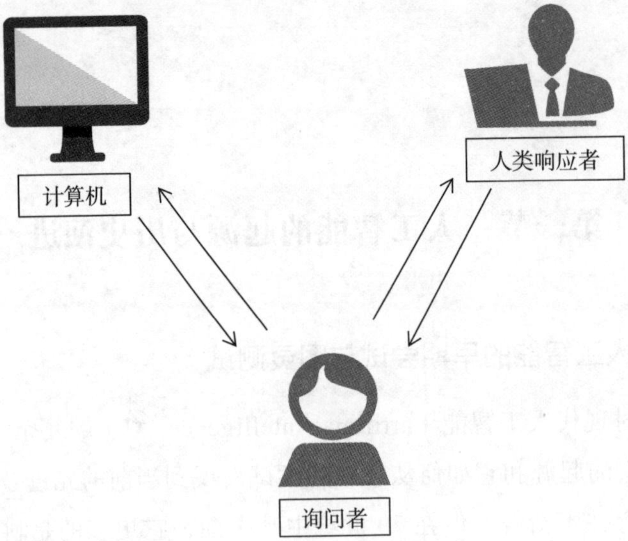

图 1-1　图灵测试

人工智能研究的核心问题，其本质上涉及如何准确捕捉和模拟人类的智能行为。图灵测试提出了一个明确的标准，即只要机器能够与人进行无限制的自然对话而不被识别出来，那么它就可以被认为是智能的。这一思路和主流的人工智能研究观点不谋而合，都是强调外部行为而非内部过程或所谓的"意识"。在探讨人工智能的"意识"时，人们面临一个令人困惑的难题：如果制造出一台声称拥有意识的机器 A，那么是否可以制造出模拟 A 的行为的另一台机器 B？而 B 是否也因此拥有了意识？如果答案是肯定的，那么"意识"的存在就变得相对模糊，因为从行为主义的角度，拥有意识的机器 A 和没有意识的机器 B 在外部行为上是相同的。这也意味着拥有意识并不能给机器带来额外的行为能力。这种观点被称为弱人工智能，即机器能够模拟人类的智能行为但不一定需要与人类的意识、情感等复杂的心智特质相对应。然而，当人们深入考虑智能的全貌时，不能仅仅停留在纯智能行为上。人的智能不仅仅是逻辑和推理，还包括情感、审美、社会习惯等非智力特征。这使得图灵测试在某种程度上显得有些不够全面，因为它可能对模拟某些非智力特征的要求更为严格。这与某些人工智能研究的思路产生了一些矛盾，即应该重点关注与智能活动直接相关的抽象功能和原则，而不是模拟每一个人类的非智力行为。

人工智能的最终目标是让机器模拟人的思维过程，让机器能够胜任一些通常需要人类才能完成的复杂工作。这不仅要求机器有高度的算法能力，还要有广泛的知识和很强的适应能力。目前的人工智能技术，虽然在很多领域取得了显著的进展，但要达到这样的通用性仍然有很长的路要走。与此同时，人工智能研究的不仅仅是计算的问题，它涉及的问题经常与传统的计算模型有所不同，且这些问题往往不能被简单地定义或用算法来描述，而是需要考虑人类如何在实际情境中做出反应。这就意味着，人工智能必须在某种程度上模拟人类的直觉、经验和判断，而不仅仅是数学或逻辑推理。在未来，人工智能将继续探索如何更准确、更全面地模拟人类智能。这不仅仅是一个技术挑战，也是一个哲学和认知科学的挑战。如何定义智能、如何理解意识，以及如何模拟人类的复杂思维行为，都是人工智能研究者必须面对和解答的问题。

此后的几十年中，图灵测试成为评估机器智能的黄金标准。1991年，纽约商人休·勒布纳（Hugh Loebner）设立了一个奖项，承诺为第一台通过图灵测试的计算机提供10万美元的奖金，这进一步激发了人们对这一领域的兴趣。虽然多年来有许多尝试，但迄今为止，没有机器能够完全通过这一严格的测试。在图灵测试的背景下，出现了一些早期的聊天机器人，如ELIZA和Parry。ELIZA是约瑟夫·维森鲍姆（Joseph Weizenbaum）创建的，目的是展现机器与人类之间的交流能力，而Parry是肯尼思·科尔比（Kenneth Colby）于1972年设计的，它模拟了一名患有偏执型精神分裂症的人。这两种机器人都用于展示机器如何模仿人类的行为和反应。尽管它们在模仿交流方面取得了一定的成功，但是它们仍然缺乏真正的思考和理解能力。此外，尤金·古斯特曼（Eugene Goostman）聊天机器人在21世纪初被设计为一个13岁的男孩，它在一次图灵测试比赛中使33%的评委相信它是人类，这是一个重要的里程碑。然而，与图灵测试相对立的是约翰·塞尔（John Searle）的“中文房间”论证。他的论证中心在于，机器可能会很好地处理输入和生成输出，但它们对自己操作的语言和符号缺乏深入的理解。随着时间的推移，人工智能的研究逐渐转向更为深入和系统的方向，如知识表示、专家系统、机器学习和深度学习。

二、人工智能的形成

人工智能的形成期，即1956—1974年，是这一学科历史上的一个关键时期，其从理论转向实践。在这一时期，人工智能从一个模糊的概念逐渐发展为一个具有明确研究目标和方法的学科。

1956年，在美国达特茅斯学院召开的学术研讨会是这一时期的开端。这次研讨会不仅提出了“人工智能”这一术语，更重要的是，它为这一新兴学科的研究方向和方法提供了一个初步的框架。研讨会上，学者总结了在定理机器证明、问题求解、LISP语言、模式识别等关键领域的重大突破，为后来的研究奠定了基础。

纽厄尔（Newell）和西蒙（Simon）的“逻辑理论家”程序是这一时期的一个代表性成果。该程序模拟了人们用数理逻辑证明定理时的思维规律，成功证明了怀特海（Whitehead）和罗素（Russell）的《数学原理》中的多条定理。这一工作不仅展示了计算机在模拟人的高级思维活动中的潜在能力，更重要的是，它为后来的研究提供了一个重要参考。

塞缪尔（Samuel）的跳棋程序则是模拟人类学习过程的一个成功尝试。该程序具有学习功能，可以从棋谱中学习，也能在实践中总结经验，提高棋艺。这一研究为后来的机器学习领域提供了有力启示。

LISP（LIST processor, 列表处理语言）则为人工智能的研究提供了一个重要工具。这一语言不仅可以处理数据，还可以方便地处理符号，成为后来人工智能研究的主要编程语言。

创造性问题解决模式是对人们求解问题时的思维活动的一个总结。该程序提出了启发式搜索的概念，为后来的研究提供了一种重要方法。

归结法则将定理机器证明的研究推向高潮。这一方法为后来的研究提供了新思路，为这一领域的发展打开了新的可能性。

斯坦福大学的 DENDRAL 系统是专家系统的一个早期尝试。这一系统为后来的研究提供了重要参考，标志着人工智能研究从一般思维探讨转向专门知识应用的转变。

知识表示的研究也在这一时期取得了重要的进展。语义网络为后来的研究提供了一个重要工具，为知识的表示和处理提供了一种新方法。

三、人工智能的低谷期

1974—1980 年，人工智能遭遇了一系列的技术和理论挑战，导致其发展严重停滞。

鲁滨逊（Robinson）归结法，作为一种早期的逻辑推理方法，虽然在某些情境下表现出色，但在处理更为复杂的问题时，如证明两个连续函数之和仍为连续函数时，其能力受到了严重的限制。这一局限性揭示了早期人工智能方法在处理复杂任务时的困境。

自然语言处理（natural language processing, NLP）是人工智能的另一个关键领域，也是颇具挑战性的领域之一。尽管早期的研究者希望能够通过简单的字典查找和语法规则来实现语言之间的自动翻译，但实践证明这一任务远比预期复杂。例如，英语句子“The spirit is willing but the flesh is weak.”的翻译误差揭示了单词多义性带来的问题。这一问题的核心在于机器缺乏对语境的深入理解。人类翻译者能够理解句子的深层含义，而机器则往往只能进行字面上的翻译。这种局限性导致了 1966 年美国国家科学院的语言自动处理咨询委员会（Automatic Language Processing Advisory Committee, ALPAC）的报告对机器翻译持否定态度，进一步导致了美国政府资助的学术性翻译项目的取消。

罗森布拉特（Rosenblatt）的感知器模型在1957年引起了广泛关注。这种单层前馈神经网络被认为有潜力解决各种分类问题。然而，1969年，明斯基（Minsky）和佩珀特（Papert）在其著作《感知器》中揭示了单层感知器的局限性，这一发现对神经网络研究产生了深远的影响。尽管感知器模型在某些任务上表现出色，但它无法处理如异或问题这样的简单非线性问题。这一发现导致了神经网络研究的资金被大幅削减，进一步抑制了人工智能领域的发展。

四、人工智能的短暂繁荣与第二次低谷

在20世纪80年代，人工智能领域再次迎来了一波短暂的繁荣。这一时期，专家系统作为人工智能的一个重要应用，受到了广泛的关注和投资。专家系统是一种模拟人类专家知识和经验的计算机程序，它结合了知识库和推理机制，能够在特定领域内提供与人类专家相当的建议和决策。

卡内基梅隆大学为数字设备公司设计的XCON专家系统是这一时期的代表作之一。该系统成功地将人工智能技术应用于实际的商业环境中，为数字设备公司每年节省了数千万美元的成本。XCON的成功引发了一系列的商业投资和创业活动，促使了Symbolics、IntelliCorp等多家与人工智能相关的硬件和软件公司兴起。据估计，到20世纪80年代中期，专家系统产业的市值已经达到了5亿美元。

然而，这一繁荣的背后隐藏着一系列的技术和市场问题。尽管专家系统在某些特定应用中取得了显著的成功，但它们往往需要大量的人工投入来维护和更新知识库，这大大限制了其在更广泛领域的应用。此外，专家系统的推理机制往往基于固定的规则和启发式，缺乏足够的灵活性和泛化能力。

与此同时，随着个人计算机技术的迅速发展，苹果和IBM等公司

生产的台式机的性能开始超越了当时市场上的一些高端工作站。这意味着，对于许多应用来说，使用通用的个人计算机和商业软件就可以满足需求，而无须昂贵的专门硬件和定制软件。这一变化导致了 Symbolics 等公司的市场份额迅速萎缩，专家系统的商业模式也受到了严重的挑战。

到了 1987 年，随着个人计算机的普及和软件技术的进步，专家系统的市场需求急剧下降，人工智能领域再次进入了低谷。这一时期的经验带给研究者和投资者一个重要的教训：技术的商业成功不仅取决于其内在的创新性和性能，还受到市场、成本和竞争等多种因素的影响。

五、人工智能的崛起

从 20 世纪 90 年代中期开始，人工智能领域经历了一系列的技术和应用上的重大突破，标志着这一学科进入了一个新的黄金时代。这一时期的发展不仅仅是技术上的进步，更重要的是，它反映了社会对人工智能的期望和认知的转变。

IBM 的“深蓝”计算机系统在 1997 年击败国际象棋世界冠军卡斯帕罗夫（Kasparov），这一事件被广泛报道，引起了公众对人工智能的广泛关注。这不仅是一个技术上的成就，更重要的是，它向世界展示了计算机在复杂任务中的潜在能力。不久之后，杰弗里·欣顿（Geoffrey Hinton）在深度学习领域取得了重大进展，为机器学习提供了新的方法和工具。这一发现为后来的一系列应用打下了基础，包括图像和语音识别、自然语言处理等。

2011 年，IBM 的另一个人工智能系统“沃森”在一档智力问答节目中击败了两位人类冠军，再次证明了人工智能在复杂任务中的能力。而 2016 年，AlphaGo 战胜围棋冠军则进一步加深了这一印象，使得人工智能成为公众和科研界的热门话题。

在此背景下，知识工程成为人工智能研究的核心领域。知识工程的目标是将人类的知识和经验转化为计算机可以理解和处理的形式，从而使计算机能够在特定领域内提供专家级别的建议和决策。这一领域的研究不仅是技术上的挑战，还涉及知识的表示、获取和利用等一系列复杂的问题。

20 世纪 80 年代，神经网络技术经历了一次复兴。反向传播算法的重新发现为神经网络的训练提供了有效的方法，使得这一技术得到了广泛的应用。与此同时，多智能体系统的研究也成为人工智能领域的一个重要方向。多智能体系统是由多个独立的智能体组成的系统，这些智能体可以协同工作，完成复杂的任务。这一研究方向不仅仅关注技术上的问题，更重要的是，它还涉及协同工作、竞争和协调等一系列社会性的问题。

在中国，人工智能的研究起步较晚，但发展迅速。从 1978 年开始，中国的科研机构和高校开始了有关智能模拟的研究。1986 年，智能计算机系统、智能机器人和智能信息处理等项目被纳入国家高技术研究发展计划（863 计划）。进入 21 世纪后，人工智能的研究在中国得到了进一步支持。吴文俊院士关于几何定理证明的“吴氏方法”是中国在这一领域取得的重要成果之一，它在国际上产生了广泛的影响。

第二节　关键技术与算法引介

一、知识表示

知识表示为人工智能提供了一个处理、存储和复用知识的方式。它不仅仅是一个静态的知识库，更是连接智能代理与外部世界之间的桥梁，允许机器对环境做出合适的响应。在历史的长河中，人们一直试图找到适当的方式来表示知识。从原始的符号系统到复杂的语义网络，这些系统都旨在模拟人类大脑中知识的结构和功能，从而实现智能机器对知识的获取、推理和应用。

在许多人工智能应用中，知识的表示和处理是至关重要的。例如，在机器翻译中，知识表示可以帮助机器理解语境，从而进行更准确的翻译；在医疗诊断中，知识表示为机器提供了一个诊断疾病的框架，使其可以基于现有的医学知识进行推理。机器学习和深度学习为知识表示带来了新的可能性。传统的知识表示方法往往依赖于手工制定的规则和模式。而现代的机器学习方法，特别是深度学习，允许机器从数据中自动学习和构建知识表示。这种方法具有强大的数据驱动能力，可以处理大量的、非结构化的数据，并从中提取有价值的信息。但这并不意味着传统的知识表示方法已经过时。相反，它们与机器学习和深度学习算法相结合，为人工智能提供了更加全面、深入的理解能力。例如，基于逻辑的知识表示可以为深度学习模型提供先验知识和约束，使其能够更容易地进行学习和推理。

知识图谱作为一个现代的知识表示工具，已经在许多领域得到了广泛应用。它可以表示复杂的关系，如实体之间的关系、概念的层次结构和因果关系。将知识图谱与机器学习方法相结合，可以实现对大量数据的高效处理和分析，从而为复杂任务，如语义搜索、推荐系统和知识问答提供支持。在面对现实世界的复杂性时，知识表示为人工智能提供了一个有力的工具。无论是基于规则的系统还是基于数据的机器学习模型，都需要一个适当的知识表示来支持其决策和行为。知识表示的核心是对知识的深入理解和应用，它为人工智能提供了一个连接过去与未来、理论与实践的桥梁。

随着技术的不断发展，知识表示的方法和工具也在不断地进化。从简单的符号系统到复杂的知识图谱，人们一直在寻找更好的方式来表示和处理知识。尽管这是一个充满挑战的过程，但通过不断的努力和创新，人类已经取得了令人瞩目的进展。结合人工智能，知识表示为人们提供了一个前景广阔的研究领域，有望推动科技的进一步发展。未来，随着知识表示和人工智能技术的进一步融合和发展，人们可以期待一个更加智能、高效和有意义的世界。

二、专家系统

（一）专家系统简介

费根鲍姆（Feigenbaum）将专家系统定义为一种特殊的计算机程序，其智能性表现在利用领域知识和推理技术来解决特定范畴内的复杂问题，且这类问题往往只有在那个特定领域内的专家才具备解决的能力。这种定义指出了专家系统不仅仅是一个传统的计算机程序，它的独特之处在于集中了知识库和推理机这两个核心组成部分，以处理含有不确定性的问题，而不仅仅是追求最佳解答。更为重要的是，专家系统的设计理念鼓励知识库与包括推理机在内的其他子系统进行分离。这种设计哲学使得知识库具有与特定领域紧密相关的特性，而推理机和其他子系统则呈现出更为通用的特性。

专家系统的基本结构可以进一步细化为六个关键组件：知识库、推理机、综合数据库、人机交互界面、解释器、知识获取模块，如图 1-2 所示。这些组件共同合作，使得专家系统能够有效地处理领域内的问题，并为用户提供合理且满意的解答。

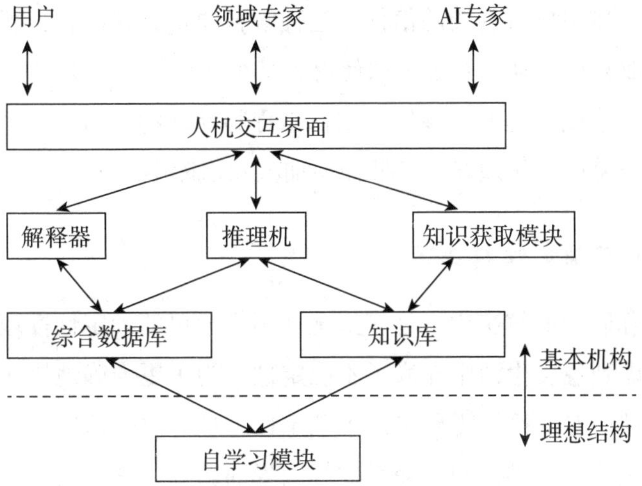

图 1-2 专家系统的基本结构

知识库存储了解决问题所需的领域知识，这些知识包括基本的事实、规则以及其他相关信息。知识表示形式因应用而异，可能表现为框架、规则或语义网络。这些知识的主要来源是领域内的专家，而知识库中知识的质量和数量直接影响专家系统的质量和性能。为了保持专家系统的灵活性和扩展性，知识库与系统程序的设计通常是分离的，使得用户可以通过修改或完善知识库来增强系统性能。

推理机作为专家系统的核心执行结构，负责对知识库中的知识进行解释，并利用这些知识进行推理。当知识以规则的形式表示时，推理机会根据特定策略检测知识库中的规则，并选择满足某前提的规则以推导出相应的结论。

综合数据库则是专家系统中的工作存储区，它存放了初始条件、已知事实、中间推理结果以及最终推理结果。此外，所有在推理过程中使用的数据和得到的结果都会存储在综合数据库中。

人机交互界面为用户与专家系统之间的交流提供了桥梁。系统需要用户通过这个接口输入数据，同时会通过此接口向用户展示必要的信息。

解释器是专家系统的一个独特组件，它向用户解释系统的行为和结果，从而增强用户对系统的信任。这种解释通常分为两种：解释系统为什么会采取某种行动、系统是如何得到某个结论的。

知识获取模块是专家系统与知识工程师互动的接口。知识工程师可以通过这个模块把整理好的领域知识加入知识库中。

（二）不确定性推理

在实际问题的解决中，许多情况并不像简单的确定性推理那样一目了然。考虑到现实生活中充满了不确定性，为了更准确地描述和处理这种不确定性，专家系统需要采用不确定性推理方法。这些方法很大程度上受到随机性、模糊性和不完全性等因素的影响，它们共同导致了不确定性的产生。

为了处理这种不确定性，必须解决五个核心问题，包括事实的表示、规则的表示、逻辑运算、规则运算以及规则合成。而在众多的不确定性推理方法中，MYCIN 专家系统中的可信度方法（certainty factor, CF）被广泛研究和应用。在此方法中，事实的真实性或可信度用 CF（A）表示，其取值范围为 [−1，1]。其中，当 CF（A）的值为 1 时，表示事实 A 是真的，而 CF（A）的值为 −1 时则表示事实 A 是假的。正值表示事实 A 有一定的真实性，而负值表示事实 A 的可信度为负，意味着它实际上是假的。当 CF（A）的值为 0 时，表示对 A 一无所知。为了避免边缘情况的影响，在实际应用中,CF（A）的值通常位于 [−0.2，0.2] 的范围内，表示对 A 的了解很少或没有。

在规则的表示方面，每条具有可信度的规则可以描述为 IF A THEN B，CF（B，A）。其中，A 是前提，B 是结论，而 CF（B，A）是该规则的可信度或强度，描述了在前提 A 成立时结论 B 成立的可信度。规则的可信度同样也位于 [−1，1]，大于 0 表示前提与结论是正相关的，而小于 0 表示它们是负相关的。因此，规则的前提也可能是复合条件，它可以通过逻辑运算来表示，如“与”“或”“非”。

对于逻辑运算，可信度方法提供了几种基本的运算规则。例如，表示“A and B”的可信度等于CF(A)和CF(B)中较小值，表示“A or B”的可信度则为两者中的较大值，而表示“not A”的可信度则为 −A 的可信度。这些规则为复杂逻辑运算提供了基础。

在规则运算方面，当已知的事实的可信度不为 1，即不是完全确定时，从规则中如何得到结论的可信度成为关键。在这里，规则运算采用了前提的可信度与规则本身的可信度相乘的方式来计算结论的可信度。而当一个结论由多条规则推出时，这些规则可能会产生不同的结论可信度，这时就需要规则合成来确定最终的结论可信度。

为了计算最终的结论可信度，规则合成采用了一种递归的方式，即首先将两条规则合成为一个，然后再与第三个规则合成，以此类推，直到所有规则都被合成。

三、机器学习

机器学习，作为当今科技进步的核心部分，源自 1952 年 IBM 公司的塞缪尔所提出的概念。当时，塞缪尔设计了一个能与人下跳棋的程序，这个程序具备了从对弈中学习人类策略的能力，从而优化其自身的对战策略。这一成果不仅展现了计算机的学习潜能，也为后来的学者提供了一个基础思路：算法可以从数据和经验中挖掘出事物的本质特征，并建立与现实事物之间的联系，进而指导计算机的思考和行为。机器学习的根基在于其算法。它们从数据中学习并形成预测或决策，而不是基于静态程序指令。根据学习的特点和需要，机器学习可进一步分类为有监督学习、无监督学习和半监督学习。

有监督学习的核心思想在于学习的明确性。在这种学习模式中，算法从带标签的数据中学习。例如，计算机通过已标记的猫和狗的图片来学习，从中获得对每种动物特性的认知，进而能够识别和区分新的、未标记的图片中的动物。在这种学习方式下，算法借助正确答案或者标签，通过反复迭代和纠正，最终形成一个可靠的模型。这类学习常见的算法包括线性感知机、支持向量机、集成学习、决策树算法和朴素贝叶斯算法等。

与有监督学习相反，无监督学习不依赖于带标签的数据。在这种情境下，机器从输入数据中自行探索和总结规律。例如，给定一堆猫和狗的照片，计算机需要自行分辨两者的区别。这需要算法对数据进行深入的探索，以发现其内在的结构和模式。高斯混合模型和聚类算法是此类学习的常见代表。

半监督学习结合了前两者的特点，利用部分带标签的数据与大量无标签的数据共同完成学习任务。这种学习方式首先使用带标签的数据进行初步的学习，之后利用这些初步的知识对无标签数据进行更深入的学习和推理。这种结合有标签和无标签数据的学习方式在某些场景下表现出色，常见的算法有自训练算法、生成模型和半监督支持向量机等。

机器学习的广泛应用不仅限于图像识别。从自然语言处理到预测分析，从生物信息学到金融模型，机器学习已经成为许多领域的关键技术。为了更好地发挥其潜力，研究者和开发者不断地探索和优化算法，使之更加精确、高效和可靠。这也意味着，无论是有监督、无监督还是半监督，机器学习的各种模型和方法都将得到进一步的发展和完善，不断地为人类的科技进步做出贡献。

四、神经网络

神经网络，作为一种模拟人脑神经元工作方式的算法模型，已经在机器学习和深度学习领域中得到了广泛的应用。这种网络的核心思想是通过多层结构来处理和传递信息，从而实现对数据的高效学习和预测。在神经网络的基本结构中，输入层、隐藏层和输出层是三个主要的组成部分，如图 1-3 所示。输入层负责接收外部数据，这些数据可以是图像、文本或其他形式的信息。隐藏层位于输入层和输出层之间，可以有一层或多层，它们的主要作用是处理和转换从输入层传来的数据。输出层则负责输出神经网络的最终预测或分类结果。每个神经元都与前一层的所有神经元相连接，这种连接是通过权重来实现的。权重可以看作神经元之间的“桥梁”，它们决定了信息在神经网络中的流动方式。权重的值是通过学习数据来调整的，目的是使神经网络的输出值与实际值尽可能接近。

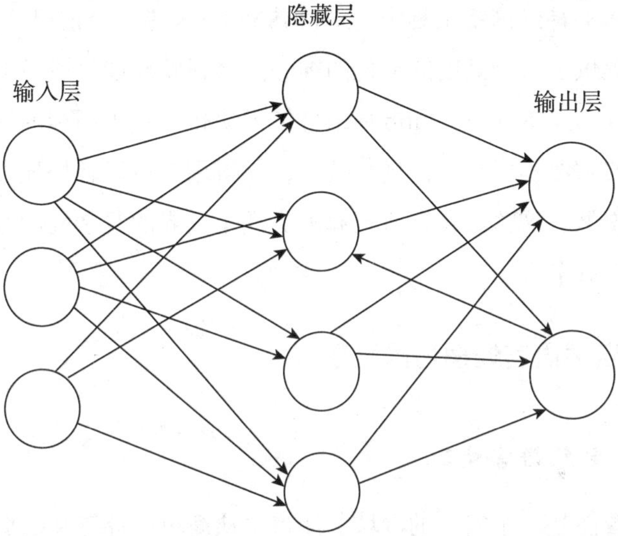

图 1-3　神经网络结构

激活函数在神经网络中扮演着至关重要的角色。它决定了神经元是否应该被激活，以及以何种强度激活。常见的激活函数有 Sigmoid、ReLU 和 Tanh 等。这些函数都有各自的特点和应用场景，但它们的共同目的是为神经网络提供非线性的处理能力，使其能够学习和表示更复杂的数据模式。

神经网络的训练过程可以分为前向传播和反向传播两个阶段。在前向传播阶段，数据从输入层开始，经过隐藏层，最终到达输出层，得到一个预测结果。反向传播则是基于这个预测结果的误差，从输出层开始，逐层向后传播，调整网络中的权重。这个过程是通过梯度下降算法来实现的，它的目的是找到一个最优的权重组合，使得神经网络的输出误差最小。

神经网络的优化是一个持续的过程，需要多次迭代和调整。每次迭代都会使网络的权重更加接近最优值，从而提高预测的准确性。随着计算能力的提高和算法的进步，神经网络已经在许多领域中展现出了强大的性能，如图像识别、自然语言处理和推荐系统等。

在众多的神经网络工具中，NeuroSolutions 是一个值得关注的工具。它为用户提供了一个高度图形化的神经网络开发环境，适用于 Windows XP/7 操作系统。NeuroSolutions 结合了模块化、基于图标的网络设计界面、先进的学习程序和遗传优化技术，使得用户可以轻松地设计和优化神经网络模型。这款工具在研究和解决现实世界的复杂问题时具有很高的灵活性和效率。

五、自然语言处理与语义理解

（一）自然语言处理

人工智能是一个宏大的领域，涵盖了从简单的计算和数据存储到复杂的感知、认知和创造等多个方面的能力。运算智能，是人工智能的基础，是机器对数据的存储和计算能力。事实上，计算机在这一领域已经远远超越了人类，可以高效地进行复杂数学运算和海量数据的存储。而在感知智能方面，人们讨论机器如何感知外部环境并从中获取信息，这包括听觉、视觉、触觉等。近年来，随着深度学习技术的不断发展和应用，机器对声音和图像的识别能力得到了大大提高。在某些特定任务中，如语音识别和图像识别，机器的表现已经与人类相媲美，甚至在某些情况下超过了人类。

认知智能探索了机器如何理解、思考和解决问题。它主要包括语言理解、知识建模和推理。语言理解不仅仅是对单个词或短语的理解，还涉及对整个句子、段落甚至是整篇文章的结构和意义的把握。而知识建模关注于如何将世界的知识组织成结构化的形式，使机器能够像人类一样应用这些知识。最后，推理是基于已有的知识和信息来得出结论或预测的能力。在这三者之外，创造智能则探索机器如何创造新的知识或解决方法，这通常涉及对过去经验的运用、新的想法或策略的设计和验证。

目前，随着感知智能的巨大进展，研究的焦点正逐渐转向认知智能。自然语言处理，是人工智能的一个分支，用于分析、理解和生成自然语言，以方便人和计算机设备之间的交流，以及人与人之间的交流，成为众多研究者关注的焦点。这不仅是因为语言是人类沟通的主要工具，也因为通过语言，人们可以更好地理解人类的思维和行为模式。自然语言处理技术如今广泛应用于各种场景，如搜索引擎优化、客户服务和金融分析等。更重要的是，这些技术不是孤立存在的，它们受益于云计算、大数据、机器学习和知识图谱等多种技术的支持。自然语言处理框架如图 1-4 所示。

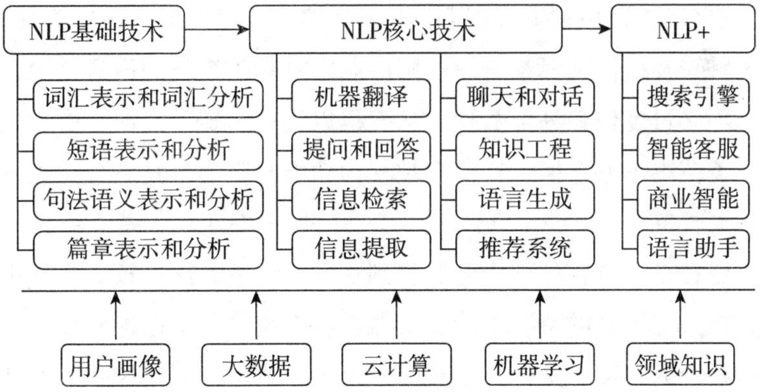

图 1-4　自然语言处理框架图

自然语言处理的核心任务极其复杂，如分词、词性标注、依存句法分析和命名实体识别。例如，一个简单的句子“我爱自然语言处理”需要经过多个处理步骤，如图 1-5 所示。首先，将句子切分成独立的词。

然后，为每个词分配适当的词性。接下来，确定句子中的每个词之间的关系，并用适当的结构表示出来。最后，从句子中识别出具有特定意义的实体。

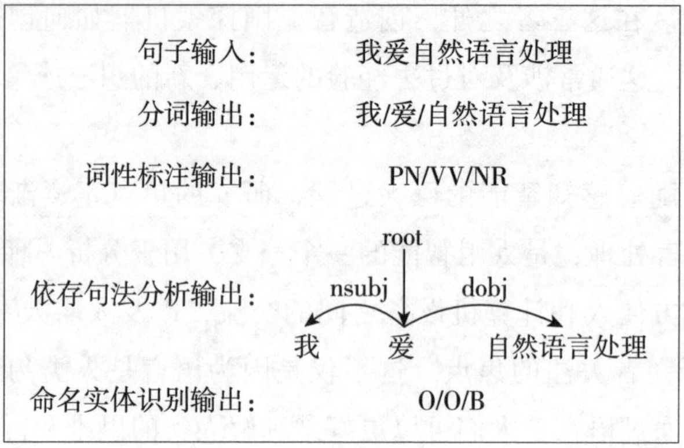

图 1–5　自然语言处理示例

自然语言处理的历史发展与计算机及人工智能的崛起紧密相关。计算机科技的兴起催生了人工智能的早期研究，其中涵盖了机器翻译及自然语言的理解。此研究历程可以分为三个主要阶段。在 20 世纪 60—80 年代，自然语言处理的方法以规则为基础，构建词汇、句法语义分析、问答、聊天及机器翻译系统。规则的制定有赖于人类的内省知识，这使得系统不必过度依赖外部数据，从而得以迅速运转。然而，由于这些系统的覆盖范围不够全面，它们多被视为功能有限的玩具系统。规则管理与可扩展性问题也仍未被充分解决。20 世纪 90 年代，基于统计的机器学习方法在自然语言处理中开始受到欢迎。这一方法的核心是利用标注数据，在人工定义的特征上构建机器学习系统，并根据这些数据学习机器学习系统的参数。这样，在实际运行中，就可以利用这些学习到的参数来对输入数据进行解码，从而得到输出。这种方法在机器翻译和搜索引擎领域已经获得了很大的成功。2008 年后，深度学习开始在诸如语音和图像等领域展现出强大的能力。此后，自然语言处理研究者也开始转向深度学习研究。开始，他们尝试将深度学习用于特征计算或者构建新特征，再将其应用于现有的统计学习框架中以观察效果。例如，搜索引擎加入了基于深度学习的检索词与文档的相似性计算以提高搜索相关度。从 2014 年开始，研究者开始探索直接使用深度学习进行建模并进行端对端的训练。目前，这种方法在机器翻译、问答和阅读理解等领域都已取得了不小的进展。

深度学习技术的引入，使得自然语言处理技术进入一个新的发展阶段。这主要体现在神经网络的端对端训练消除了人工特征抽取的需要；词嵌入技术可以训练出能在多维语义空间上表达词汇、短语、句子乃至篇章的模型；基于神经网络训练的语言模型可以更精确地预测下一个词或句子的出现概率；循环神经网络，如 RNN、LSTM 和 GRU，可以对长度不定的句子进行编码；编码与解码技术可以实现从一个句子到另一个句子的转变；而强化学习技术则允许自然语言系统根据用户或环境的反馈来调整其参数。随着大数据、深度学习、计算能力及应用场景的发展，自然语言处理预计将在未来 5 ～ 10 年进入一个爆发式的发展阶段。从自然语言处理的基础技术，到其核心技术，再到基于自然语言处理的应用，都有望实现巨大的进步。例如，未来的口语翻译将日益普及，而自动写作和内容生成也将更加流行。此外，自然语言处理的发展将进一步推动语音助手、物联网、智能硬件和智能家居的实用化。但同时，自然语言处理领域也面临着一些挑战。例如，为了满足用户需求，翻译、对话和语音助手等服务需要实现个性化。此外，由于基于深度学习的机制都是端对端训练，自然语言处理缺乏解释性，难以分析其机理。如何将深度学习与人类知识相结合，提高学习效率和质量，也是一个亟待研究的问题。这些都是未来自然语言处理研究者需要持续努力的方向。

（二）语义理解

在自然语言处理领域，语义处理涵盖了一系列任务，从基本的文本分类到命名实体识别，这些任务在现实世界中都有着广泛的应用，并对许多领域产生了深远的影响。

文本分类作为一种基础的任务，旨在根据预定义的标准将文档分类到特定的类别中。例如，在与超市顾客的交互中，通过自动识别用户的意图，机器人可以为用户提供相应的服务或信息，如判断顾客是寻找厕所还是食品区，在这种情境下，将文本分类为“寻找厕所”或“寻找食品”的类别可以为后续的交互提供方向。此外，在舆情分析中，能够自动识别并分类文本是否为垃圾信息的能力也显得尤为重要，这有助于提升数据质量，确保数据可用性。同时，对于大型电商平台，通过情感分析来自动判断客户评论的情感倾向，如对商品的满意度，可以为企业提供宝贵的用户反馈信息。在技术实现上，传统的方法如逻辑回归、决策树和支持向量机都有很好的应用，但它们在处理文本数据时需要精心的特征工程。近年来，神经网络与分布式文本表示的结合，如“词向量 + CNN + softmax”或“词向量 + RNN + softmax”等结构，在文本分类中表现出色。尤其是随着 Transformer 以及 BERT 等模型的出现，文本分类的效果得到了进一步的提升。

相对于文本分类，文本聚类则没有预定义的类别标签，而是根据文本内容的相似性将其分组。例如，对于某一品牌手机的大量用户评论，可能需要将其按照主题或观点进行分组，以便于后续分析。通过文本聚类，大量的文档可以被简化为少数几个文档集合，为进一步的人工分析或自动化处理创造了便利。K-means 是一种经典的聚类算法，而 single-pass 等方法提供了更简单快速的实现方式。

命名实体识别（named entity recognition, NER）是另一个关键任务，主要关注于从文本中提取特定的名词性实体，如人名、地点、组织、产品等。这在许多实际应用中都是不可或缺的，如在文学作品分析中，可能需要识别特定的角色及其在文中的言论或行为。在《红楼梦》这部经典小说中，准确识别“鸳鸯”这一角色的出场片段及其与其他实体的关系是至关重要的。由于“鸳鸯”是一种鸟的名称，区分人和鸟，才能准确定位鸳鸯姑娘的出场片段。命名实体识别可以帮助人们精准地完成这个任务。值得注意的是，命名实体的识别和分类不仅仅局限于人名，还涉及其他多种实体类型，为深入理解和分析文本提供了基础。

六、强化学习与决策制定

强化学习是机器学习的一个子领域，专注于如何在给定的环境中通过与环境的交互来学习和制定最佳策略，从而实现某种目标。这种学习方法的核心是智能体在不断的尝试和失败中寻找最佳策略，以最大化长期的累积奖励。与传统的监督学习和非监督学习不同，强化学习不依赖于标记的数据集，而是依赖于智能体与环境的实时交互和反馈。

决策制定是一个复杂的过程，涉及在众多可能的选择中选择一个最佳的行动。在强化学习的背景下，决策制定通常是基于一个策略的，这个策略定义了在给定的状态下选择某个行动的概率。这种策略可以是确定性的，也可以是随机的，但目标始终是最大化预期的累积奖励。

在强化学习的过程中，智能体通过与环境的交互获得奖励或惩罚，从而不断地更新自身的策略。这种交互可以是连续的，也可以是离散的，取决于任务的性质。每次交互都会产生一个新的状态、一个行动和一个奖励，这三者共同构成了一个经验元组。智能体使用这些经验元组来更新自身的价值函数和策略，从而逐渐学习到最佳的决策制定方法。

价值函数是强化学习中的一个关键概念，它为每个状态或状态－行动对分配一个值，表示在该状态或执行该行动后预期的累积奖励。智能体使用价值函数来估计不同行动的长期效益，并据此制定决策。随着时间的推移，智能体会不断地更新自身的价值函数，使之更接近真实的预期奖励。

另一个重要的概念是探索与利用的权衡。在学习的初期，智能体可能对环境知之甚少，因此需要进行大量的探索来获得更多的信息。但随着学习的深入，智能体会逐渐积累更多的知识，此时它可能更倾向于利用已知的信息来制定决策。找到探索与利用之间的正确平衡是强化学习中的一个关键挑战。

强化学习与决策制定紧密相连，因为它们都关注如何在不确定的环境中制定最佳的策略。通过不断地与环境交互，智能体可以学习到如何在各种情境下制定最佳的决策，从而实现目标。这种学习方法在许多实际应用中都有广泛的应用，如自动驾驶、游戏、金融和医疗等领域。随着技术的进步，强化学习和决策制定的结合将为人们带来更多的可能性和机会。

第三节　智能技术构建新闻传媒拟态环境

一、人工智能塑造逼真化拟态环境

在广阔的世界中，人们每一天都与无数的事物和现象产生联系。尽管人们生活在这片土地上，尽管人们渴望了解并与之产生深厚的联系，但外部的世界总是在某种程度上与人们保持着距离。这种距离，或许源于地理空间，或许源于社会文化，或许是因为时间的流逝，或者仅仅是因为某种个体经验的局限性。人们无法对远方的每一处风景，每一件发生的事情，甚至是身边的每一个微小细节都有清晰的认知。更何况，人们很难透过现实中许多复杂的表象，看清背后的本质和真相。为了跨越这个距离，弥补这种认知的空白，人们常常寻求一种中介，一座桥梁，帮助他们触及那未知的领域。这座桥梁，正是新闻媒介和新闻机构。它们对于信息的搜集、筛选、加工和呈现，为大众呈现了一个“拟态”的世界，一个重新构建的现实。这种拟态的现实，虽然基于事实，但也是经过了选择和解读的，它为人们提供了一个方便快捷地理解和认知外部世界的方式。但是，这种中介的存在同时带来了问题。任何一种媒介，无论是文字、图像、音频还是视频，都有其独特的语言和结构，并受制于其制作和传播的逻辑。这些因素使得媒介难以真实、客观地再现现实。它们可能放大某些方面，忽略或简化其他方面，以适应特定的叙事结构或满足特定的受众需求。这就导致了人们在媒介的影响下，很可能仅仅是处于一个“媒介构建的信息环境”中，而非真实的客观世界。当人们过于依赖这种媒介环境，当人们的认知和观念都是基于这种环境，人们可能会失去批判性思维和对现实的敏感度。人们可能会忽视那些未被报道或被误解的现象，对某些事物持有偏见，忘记去寻找和质疑背后的真相。

1922 年，政论家沃尔特·李普曼（Walter Lippmann）在其作品《公众舆论》中首次提出了“拟态环境”这一概念。在他的构想中，拟态环境是大众传播媒介所塑造的特殊现实，它是通过对众多新闻和信息进行细致的筛选、加工和报道，然后再经过某种结构化从而呈现给大众的一个环境。简而言之，这一环境是由大众传播活动生成的独特的信息背景。拟态环境的特性是多方面的，其中显著的两点尤为引人关注。它并不仅仅是对客观环境的简单反映或“镜像式”的再现。换句话说，这一环境与实际的客观环境存在一定的差距，它不可能与客观环境完全相符，这使得它经常被描述为一个“似而非”的环境。然而，此差异并不意味着拟态环境与客观环境毫无关联。事实上，拟态环境是在客观环境的基础上经过媒介的特定处理和解读所形成的，它是对客观现实的一种折射，但并不与之完全脱离。

沃尔特·李普曼在书中探讨此概念时，深入地挖掘了它在社会行为和人类认知中的核心地位。他认为，人们的日常行为是与三种不同层次的“现实”紧密关联的。第一个层次是客观、固定且不受人们主观意志影响的真实世界。第二个层次是传播媒介所塑造的象征性的现实，这正是拟态环境。而第三个层次是人们对外部世界持有的主观印象，即人们心中的现实，也可以称之为主观现实。这三个层次的现实，尽管它们都在某种程度上与人们的生活经验和认知相关，但它们并不总是一致的，有时它们之间的差距甚至相当巨大。值得注意的是，人们对客观现实的认知在很大程度上基于媒介所塑造的拟态环境。这意味着，人们对外部世界的理解和感知，实际上是通过这个象征性的现实进行过滤和解读的。因此，当这种解读最终在人们的意识中形成一种主观的现实时，这种现实很可能与客观现实和象征性现实都存在一定的差异。

随着现代人工智能技术的飞速进展，人们所处的拟态环境变得日益逼真。这些技术不仅改变了信息的传递方式，而且为人们提供了全新的互动体验，使得传播内容更具深度和广度。人工智能技术为拟态环境带来了空前的逼真度。从传播学大师英尼斯（Innis）的视角看，每一种媒介都存在其特定的传播偏向，这意味着信息在通过特定媒介传播时，会受到该媒介的时间偏向和空间偏向的影响。在智能化媒体的背景下，轻巧的设备和海量的内容让信息传播覆盖的范围空前广泛，但由于设备更新迅速，它们的耐用度受到限制，这导致其在时间上的偏向较弱，而在空间上的偏向更加明显。虚拟现实（virtual reality, VR）、增强现实（augmented reality, AR）、三维（three dimensions, 3D）等前沿技术使得新闻报道更具有沉浸感，为观众提供了近乎真实的场景重现，进一步增强了新闻内容的仿真度。

人工智能技术促进了传播形式的多样化和创新。这种多样化不仅体现在内容的呈现形式上，更重要的是，它赋能了新闻机构，让其能够通过多种方式全面、立体地呈现新闻事件，更接近事实的真相。例如，一个具体的新闻事件，传统上，人们可能仅通过文字或图片来了解其情况。但现在，媒体可以结合文字、图片、音频、视频，甚至还可以使用VR/AR技术，让观众几乎能够“亲身”体验事件现场，从而从多个角度、多种维度去理解和感受新闻内容。智能化技术的应用，也使得信息传播更为精准和个性化。现代的推荐算法可以分析用户的浏览历史和兴趣点，为他们推送相关、有趣的内容。这种方式不仅大大提高了信息的吸引力和传播效果，还满足了用户对于个性化内容的需求。这种高度定制化的传播体验，使得用户更加深入地沉浸于内容之中，更容易对其形成情感的连接和认同。

二、智媒用户沉浸于拟态环境

智能化技术为人们带来了一种高度逼真的拟态环境，通过高度复制新闻现场，从视觉、听觉、触觉、嗅觉等多方面为用户提供真实的在场感，将新闻事件中的新闻场景变得更为立体，不仅如同再现真实，还有可能比真实更加“真实”。

智媒用户沉浸于拟态环境，对人工智能技术催发的沉浸式新闻，乐享其中。全景新闻纪录片是目前用户接收沉浸式新闻的主要形式之一，它利用虚拟技术，主要以“VR＋纪录片”的形式，提供一些与热点新闻相关的深度报道，有利于用户加深对某新闻事件、新闻状况的了解。再者，智媒用户日常通过操控 PC 端和手机端，配合可穿戴设备，就可以“亲临”新闻现场，超越了时空限制。同时，用户愿意主动参与沉浸式新闻的创作与传播，从虚拟世界中获取更多的信息。VR 与新闻游戏的结合，是智媒用户的最爱，用户不仅享受了游戏通关的乐趣，还通过众多“小关卡”的设置，多角度观测虚拟环境，在获取新闻信息的同时，还实现了听觉、视觉及行为的深度沉浸与互动。

2021 年全国两会的前夕，新华社利用 5G、AI 和 MR（mixed reality, 混合现实）等前沿技术，创新性地推出了 5G 沉浸式多地跨屏访谈系列报道。该报道通过实时采集代表委员工作环境的信号，并结合 CAVE 演播室技术等比例复现真实场景。这种技术手段使得位于北京的主持人仿佛“穿越”到代表委员的实际工作和调研现场，与他们进行真实场景下的沉浸式对话，深入了解其履职经历。这次创新报道背后的技术支撑是新华社最新打造的“新立方智能化演播室”。该演播室配备了五面高清智能 LED 屏幕，总计覆盖面积近 400 平方米，具有超过 4K 的清晰度。而且，屏幕之间的间隔只有 1.2 毫米，基本达到了无缝连接。这种箱体设计加上流畅的背景屏，为画面的完整性和美观性提供了有力保障，对于提升报道的视觉呈现效果起到了至关重要的作用。在这一“新立方智能化演播室”内，技术团队运用 LED 屏幕技术构筑了一个特定的域。这个域通过技术手段实现了场景和空间的无缝“转换”，从而在两个真实的空间中创造出虚拟的交叠效果，使得视觉体验与实际拍摄环境完美融合。

智能化技术为受众带来了良好的沉浸传播体验，所以受众乐享其中，乐此不疲。但是要意识到，这种“逼真”并不是指媒介搭建的拟态环境更加接近客观现实环境，而是媒介通过某种技术手段，营造出一种“拟态环境很是贴近客观现实环境”的假象。若人们没有意识到这一点，则可能误以为这就是客观现实环境，从而在脑海中构建“自以为很接近客观现实”的主观现实。因此，倘若人们过度沉浸于这种逼真的拟态环境，就可能会产生一些社会问题。

第二章　智能新闻概述

第一节 智能新闻的传播特征

智能新闻的传播越来越注重精准化、个性化、场景化和社交化，这一切与智媒本身的特性有很大的联系。

一、万物皆媒：智能新闻无处不在

在 21 世纪的智媒时代，媒体的范畴正经历一场前所未有的扩张和革命。传统上，人们习惯于将媒体定义为特定的工具和平台，如电视、广播、报纸等，但现如今，随着物联网和智能技术的飞速发展，这种固定的媒体概念正在被打破。现在的媒体已不仅仅是由人类控制的，物质性工具也开始介入这一领域，逐渐呈现出“万物皆媒”的特点。这一概念强调的是任何与感官——视、听、嗅、触、味等相关的物体或机器，都可能转化为传递新闻与信息的媒体。借助现代科技，实物在虚拟空间中去实物化，使得信息传播不再受到物理空间的限制。例如，仅通过扫描二维码，读者便可立刻接收到相关的信息和内容。这种信息的即时性和普及性体现了一个真正的“泛在传播”模式，即无论人在何处，媒介、信息和情景都始终与其相伴。在此背景下，屏幕和信息终端的多样化成为一种趋势。过去，人们习惯于通过特定的屏幕如电视机或电脑来接收信息，但在未来，任何物体都有可能成为信息的接收和展示终端。这种变革不仅仅是物理上的，更是信息传播方式和逻辑上的。以互联网为核心的物联网产品，如智能冰箱、智能灯具等，都将具备接收、传输和显示信息的功能。不再局限于传统意义上的“媒体”，这些日常用品和设备都有潜力成为信息的载体。可穿戴设备、智能汽车、智能家居等，都是这一革命的有力证据。这些原本与媒体关系不大的产品，现在都与信息传递紧密相连。例如，智能手表可以实时展示新闻推送，而智能汽车则可以在行驶过程中为驾驶员和乘客播放最新的资讯。

智能家居，作为现代家庭的重要组成部分，正在充分展现其在信息搜集和传播方面的巨大潜力。这种家居系统可以全方位地记录人的行为和需求，以及与环境相关的各种数据。例如，智能冰箱不仅可以记录用户的食品消费习惯，还可以与在线超市系统连接，自动为用户购买所需的食品。此外，新闻聊天机器人等设备可以通过与用户的日常互动，精确地了解其信息需求，并为其推送定制化的新闻资讯。这种即时和定制化的信息传播方式无疑将大大提高用户的信息获取效率和满意度。可穿戴设备正在改变人们对信息传播的传统观念。这些设备可以直接与用户的身体和大脑连接，深入生理层面，从而获取大量关于思维活动、情感状态等的隐秘信息。例如，一款智能手环不仅可以实时监测用户的心率和血压，还可以根据这些生理数据，为用户推送相关的健康建议或新闻资讯。这种深度的、以人为中心的信息传播方式，无疑为新闻媒体提供了一个全新的传播平台和可能性。智能汽车，作为未来出行的主流，也正在为信息传播开拓新的领域。尽管未来的汽车可能是无人驾驶的，但它们将是一个完整的、与外界互联的信息系统。通过车载的各种传感器和通信设备，智能汽车可以实时收集和分析大量关于道路、环境和其他车辆的数据，并将这些数据转化为对驾驶员和乘客有用的信息。例如，当智能汽车检测到前方有交通拥堵时，它可以自动为用户规划一个避免拥堵的最佳路线，并实时将这一信息传递给用户。此外，智能汽车还可以与其他汽车、基础设施，甚至是行人进行信息交互，从而为用户提供一个全新、智能化的出行体验。

二、人机协作：智能新闻传播突破时空限制

在数字智媒时代，人与智能化机器之间的协同作业和相互依赖越发

显著，预示着媒体的转型，人类与智能技术日益融为一体，孕育出创新的媒体运营策略。在此背景下，智能新闻的传播能力正在向着突破传统时空界限的方向快速发展。

随着智能机器的广泛应用，人类对信息的感知和传播范围得以大大扩展，信息的接收不再受到物理时空的约束，确保了信息无处不在。在此背景下，智能新闻的创作和传播越来越依赖于智能机器与人的协同工作。在这一合作模式中，智能机器可以承担一系列基础性、重复性的任务，从而减轻新闻工作者的工作负担，为其节省时间，并提高整体的效率。这种效率的提高进一步为新闻工作者提供了更多的空间，使其得以专注于深度调查和综合分析，从而为社会的发展和进步做出更有价值的贡献。

在新闻创作的领域，人与机器的合作已逐渐成为常态。机器新闻写作代表着这种协作的初始形式。依托于算法的强大处理能力，机器能迅速定位到新闻的焦点，利用先进的智能技术从海量数据中筛选出相关且有价值的内容，进而进行深入的分析、修订和整合，以生成新闻稿件。然而，尽管机器处理速度快、效率高，但在最终的发布阶段，人的参与仍是关键。这是因为，相较于人类，机器尚未完全掌握复杂的思考和判断能力，特别是在辨别可能的虚假信息和误导性数据方面。机器的写作效率很高，特别擅长快速撰写如简报这类的短篇新闻，现在已经在体育、股市、天气和娱乐等数据驱动的新闻领域得到广泛应用。例如，今日头条应用中，许多稿件就是这种技术的产物。当用户浏览一篇报道，紧接着会看到大量相似或相关的内容推送。然而，对于需要深度、见解和特定观点的文章，如深度分析和新闻评论，仍然需要经验丰富的新闻记者来撰写和完善。

三、自我进化：智能新闻传播精确度提高

智媒时代，人机协作，智媒在不断学习中拥有自我进化的可能，新

闻信息传播的精确度将会逐步提高。

目前，智媒在许多方面都取得了令人瞩目的应用成果，然而，由于当前人工智能技术的成熟度有待提升，智媒在新闻传播中仍有诸多不足之处。例如，在视觉识别方面，尽管智媒可以识别特定场景下的物体，但它的理解能力却与人类相去甚远，难以对背后的复杂情境做出精准判断。此外，尽管智媒具有将语音转化为文字的能力，但其对于文字深层含义的理解仍是一个难题。自然语言处理技术虽然使得机器能够完成基础的翻译任务，但在对话的深度语义理解上还存在明显的短板。这也意味着，在当前阶段，机器更多地被视为一个执行者，而非真正意义上的交互者或创作者。不过，这并不意味着机器缺乏进化的潜力。事实上，人机合作的模式为智媒带来了强大的自我进化动力。随着技术的不断进步，某些识别领域，如视觉和语音，已经实现了与人类相当甚至更高的准确率。例如，据报道，百度的深度语音识别技术已达到了97%的准确率，而人脸识别技术更是达到了惊人的99.7%。

笔者在此基础上进一步论述，认为人工智能的发展可分为三个阶段：弱人工智能、强人工智能和超人工智能。在弱人工智能时期，机器主要依赖算法和编程来模拟人类的基本智能行为。当进入强人工智能时期后，机器不仅能模拟人类的思考方式，还可能具备与人类相似的情感和立场，为新闻传播带来更高的精确度。目前，人类正处于这一转折点，即从“感知人工智能”阶段迈向“认知人工智能”阶段。超人工智能时期虽然仍处于探索与假设阶段，但若真正实现，智能机器将拥有超越人类的智慧和无法预测的创新能力，使新闻的精确度接近甚至达到完美。

第二节　智能新闻的传播模式

拉斯韦尔（Lasswell）经典的5W传播模式包含了传播过程的五个基本构成要素，分别是who、says what、in which channel、to whom、with what effect，如图2-1所示。后来，这五个基本要素构成了传播学中的基本研究对象，也就是传播者、讯息、媒介、受众和反馈。AI技术的发展冲击着拉斯韦尔5W经典传播模式，颠覆了五项传播链条中的每一环节。

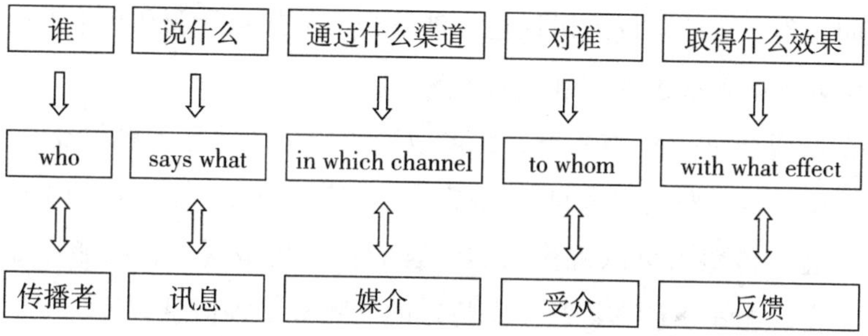

图2-1　拉斯韦尔5W传播模式构成要素

一、传播者——拓宽新闻信息源

在现代社会的传播体系中，传播者被视为关键的推动者，其角色和作用不容小觑。作为传播活动的核心起点，传播者肩负着信息的识别、提炼、整合与传播任务，涵盖了从线索搜集到最终信息的传播整个链条的各个环节。这一复杂的过程是新闻生产的基础，也是确保信息质量和准确性的前提。新闻线索，又可以称为采访线索或报道线索，具有导向性的作用。它为新闻记者提供了一个清晰的方向，告诉他们应该去哪里，关注哪些事件，采访哪些人物。可以说，新闻线索是新闻报道的灵魂，决定了新闻报道的质量、深度和广度。没有恰当的线索，新闻报道可能会陷入混乱或失焦，不能准确地传达事件的真实情况和重要性。

在传统意义上，新闻线索，即新闻信息源，是从多种渠道中获取的。这些渠道可以大致分为四类。第一，需要发布新闻信息的党政机关，它们会提供各种官方数据、文件、政策等，这些信息往往具有权威性和新闻价值。第二，编辑部也是一个重要的新闻信息源，尤其是对于那些已经策划或预定的主题报道。编辑部会根据新闻价值和社会关注度，为记者提供相关的线索和背景资料。第三，记者个人的敏锐观察和深入挖掘也是新闻线索的来源之一。他们在日常的采访、生活中可能会发现一些有趣、有新闻价值的事件或故事，这些都可以成为独特的新闻线索。第四，各类会议、领导讲话及有关工作简报也为记者提供了大量的新闻线索。这些会议或讲话往往涉及当前的热点问题和政策方向，是记者深入了解和报道某一事件的关键。

在新闻行业，AI技术已经深度改变了传统的信息采集和报道方式。这种变革的核心驱动力来自传感技术，它使新闻信息来源得到了前所未有的拓宽。传感器可以视作人类五官的技术化呈现。它们能够捕捉声音、温度、光线、色彩，甚至是特定的气味等多种信息。传统上，新闻报道往往受限于人的感知能力，而传感器的使用则打破了这种局限性。这些技术不仅令新闻信息来源更为广泛，采集的维度也变得更为丰富，使得新闻报道可以更为精准、深入和全面。如今，与人们日常生活紧密相连的很多设备和技术，如GPS系统、可穿戴设备、无人机等，都已经装备了传感功能。这些设备对于新闻工作者来说，无疑是一种新的工具，无论新闻信息远在天边，还是近在咫尺，都能使他们快速准确地获取第一手资料。尤其在某些特殊或危险的环境下，如灾难现场或战争地区，记者可能无法亲自到场，这时传感器成为他们获取新闻的关键途径。在这样的背景下，智能手机的普及进一步加速了这一进程。如今的智能手机不仅配置了高清摄像头、高灵敏度麦克风，还有各类传感器如陀螺仪、加速度计等，这使得每一个手机用户都有可能成为一名“草根记者”，实时传送新闻现场的第一手资料。

国内外的媒体机构已经深刻认识到了传感技术在新闻报道中的巨大潜力。许多新闻机构已经开始利用这些技术进行新闻采集和报道。例如，有的新闻机构与专业机构合作，利用传感器收集的大量数据，形成数据驱动的深度新闻报道，为公众提供更为丰富和精准的信息。此外，众包也是一个新兴的趋势。通过鼓励公众利用手头的设备搜集和分享新闻资料，媒体机构可以获得更为广泛和多样的信息源。一些前沿的新闻机构已经开始自行研发或定制传感器，以针对特定的新闻主题或事件进行深入报道。例如，在报道环境污染或气候变化时，新闻机构可能会自制或采购特定的空气质量或气候数据传感器，从而获取更为准确和详细的数据支持。

二、讯息——辅助新闻报道

在传统的新闻传播活动中，记者对大量的信息进行筛选、加工和编辑，形成为公众所接受的新闻报道。但随着技术的进步，尤其是AI技术的涌现，新闻报道的生产和传播方式正在经历巨大的变革。机器写作，作为AI在新闻领域的一种表现，虽然国内在这方面起步较晚，但也有了像腾讯的“Dreamwriter”和新华社的“快笔小新”这样的尝试。

机器写作最引人注目的优势是它的高效性，能够在短时间内自动生成大量简单和格式化的新闻，特别是对于需要快速反应的领域，如财经和体育。这种高效率释放了记者，使他们能够将更多的时间和精力集中于深度报道和调查性新闻。但与此同时，机器写作也有其局限性。目前，它主要集中应用在某些特定领域，如体育、财经和天气预报，而更复杂、需要深度理解和情感参与的报道仍然是人类记者的领域。机器写作可能会让报道显得过于机械，缺乏深度和人文关怀。因此，尽管AI技术在新闻领域的应用日益增多，大多数观察家仍认为AI不会完全取代新闻记者。未来的新闻报道可能是机器与人类记者的合作，其中机器负责大部分格式化的报道，而记者则深入探索、分析和创作。简而言之，AI为新闻报道提供了新的机会和挑战，真正的高质量报道还需要人类的智慧和情感的深度参与。

三、媒介——推送权利让渡

媒介的进化和智能化传播平台的兴起标志着信息传播方式的巨大转变。在过去，信息的筛选、编辑和分发完全是人为操作，这意味着编辑根据他们的理解、观点和新闻判断为读者选择了新闻内容。但如今，计算机算法正在逐步接管这一角色，带来了一个全新的且被称为“机器分发”的时代。这种变革最直接的影响是，读者所接触到的新闻内容更加符合其个人兴趣和偏好。这得益于先进的算法，它们能够通过分析用户的浏览历史、社交互动和其他在线行为来“了解”用户，并据此为他们推送相关的新闻内容。今日头条作为国内智能推送的佼佼者，其成功背后的核心在于出色的算法。通过对用户的大量数据进行深入分析，今日头条能够为每位用户提供量身定制的资讯。这使得它在短时间内获得了巨大的市场份额，超越了许多传统媒体。但这也带来了挑战，如何确保内容的多样性、保证新闻的真实性和客观性等成为公众关心的焦点问题。

智能化传播平台的兴起也引发了一系列的思考。机器分发确实提高了信息的传播效率，但是否意味着机器能够完全替代人类记者和编辑？新闻报道的价值真的只在于速度和量产吗？如何在追求速度和效率的同时，保证新闻内容的质量和真实性？这些都是新时代面临的挑战。

与传统的人工分发相比，机器分发的主要优点是出色的处理速度和效率。此外，机器分发能够通过分析用户的基本资料、私人信息以及他们的浏览习惯来深入了解用户的兴趣和偏好。基于这些数据，算法可以筛选出适合用户的新闻，为他们提供量身定制的资讯体验，进而提供一个沉浸式的阅读环境。然而，机器分发并非没有缺点。尽管它在新闻选择和推荐方面可能比人工更为精确，并且在文本处理上更少出现如拼写错误或数据遗漏的基础问题，但它可能未严格核实信息的准确性。这就可能导致假新闻或误导性信息的传播，从而影响受众对新闻内容真实性的判断。

四、受众——新闻随时随地传达

在当代信息社会，传播媒介作为传播内容的载体发生了深刻的转变。特别是随着 AI 技术的不断发展与深化，传播媒介正在迅速向移动化和智能化方向演变，从而使受众得以在任何时空背景下无障碍地接触新闻信息。目前，移动终端在中国受众中的使用率愈加提高。中国受众从 PC 端向移动端的迁移已基本完成，而移动化媒介无疑为新闻信息的流通与接收提供了较大的便利。这种便利性在与 AI 技术的深度结合后得到了进一步的放大。对于新闻媒体，AI 技术的介入正在促成一系列智能化的趋势。具体来看，媒体布局已全面延伸至移动平台，预示着移动媒体的未来发展方向正是智能化。同时，AI 技术已渗透新闻信息生产、传播的各环节，并逐渐孕育出代表性的应用产品，包括但不限于机器人写稿、智能推荐和语音识别等。更为关键的是，AI 技术正在为新闻产品的样态和传播模式带来革命性的重塑。预测性新闻的出现，将新闻报道模式提升到了一个全新的维度，同时，如“聊新闻”这种形式的报道也逐渐崭露头角。在这个过程中，智能机器或将替代许多传统的工作模式。更值得关注的是，基于算法的推荐已逐渐成为信息分发的核心机制，大大提高了智能推送的效率。

五、反馈——增强感知与交互性

传播效果的反馈不仅是传统传播过程中的重要环节，更是决定传播策略如何调整和优化的关键因素。在智媒时代背景下，这种反馈逻辑得到了深化与拓展，尤其是 AI 技术的引入，使得传播者与受众之间的界限变得越来越模糊，二者之间的关系更加紧密。

智媒时代的核心特征之一便是所有新闻内容的产生与传播都深度依赖于用户的反馈。这种反馈并不仅限于传统意义上的评论或评价，还包括基于算法或程序的深度学习和实时调整。这意味着新闻的制作与分发不再完全依赖于传统的人类编辑或记者，而是由算法根据用户反馈进行自动化生产和调整。每个用户在这个过程中都成为内容的共同创作者和参与者，其所接收到的新闻内容不仅是为其量身定制的，而且可能是基于一种互动机制来产生和传播的。

随着技术的进步，AI 技术在感知受众方面展现出了巨大的潜力。以 VR 新闻为例，当受众接触此类新闻时，相应的设备可以实时采集和记录其生理数据，如心跳、脑电波等，从而间接地提供受众对于特定信息的真实反应和情感体验。这种深度的感知能力进一步扩展到了社交网络领域。同时，如“腾讯浏览指数”这样的工具，也可以通过深度分析用户的移动浏览行为，提供对民众新闻内容情感、态度的更为全面的洞察。

AI 技术在新闻传播领域的另一大应用便是个性化交互。如集成聊天机器人技术，不少媒体机构已经尝试将其应用于新闻业务中，实现与用户的实时互动。这种交互方式不仅可以增强用户的参与感，更可以实时收集到用户对于某一新闻内容的反馈，为新闻内容的进一步优化提供有力支撑。例如，新华社的“快笔小新”和《光明日报》的“小明”等聊天机器人，就是这种新型交互模式的典型代表。

第三节　智能新闻的生产形态

作为传统媒体和新媒体的增殖媒介，智能化媒体正在为人们带来一场空前绝后的媒体产业革命，并逐步渗透新闻领域的方方面面。新闻生产更为高效、信息聚合与分发更加精确，人与媒体、人与资讯的关系被重新塑造。同时，智能新闻的表现形式日趋多样化，促进着用户获取信息和接收信息内容、方式的改变。

一、分布式新闻

分布式新闻的词源可以追溯到计算机科学中的“分布式计算”。在这种计算模式中，一个复杂的问题被拆分为多个较小的部分，这些部分分布到多台计算机上进行处理，然后将这些结果综合，得到最终的答案。这种去中心化的处理方法现在正被运用到新闻的生产和发布中，预示着未来新闻的生产和传播可能会变得更加去中心化和分散。

跨越传统新闻生产模式的边界，分布式新闻呈现了一种颠覆性的面貌。在这种模式下，新闻的产生不再仅仅依赖于专业的新闻机构或某个特定的个体。相反，各种主体——从专业机构到普通公民，甚至是物体（如传感器或其他智能设备）——都可以成为新闻的生产者。这种模式鼓励了更广泛的主体的参与，打破了专业新闻机构在传统新闻生产中的垄断地位。

分布式新闻的兴起与技术进步和社交媒体的普及密不可分。现代的新闻消费者不再满足于被动地接收信息，他们希望能够参与新闻的生产和传播。此外，随着智能设备和物联网的发展，信息获取的渠道变得越来越多样化。在这样的背景下，分布式新闻为消费者提供了一个更加完整、多样的新闻视角，使他们能够从不同的主体中获得信息，从而更加深入地理解新闻事件。例如，一起突发事件的报道可能会汇集目击者的实时描述、相关领域专家的分析，甚至是地点附近的传感器数据。这种综合各方信息的方式为公众提供了一个更加丰富和立体的新闻体验。此外，由于新闻素材来源于各种不同的主体，这种报道方式往往更加客观和中立。

二、个性化新闻

近些年，随着技术的飞速进步，个性化新闻经历了迅速的发展。这种发展主要依赖于用户在各种平台上的数据，以匹配和满足用户的信息需求。当谈到个性化新闻的发展和影响时，不得不提及它对传统新闻行业的冲击和变革。传统的新闻传播模式因为缺乏针对性和个性化而受到了挑战。个性化趋势的理论，特别是人们对信息交流的持续需求，已经在个性化新闻的发展中得到了实现。在这种背景下，技术手段，尤其是推荐技术，逐渐成为连接用户与数据的桥梁，从而为用户提供更为贴切的信息内容。

当前，个性化新闻的推荐机制主要可以分为两大类：基于内容的推荐和协同过滤的推荐。基于内容的推荐机制主要依赖于大数据技术，通过对用户的兴趣、浏览行为和喜好内容进行分析，共同构建出用户的画像，并根据这一画像为用户推送相关内容。这种机制的优点在于其与用户兴趣的相关性较强，能够更准确地满足用户的需求。而协同过滤的推荐则进一步分为基于用户的协同过滤和基于项目的协同过滤。前者主要依赖于那些具有类似阅读偏好的用户的数据，通过分析这些用户的阅读行为来为目标用户推荐内容；而后者则是基于用户对不同新闻内容的评价来进行推荐，这种方法能够更广泛地捕捉到用户的喜好，并为他们推荐更多元化的内容。

个性化新闻的推荐原理是以技术为基石，将用户的地理位置、使用时间等特征作为算法的变量，后以用户画像进行个性化精准推荐。个性化新闻意味着新闻生产环节的智能化，其利用算法技术记录用户的数据轨迹，将用户需求无限细分，根据用户画像实现内容上的个性化。

智能媒体的兴起为新闻传播领域带来了前所未有的变革，使得新闻内容和用户体验得以高度定制和个性化。这种进步无疑是尼古拉斯·尼葛洛庞帝在其著作中描述的“定制报纸”的现实化体现。这种个性化的新闻形式不仅在内容层面增强了对用户的吸引力，而且在推荐机制上实现了对不同用户群体的深度拓展。从用户的角度来看，个性化新闻不仅满足了他们对信息的精准需求，而且在某种程度上赋予了他们在信息需求中的主体性。这种推荐机制能够深入海量的用户行为数据，准确捕捉到用户的主观和客观信息需求。在满足用户需求的同时，这种机制也能够有效节省用户的时间，并提高他们的阅读效率。这种高度精准的个性化传播方式无疑为用户带来了前所未有的体验。从媒体的角度来看，个性化新闻的广泛应用和推广无疑改变了新闻媒体的未来趋势和发展路径。技术的应用，特别是算法推荐，使得新闻内容可以更加精准地匹配到每一个用户，这种精准的内容分发方式为媒体带来了巨大的价值。不仅如此，算法推荐的应用还使得媒体可以更高效地分发内容，从而提高新闻的传播效果和价值。最重要的是，这种方式还能增强用户对媒体的黏性，使得他们更加愿意在一个平台上长时间停留。

个性化新闻代表了新闻传播领域的一次深刻变革，它把新闻消费者置于中心位置，重塑了传统的新闻生产和分发流程。在数字化、互联网化的背景下，传统的“一刀切”式新闻传播已经难以满足公众日益多样化、个性化的需求。于是，基于用户数据分析的算法开始充分发挥其潜力，为新闻领域带来了革命性的影响。这种算法不仅分析用户的点击行为、浏览历史或社交互动，它还能够对用户的兴趣、价值观甚至是心理状态进行更深入细致的挖掘。结合大数据技术，算法可以在海量的新闻内容中进行筛选，为每一位用户找到符合其兴趣和需求的信息。与此同时，AI 技术进一步提升了这种信息筛选和匹配的准确性，使得每位用户得到的都是量身定制的新闻内容。个性化新闻的出现不仅满足了用户的信息需求，也为新闻生产者提供了新的机遇和挑战。新闻机构需要重新思考如何生产和提供新闻，以适应这种以用户为中心的新模式。同时，它也引发了关于新闻的公正性、多样性和深度的讨论。当新闻内容完全根据个人偏好进行筛选时，是否会造成信息茧房效应，限制用户的信息视野，成为社会和行业需要关注的问题。

个性化新闻在当代媒体领域成了一个引人注目的焦点，为传统的新闻传播方式注入了革命性的活力。这种转变不仅是技术驱动的，更是受到现代社会用户需求多样性、追求自我表达与认同的文化背景所推动。在这样的大背景下，个性化推送、对话式呈现和定制化生产成为个性化新闻的三大支柱。

个性化推送无疑是当下较为广泛应用的个性化新闻技术，它借助大数据和先进的机器学习算法，从海量的用户数据中筛选、分析，进而为每位用户定制合适的新闻内容。这不仅是对基本的人口统计数据进行分析，更进一步，地理位置、浏览记录、社交互动等都被算入用户画像中。这种深度的用户洞察使得新闻机构能够精准地为每位用户推送合适的内容，从而提高用户的满意度和留存率。以今日头条为例，其算法背后的机制使得每位用户所看到的首页内容都是独特的，这种差异化的体验使得用户更有可能深度参与、持续互动。

对话式呈现，是近年来随着社交机器人技术的进步而崭露头角的新闻传播方式。与传统的单向传播不同，它允许用户与新闻内容进行交互，从而获得更加深入、细致的信息。这种互动的体验不仅是提供个性化推荐，还允许用户与新闻机器人进行深入的对话，以更好地了解新闻事件的背后信息。此外，对话式呈现还可以为新闻机构提供更加真实、准确的用户反馈，帮助他们进一步优化新闻内容和传播策略。而定制化生产，虽然目前还处于起步阶段，但已经展现出巨大的潜力。这是一种更加高级的个性化新闻生产方式，不仅可以为用户推送合适的内容，还可以根据用户的具体需求，定制独特的新闻产品。这需要新闻机构有更加深入的用户洞察，更加灵活的生产流程，以及与用户更加紧密的合作关系。

定制化生产在新闻领域也呈现出巨大的创新潜力，它主要分为内容定制、服务定制和生产者定制。内容定制多是针对新闻的选题进行的定制，根据用户的兴趣和需求，为其提供专属的新闻产品。这种定制化不仅涉及对新闻内容的选择，也包括根据用户的阅读习惯、兴趣点进行个性化推送。这种服务定制为用户提供了更为精准的信息推送，大大提高了用户的满意度和留存率。生产者定制则是一个更为前沿的概念，它主要是针对新闻的生产过程进行的定制，其实际上是对新闻行业内部资源的一种优化配置，可以确保新闻的内容更为精准、深度和权威。

三、数据新闻

数据新闻已经成为现代新闻报道的核心组成部分，体现了当代数字化、技术化和信息化的发展趋势。在信息爆炸的时代，传统的新闻报道方式往往难以满足受众的需求，特别是在深度和时效性方面。这也是数据新闻，特别是基于数据抓取、挖掘、统计、分析和可视化呈现的报道方式，逐渐受到欢迎的原因。它不仅结合了传统新闻的敏感性和叙事能力，还将大量的数字信息纳入其中，为新闻工作者提供了一个全新的报道维度。但是，纵观数据新闻的发展历程，其制作方法仍然相对保守，从数据采集、视觉呈现到稿件编辑和最后的报道，往往需要大量的人力和时间。而现今，AI 技术的进步为新闻业带来了前所未有的机遇。AI 驱动的数据新闻，或称 AI-powered data journalism，是数据新闻的新型演进形态。与传统的数据新闻相比，它不仅继承了数据新闻的所有优势，还利用机器学习等先进技术，实现了新闻的智能化和自动化生产。这种转变不仅提高了报道的深度和时效性，也减少了人工成本和错误率。事实上，AI 技术的引入，已经使数据新闻从一种简单的数字化报道形式，迅速演变为一种高度智能化、知识化的新闻生产模式。

近年来，我国多家媒体机构对传统的报道方式进行了技术升级和内容创新。新华网的“数据新闻”栏目是这一趋势的典型代表。它通过数据可视化的方式，深入解读新闻背后的事实，为读者提供了一个更为立体和客观的视角。而财新网的“数字说”频道则以数据和图表为主，为用户构建了一个直观且内容丰富的新闻阅读平台。澎湃的“美数课”公众号和网易的“数读”公众号，都采用了数据来解读新闻，通过直观的图表和数据可视化，为用户提供了更为生动和有趣的阅读体验。这种方式不仅增强了新闻的可看性和可读性，也让新闻内容更为接地气，更容易被大众所接受和理解。除此之外，还有众多的媒体和团队加入数据新闻的制作中。新浪的“图解天下”、腾讯新闻的“谷雨数据”、《新京报》的“有理数”、界面新闻的“数据线”、DT 财经的“DT 数说”以及搜狐网的“数字之道”，都是这一领域的佼佼者。它们通过不同的视角和方式，为公众提供了丰富多样的数据新闻内容。

随着大数据技术的广泛应用，数据新闻开始崭露头角，逐渐成为主流媒体的焦点。数据新闻所依赖的大数据技术，使得新闻内容更为客观、深入且具有说服力。与此同时，AI 技术的进一步发展，尤其是自然语言处理、机器学习等领域的突破，使得数据新闻的创新与应用得以飞速发展。例如，中央广播电视总台旗下的公众号“玉渊谭天”便致力于数据新闻可视化报道，其与国家信息中心大数据发展部合作，对 2020 年 1 月 23 日 10 点—29 日 24 点的这个时间段，从外省进入武汉的约 12.38 万人次进行了大数据分析，绘制出了一幅幅“逆行者”的群像。新华网早在 2012 年就成立了“数据新闻”栏目，并于 2014 年 6 月进行了第一次栏目改版，目前已经拥有了专业的数据新闻生产团队，并在实践中确立了与社内其他部门、政府企业等主体的合作机制，确保了数据新闻产品的持续供给。

在 2020 年两会期间，新华网不仅首次运用了 5G 技术，更结合了

AI声像分析技术，以视频的方式呈现了政府工作报告中的“共振时刻”。通过这种技术手段，新华网成功捕捉到了政府工作报告赢得的掌声，从而以音频共振的角度为公众传递了国家对未来的期许和信心。据报道，2020年的政府工作报告共赢得了37次掌声。这种创新性的报道方式，不仅提供了解读政府工作报告的全新视角，也为公众带来了更为生动和直观的体验。AI声像分析技术进一步分析了掌声的时长、能量值和关注度，为公众提供了对政府工作报告中各个部分的深入解读。例如，AI分析显示，报告的第二部分，即“今年发展主要目标和下一阶段工作总体部署”，赢得的掌声次数最密集，达到了11次。其中，“积极的财政政策要更加积极有为”的部分，尽管仅有363字，但现场却出现了3次激烈的掌声。这些掌声背后，反映了公众对直面问题的实干决心、务实的承诺、迎难而上的坚定信念的认可和对未来发展的期待。声像分析还显示，“生命至上，这是必须承受也是值得付出的代价”这一句话，赢得的掌声能量值最高。“就业”这一话题在政府工作报告中出现了39次，比去年多出9次，仅次于“发展”。这些数据背后，展现了党和政府对民生的关注和承诺。与此同时，与减税降费政策相关的内容也赢得了4次掌声。稳定就业、稳定岗位和稳定用工企业是政府工作报告的重要内容之一。而报告中的“减”与“降”的举措，为公众带来了对未来“增”和“长”的信心和期待。最后，报告的结尾，“为把我国建设成为富强民主文明和谐美丽的社会主义现代化强国、实现中华民族伟大复兴的中国梦不懈奋斗”，赢得了长达16.8秒的掌声，这不仅是对报告的认可和肯定，更是对未来的期待。新华网结合5G和AI技术的创新报道方式，为公众提供了一个全新的视角，以使其能够更深入地解读和体验政府工作报告。这也体现了现代媒体在技术和内容上的创新与融合，为公众带来了更为丰富和多样的信息体验。

四、机器人新闻

在数字化与技术化持续渗透全球传媒领域的背景下，机器人新闻已经崭露头角，为现代新闻产业带来了一场深刻的变革。机器人新闻，亦称 robot journalism 或 autom journalism，指的是通过算法，从结构化数据中自动产生的新闻内容。一旦成功开发出这种程序，它具备快速生成大量新闻内容的能力，能够显著提高新闻生产的效率和规模。事实上，随着人工智能技术的日益成熟，机器人新闻在全球范围内都受到了广泛关注。这种自动化的特点，让机器人新闻也被称为自动化新闻，彰显了人工智能在新闻领域的巨大潜力和应用前景。

中国新闻机构在近年来已逐渐认识到机器人新闻的价值，并开始尝试将其引入新闻生产过程。在体育、财经、房产等多个新闻报道领域，机器人撰写的新闻文章已经取得了显著的成效。2015 年，腾讯的机器人记者“Dreamwriter”撰写了中国首篇机器人新闻稿件。接着，多家国内媒体，如新华社的“快笔小新”、封面新闻的“小封”、今日头条的“小明”以及《南方都市报》的“小南”等，也相继推出了自己的机器人新闻生成系统。这些均是当前国内机器人新闻的代表性应用。这些写作机器人都采用了先进的大数据处理技术，采集数据后，将信息输入数据库，然后根据句子出现的频率和新闻要素的关键词，进行深度的数据分析和处理。继而，媒体会创建出一套与其风格相匹配的模板，最后仅需将新闻的基本元素 5W1H 输入，即可迅速生成一篇新闻稿件。

机器人在写稿方面具有天然的优势。机器人依赖于先前学习的稿件写作模式和快速的信息处理能力，能够在较短的时间内生成与特定媒体写作风格相符的文章，为新闻报道的时效性提供了有力保障。此外，机器人写稿也有助于挖掘新闻报道的长尾效应，尤其是在互联网平台上。互联网为新闻报道提供了个性化的需求，对冷门领域的新闻报道可能获得意想不到的关注。这种个性化的新闻需求与长尾效应相结合，有助于增加用户黏性，符合未来定制新闻和分众化新闻的大趋势。对于记者个体而言，机器人写稿的应用意味着他们可以从快新闻的压力中解脱出来，将更多的精力投入对事件背后的新闻线索的深入挖掘和批判性思考。这不仅有助于提高新闻报道的质量，也为读者提供了更为深入的新闻内容，给予他们更多思考和品读的时间。然而，机器人写稿并不是万能的，其在信息深度理解方面的能力仍然较为有限。机器人只能在现有的数据库中进行词汇和语句的抓取与排列组合，这种方式难以实现对文章的深度理解，与人类的理解能力相比仍有较大差距。此外，由于模块式的报道，机器人写稿很难避免报道内容的千篇一律问题，这种缺乏亮点和重点的报道方式难以给读者留下深刻印象。同时，目前机器人写稿的应用领域也相对较为单一，主要集中在财经和体育领域。大多数新闻机器人都只能在某一特定领域进行写作，缺乏跨领域的应用能力。随着智媒技术的进步，机器人写稿的范畴已经扩展到其他与新闻生产相关的领域，如热文的挑选和新闻准确性的核查。这让人们看到机器写作技术在新闻生产中的多元化应用，以及其为提高新闻报道质量和效率所做的贡献。

未来机器人新闻的发展预示了多个可能的趋势和方向，这些变革都将为新闻产业带来深远的影响。在数据处理能力持续增强的背景下，机器人新闻将有能力涉及更多的领域，展现其跨领域的特质。这意味着机器人不仅可以为一种特定领域撰写新闻稿件，而且能够利用不同数据库的资料进行相互补充，从而使写作更为全面。此外，机器人的写作形式也将不再局限于简短的新闻报道，还可能扩展到人物通信、时事评论等多种类型。同时，机器人在新闻编辑部的角色也将发生变化，与人类记者和编辑形成紧密的合作关系。在这种模式下，机器人可以处理大量的文本和音视频数据，帮助人类记者形成报道提纲或数据图表，使报道更为准确和深入。机器人还能协助编辑进行文稿校对，并确保信息快速准确地发布到各个媒体终端。更为前沿的技术发展还将使机器人具备与人类进行平等交流的能力，这源于其对自然语言理解能力的持续增强。这不仅将促进新闻产业的高效运作，还有助于从更深层次上满足受众的需求，为他们提供更为丰富和个性化的新闻内容。未来，新闻机器人将能够连接多个平台和数据库资源，实现资源的有效整合。这种“推”与“拉”的连通模式将进一步提高新闻的实时性和准确性，使新闻报道更具参考价值。作为媒介融合的推动者，新闻机器人可以在新闻现场为受众提供更多元的新闻形式，如快速撰写新闻稿件、进行现场直播、制作VR作品等，从而满足受众在多个维度上的信息需求。

五、传感器新闻

在当今数字化时代，传感技术正在逐步改变新闻报道的格局，为新闻界带来了革命性的变革。这些设备，从简单的温度计和磁传感器，到复杂的数据收集设备如转发器、卫星和手持测量设备，已经渗透人们生活的各个方面，实现了对各种信号的实时检测和响应。新闻机构现在可以将传感器实时收集的数据作为报道的基础，这不仅扩大了记者采集新闻素材的范围，而且增强了报道的权威性和准确性。这种以数据为基础的报告方法，被称为“传感器新闻”，代表了新闻报道的一个新时代。对于特定的新闻领域，传感技术的潜力尤为巨大。环境新闻是传感器可以发挥巨大作用的一个领域。传感器可以实时监测并报告关于水质、水位、空气质量和温度的变化。更重要的是，当发生灾难时，传感器能够迅速检测到如辐射或气体泄漏等紧急情况，为公众提供即时的关键信息。除了为新闻报道提供数据支持，传感器还为新闻界提供了一种有效的监督和追责机制。它们可以帮助记者追究相关个人或机构的责任，确保社会的公平和透明。

在现代媒体生态中，传感器新闻正在塑造一个全新的报道范畴，拓宽和深化了传统新闻报道的维度和深度。具体来说，其主要报道领域涵盖了环境、灾难、预测、社会以及与受众体验直接相关的内容。环境新闻，特别是那些依赖于卫星遥感系统的报道，为公众揭示了关于环境污染的深入研究，将抽象的数据和信息转化为可视化的内容，从而为受众提供更直观的认知。此外，当涉及灾难性事件的报道时，传感器装备的工具，如无人机，可以突破物理限制，深入事件现场，为新闻报道提供实时的、高质量的视频和图像。在预测性报道中，传感器与大数据的结合使得数据采集更为规范和系统化。例如对气候变化的监测和天气预报，传感技术为其提供了大量实时数据，进而得出更为精确的预测分析。同样，社会新闻也受益于传感技术，尤其是在监控大规模的人口流动情况方面，如节假日旅游高峰期间。调查记者要善于利用技术、利用公共设施中的传感器去挖掘数据。例如，我国山水自然保护中心联合中国观鸟组织联合行动平台、北京大学自然保护与社会发展研究中心于 2015 年 5 月公布的《中国自然观察 2014》报告，就是采用 Global Forest Watch（https://www.globalforestwatch.org）提供的基于遥感的森林分布数据，结合国家林业和草原局数据等对中国森林变化趋势做了可视化呈现。

在传媒学与信息科技交汇的当代，传感器新闻以其独特的方式为新闻传播领域注入了新的活力。传感器在无人机中的应用，为新闻采集环节带来了明显的优化。无人机的广泛应用得益于其能穿越传统的物理与地理障碍，使新闻工作者能够进入之前难以触及的领域。这不仅仅是物理上的进入，更是从新的、不同的视角去审视和记录新闻事件。这种从高空、远距离或难以抵达的地方捕获的素材，常常以其鲜明、清晰的特点受到受众的喜爱。这种技术进步的背后是传感技术对人类探测能力的拓展。传统上，新闻报道很大程度上依赖于记者的主观观察和感知，但传感技术的介入使得新闻的生产过程更加客观、精确。这种超越人类感官的探测范围使得新闻内容不仅更加丰富，而且更加真实、客观。与此同时，智能技术的不断进步使得传感器新闻的探测范围与方式更为广泛。随着大数据技术的崛起，数据的分析处理也变得更加精准。这种精确性不仅进一步推动了新闻内容的多元化，也拓宽了传感器新闻的报道范围，使之不再仅仅局限于环境或灾难性报道，而是开始涉猎更多领域，如预测性报道。预测性报道方式充分利用了大数据分析提供的前瞻性信息，为受众提供了更为深入、细致的分析。因此，传感器新闻不仅提高了新闻内容的质量和多样性，还为新闻传播领域开辟了新的可能性。这种新闻生产方式对传统的新闻传播模式进行了有益的补充，使得新闻内容更加全面、客观和真实。随着技术的不断进步，传感器新闻将在未来的新闻传播领域中发挥更加重要的作用。

六、短视频新闻

随着人工智能技术的快速进步与广泛应用，新闻传播的形态和内容正在经历一场深刻的变革。传统的文字和图片新闻呈现方式已逐渐无法满足现代受众的多样化和个性化需求。视频，作为一种生动、直观且具有高度感染力的传播载体，正受到越来越多人的关注和青睐。尤其是短视频，其具有简洁、高效的特点，迅速成为新闻传播的新宠。短视频新闻，作为新闻传播的新兴形式，不仅能够为受众提供丰富的视听体验，还能够在短时间内传达大量的信息。与此同时，短视频新闻也满足了现代人们快节奏生活的信息消费习惯，为受众提供了更为便捷的信息获取途径。与传统的文本或图像报道相比，短视频新闻具备音频和视频的双重优势，以生动、直观的方式为受众呈现信息。它继承了多元性、简洁性、及时性、便携性和社交性的多重特色，满足了现代受众在移动互联网背景下对碎片化内容的消费需求。

在这样的背景下，众多新闻媒体机构纷纷将目光转向短视频新闻领域，试图通过这一新兴媒体形式捕获更多用户眼球，扩大自身的影响力。许多权威的新闻机构已经在其客户端推出了短视频新闻专栏，如《人民日报》的时政短视频系列。同时，一些机构更是推出了专注于短视频新闻的专属客户端，如新华社推出的“新华 15 秒”。“媒体大脑 · MAGIC 短视频智能生产平台”“上游新闻影视中心”等都是这一趋势下涌现出的具有代表性的新闻短视频平台。这些平台不仅为受众提供了高质量的短视频内容，更为新闻工作者提供了全新的内容创作和发布渠道。此外，为了更好地满足现代受众的信息消费需求，一些新闻机构还专门开发了视频新闻应用程序，或在其现有新闻客户端中设置了专门的短视频新闻板块。这些应用和板块都以其独特的内容和形式，吸引着大量用户的关注和参与。

中央电视台推出的《主播说联播》便是短视频新闻在主流媒体中的有力代表。此栏目采用了直白而亲切的语言，大大拉近了主播与观众之间的距离，使得新闻传播更为生动与接地气。此外，小米的“朕惊视频”开启了弹幕功能，为受众提供了一个与其他用户实时互动的平台。这一功能不仅丰富了用户的观看体验，更为新闻传播带来了新的互动机制。腾讯的“看点视频”则通过限制时长和采用 PGC 内容生产模式，实现了优质新闻的高效输出。2020 年，新华网为了更好地呈现两会报告，运用了 AI 声像分析技术，延续了其微视频融合人工智能技术的特色。此外，封面新闻为全国两会推出的“说唱全国两会”短视频栏目，通过使用韵律感十足的说唱歌词，为受众呈现了最新的政策热点。而新华社的“媒体创意工场”则是为了更好地服务于短视频新闻的生产，为内容策划和制作提供了全面的技术支持。

短视频已逐渐成为数字时代的主流媒体形式，尤其是随着社交媒体平台的兴起。在这种背景下，一种独特的短视频报道方式——“Vlog 短视频 + 新闻”应运而生，为新闻报道带来了新的维度与可能性。Vlog（视频博客），作为一种“第一人称”视角的表达方式，强调个体在特定环境中的真实体验和情感，与传统的新闻报道形式相比，其更能突出情境、氛围与互动性。

2019 年全国两会期间，《人民日报》官方微博推出的“《人民日报》新媒体记者两会 Vlog”便是一个典型的例子。记者运用“Vlog + 新闻”的方式，为受众提供了一个全新的、更加亲切与真实的两会报道体验。

据统计，此类 Vlog 每条的阅读量达到近 7 000 万次，这一数字远超传统的新闻报道模式，足以证明其独特的吸引力。2021 年，山东广播电视台运用全景 VR 相机，以自拍 Vlog 的形式记录会场的精彩瞬间，更是推出了“全景 Vlog · 真观察”系列短视频，再次为受众带来了沉浸式的新闻体验。此外，国际在线与华侨大学校媒联合制作的《“Amazing China”留学生眼中的两会关键词》则是一个跨界合作的成功实例。在这部 Vlog 短视频中，各地的留学生分享了他们对中国两会的看法，这不仅为海外的年轻人提供了一个全新的、更加深入的了解中国政治制度的途径，也展现了 Vlog 与新闻结合的巨大潜能。

短视频新闻的呈现方式也得到了人工智能技术的助力。以全新的视角、更为简洁明了的方式展现新闻，不仅可以提高受众的关注度，还有助于塑造短视频新闻的品牌形象，增强其在市场上的竞争力。新华社推出的“媒体大脑 · MAGIC 短视频智能生产平台”便是人工智能技术与短视频新闻结合的成功案例。该平台能够实现快速、大规模的短视频新闻生产，确保每一条内容都能够满足受众的喜好，真正实现了“MAGIC 一下，做短视频更 AI”的理念。在未来新闻生产智能化的发展进程中，新闻媒体也将愈加重视短视频新闻的生产制作，将人工智能与短视频结合起来打造出更多的优质新闻产品。

七、沉浸式新闻

为了更深入地探讨沉浸式新闻的概念，需要关注两个核心关键词：“沉浸”与“在场”。对于“沉浸”的理解可以大致分为两类：一类将其视为系统的客观品质，强调视觉、听觉和触觉的保真度；另一类则将其视为一种主观体验，强调离开物理世界进入另一个现实或视角的感觉。而“在场”通常用于定义虚拟环境中的感觉，与场所幻觉和似真性有关，这两种幻觉一同为用户构建了沉浸式新闻的基础“在场感”。

沉浸式新闻借助 VR 技术为受众营造身临其境的互动体验，转变了传统的新闻叙事方式。它不仅为受众构建了一个模拟环境，使其从传统的新闻消费者身份转变为亲历者，而且鼓励受众更积极地筛选和处理信息。例如，在2019年的两会报道中，新华社综合应用了多种智能技术，如“AI平台”“AI主播”“现场云”和“媒体大脑”，并推出了AI创意解读政府工作报告的全媒报道。其中，《全息交互看报告》结合了现场原声、虚拟场景和可视数据，为受众提供了沉浸式的观看体验。

随着5G、AI与VR/AR技术的深度融合，国内的新闻媒体正在积极探索和应用VR/AR技术进行新闻直播，从而大大吸引观众的关注。这种VR/AR直播模式，与传统的VR/AR新闻报道有所不同。它利用360°全景摄影技术，为观众呈现清晰、立体且多视角的现场画面，使观众能够从各种角度自如地体验并沉浸于真实的新闻现场。《中国青年报》自2014年开始探索融媒体转型，并于2017年正式启用“中央厨房”——“融媒小厨”。随着2019年5G技术的广泛应用，这一创新平台开始大力推进“沉浸式体验新闻”项目。为了庆祝中华人民共和国成立70周年，《中国青年报》制作了微电影《头条里的青春中国》。该微电影以过去70年中《中国青年报》和《中国青年》杂志的头条为线索，展现了中国人民在不同时期的奋斗历程。在该微电影发布之前，一则与之相关的沉浸式新闻视频在微博上迅速走红，为微电影的正式发布创造了良好的舆论氛围。

我国多家媒体机构（如《人民日报》、新华社、光明网等）在2016年的全国两会上凭借VR技术集中推出大量的VR新闻报道，不仅丰富了新闻报道形态，其所带来的沉浸式新闻体验更是成为两会中最抢眼的变化。随后，我国进入“VR元年”，VR/AR技术开始广泛应用于新闻报道。例如，2018年，新华网相继推出VR产品《春运首日，回家的路》《带您感受春运潮 宝兰高铁迎首个春运》《带您走进广州火车东站 看人在旅途》，受众戴上VR眼镜就可以如同亲临车站现场，体验排队购票、通过安检、等候上车的全过程，甚至还可以在疾驰的列车上静静地欣赏窗外的风景。2020年1月27日，中央广播电视总台的央视频App在“疫情24小时”专题页面中，针对武汉“火神山”和“雷神山”医院的建设现场，开展了持续不断的直播活动。得益于5G技术的高速传输能力，这一新闻客户端借助VR/AR技术，全天24小时持续展示施工现场的实时动态。更为引人入胜的是，观众可以通过简单的手势或转动手机，实现360°全景观看，得到前所未有的沉浸式体验。2021年3月8日，在“两会云访谈”专栏上，黑龙江广播电视台的主持人和嘉宾通过5G+MR技术，实现千里同框、交流互动。2021年全国两会期间，新华社也展示了其沉浸式新闻制作能力。在与北京移动的合作中，新媒体中心推出了沉浸式VR新闻《听会》。这一作品通过重构人民大会堂的新闻场景，并结合3D建模和立体多媒体演播室，实现了与大会现场的实时互动，让受众真正实现了“身临其境”的两会体验。

第三章　重构与再造：人工智能技术驱动传统新闻业态的转型与发展

第一节　竞争者：新闻媒体与聚合平台的资源争夺

一、新闻采集的来源方式众多

在信息技术飞速发展的当今时代，新闻采集的来源和方式正经历着前所未有的革新。传统的新闻采集方法正在被更加高效、多元化的技术所替代，其中包括客位视角采集、AI 辅助、传感技术的应用。这些方法的结合不仅增强了新闻报道的全面性和客观性，而且提高了新闻采集的效率和准确性。

客位视角采集强调从旁观者的角度出发，通过大量资料的搜集和自动化处理，全面而客观地展现新闻事件。这种方法减少了主观偏见的影响，使得报道更加真实可信。而 AI 技术的运用，如 IBM 开发的沃森机器人，能够迅速分析大量数据，为新闻编辑提供有价值的洞察。这种技术不仅能加快新闻采集的速度，还能挖掘出新闻背后的深层次联系和趋势。

传感技术的应用同样在新闻采集领域发挥重要作用。它可以突破物理空间的限制，通过面部识别和语音交互技术等，为记者提供更多维度的信息，从而使报道更加深入和全面。这种技术用于现场报道，可以带给观众强烈的代入感和更优质的视觉体验。

新闻采集的深度和广度也在不断提升。通过对历史信息和现实数据的综合分析，新闻机构能够对未来事件做出更加准确的预测和预警。此外，个性化定制的新闻内容正变得越来越普及，这得益于大数据和算法技术的发展。新闻机构能够根据受众的兴趣和行为习惯，推送合适的新闻内容，从而提高用户的阅读体验和满意度。

未来，随着技术的不断进步，新闻采集方式将更加多样化和智能化。VR 和 AR 技术的应用可能会为受众带来更加身临其境的新闻体验。同时，大数据分析和机器学习等技术的进步将使新闻采集和编辑的过程更加高效和精准。

二、新闻内容的智能个性生成

传统新闻的标题以新闻价值的六要素为核心，突出表现地点、人物、事件以及新闻事件的结果。新闻媒体应用的 AI 技术，在大数据及算法的用户抓取下，面对网络中众多信息的产生，如何最大限度地吸引用户的注意力和关注度，是在网络平台上进行信息传播需要考虑的主要因素。作为一篇文章最先映入用户眼帘的信息点，标题能否在第一时间激起用户的好奇心，使其点开标题阅读全文，在一定程度上反映了标题的特点。这种环境下，新闻标题的制作方式与传统新闻有显著差异。首先，利用大数据技术，可以快速捕捉与当前新闻事件相似的新闻标题，并分析它们的阅读量和浏览量。这种方法能够挖掘用户的兴趣点和好奇心，使得新闻标题的拟定更加贴合用户的需求，从而提升新闻的阅读量。其次，与传统新闻标题多采用陈述句、突出新闻主要要素的风格不同，应用 AI 技术制作的新闻标题更加个性化和定制化。算法技术能够根据用户的个性特征和阅读偏好，制作出更符合用户需求的标题。例如，针对不同年龄段和性格特征的用户，相同新闻事件的标题可能会有不同的重点，从而更精准地满足不同用户群体的信息需求。最后，传统新闻标题常带有编辑的个人特色，包括个人喜好和新闻价值判断，而 AI 技术则依靠广泛而客观的数据抓取，减少了个人偏好的影响。这种基于数据的新闻标题制作方式，使标题能够更加客观和全面地呈现新闻内容，减少编辑个人带来的主观性。

AI 技术对新闻导语和主体内容的制作产生了显著影响，与传统媒体的风格和制作方式形成了鲜明对比。新闻导语是文章的核心，传统新闻多采用倒金字塔结构，强调导语中内容的重要性和事件关键要素，而AI技术加工的新闻导语则展示了更多样化的写作风格。例如，使用问号和惊叹号来吸引读者注意，或先展示事件的精彩部分再详细叙述全貌。在叙述风格上，运用AI技术的网络文章比传统报纸文章更通俗易懂，更加使普通读者感到亲切。这些文章常通过图片和视频增强现场感，激发读者的共情，而且话语风格往往更轻松幽默，与传统新闻的严肃正式风格形成对比，以吸引更广泛的读者群。对于新闻主体的写作，传统新闻强调事件的完整性和关键要素的展现，而AI加工的新闻内容更加注重故事性。这种新闻会在读者可能感兴趣的点上提供深入解释和数据对比，增加文章的科学性和说服力。此外，细致描绘用户感兴趣的细节，能够激发读者的参与感，使其更主动地融入新闻内容。

三、用户行为的双向互动反馈

随着外部市场环境的不断变化和技术的进步，新闻采集和传播的领域正在经历着深刻的转型，尤其在用户行为的双向互动方面。互联网的发展为读者提供了多元的信息来源，打破了传统媒体与读者之间原本的单向传递关系，同时使网络成为舆论的聚集地，这些变化对主流媒体构成了挑战。

在这个以争夺大众注意力为主的网络环境中，信息的多样性和可访问性大大提升。借助AI技术，新闻采集和传播不再局限于单纯的事件讲述，而是通过算法技术和大数据的深度挖掘，发现与新闻内容相关的多维信息，增加新闻内容的广度和事件的延展性。

用户的参与在这一过程中起着至关重要的作用。通过VR眼镜等设备，用户可以身临其境地参与新闻事件，这种沉浸式体验加深了他们对事件的感知和理解。同时，VR技术实现了360°的全方位视觉模拟，而AR技术则为用户呈现了多种形式的信息，如文字、图片、音频、视频。

这些技术不仅加强了用户的感官体验，而且提供了更全面的信息，帮助他们更深入地了解事件的全貌。这种多角度的展示方式和用户的亲身参与，不仅增强了新闻内容的吸引力，而且在社交媒体上引发了更多的讨论和反馈。例如，新华社推出的《国家相册》就是一个成功的案例，其跨界叙事能力显著增强，单集浏览量高达数百万。类似的动漫 MV 和互动内容，通过创新的叙事方式和技术手段，吸引了大量观众的关注。

第二节　生产主体：角色认知与职业技能的认知转变

一、记者职能与机器赋能的角色感知

在新闻产业的不断演进中，记者的职能和机器赋能的角色正在发生显著的转变。传统上，记者承担着新闻的选题、信息采集、编辑、校对等多项重要职责，这个过程不仅任务繁重，也常受限于个人主观因素，如个人偏好和视角限制，这些因素在新闻的选题、采集和编辑过程中不可避免地影响着内容的客观性和公正性。

随着人工智能技术的发展，机器在新闻产业中的作用日益凸显。机器赋能的新闻采集方式具有显著的优势：它们按照预设程序运行，在采集信息时不受个人主观因素的影响，能够高效地处理大量数据，并从中提取有价值的信息。这种方法在搜集信息的广度、效率和视角客观性方面都远超传统的手动方法。

然而，人工智能技术在新闻采集和处理方面仍面临一些挑战。首先，在筛选信息方面，尽管机器能够高效地搜集信息，但在确定哪些信息对新闻选题有价值方面仍然缺乏判断力。机器往往采取“全收”的策略，这使得记者在后续的筛选工作中仍然面临大量的工作负担。其次，机器在区分虚假信息和真实新闻方面也存在局限。在数据分析过程中，

机器可能将虚假信息和谣言与真实新闻一同处理，导致不准确或误导性的分析结果。

尽管如此，人工智能和机器学习技术在新闻采集和处理中的应用仍然具有巨大潜力。随着技术的持续进步，上述的这些挑战可能会逐渐被克服。比如，通过改进算法和提高机器学习的精度，机器在未来可能能够更有效地筛选信息，甚至识别和排除虚假新闻。

总的来说，记者的传统角色和机器赋能在新闻采集和处理中的应用正形成一种互补关系。机器能够处理和分析大量数据，提高信息采集的效率和范围，而记者则能够利用其专业判断和经验来进行更深入的分析和解读。这种结合不仅有助于提高新闻内容的质量和准确性，还能促进新闻产业向更高效、更智能化的方向发展。未来，随着技术的不断进步，新闻采集和处理的方式将更加多元化，新闻内容的产出将更加高效、全面和精准。

二、思维方式与新闻推送的智能模拟

在当今数字化时代，人工智能技术正在深刻改变新闻行业的工作模式，尤其在新闻的信息采集、编辑及传播方面展现出巨大的潜力。这种变革不仅体现在技术层面，更是一种对人类思维方式的模拟和延伸。

人工智能技术在新闻行业的应用，通过其高效的处理效率和强大的算法能力，显著减轻了人类工作的人力和财力成本。作为一种先进的深度学习系统，人工智能不仅模拟了人脑的外形结构，更重要的是，它在模拟人类思维和思考过程方面取得了长足的进步。这包括学习、思维、对外界环境的感知，以及对情境变化的灵活应对。通过算法机制和程序设定，人工智能可以在一定程度上学习并模仿人的思维过程，进行简单的价值判断。

尽管人工智能技术在新闻采集和处理方面显示出巨大潜力，但它目前的发展水平仍有限。人工智能主要停留在信息的搜集和基本的价值判断阶段，尚缺乏人类特有的主动性和创造力。在思维水平和意识发展能力方面，人工智能与人类相比仍有较大差距。这意味着，尽管人工智能可以在新闻采集和初步处理方面提供帮助，但深度分析、创造性内容的生产以及复杂价值判断仍需依赖人类记者的智慧和经验。

此外，人工智能在新闻推送方面也表现出智能模拟的特点。通过分析用户的阅读习惯、偏好和反馈，人工智能可以定制和推荐内容，从而为用户提供更加个性化的阅读体验。这种智能推送方式不仅提高了新闻的覆盖率和受众的满意度，也增强了媒体与受众之间的互动性。

总体而言，人工智能技术在新闻行业的应用正在开辟新的领域，从信息采集到内容推送，都在经历由传统向现代的转型。虽然目前技术的发展尚存在局限，但随着技术的不断进步，未来，人工智能有望在新闻行业扮演更加重要的角色，不仅体现在技术层面上，更体现在思维模式和创造力的发展上，为新闻行业带来更加深远的变革。

三、专业经验与技术支撑的技能需求

在当今的媒介环境中，新闻生产和分发的方式正在经历着根本性的变革，这不仅体现在技术层面，还深刻地影响了新闻工作者的专业技能需求和工作方式。随着人工智能技术的引入和媒体平台的发展，新闻的采集、编写和推送方式变得更加多样化和复杂化。

在媒介分发平台上，新闻推送的透明化特征尤为明显。这种透明化首先体现在新闻推送的方式上，即用户可以随时随地通过平台接触到信息，并且可以便捷地检索自己感兴趣的内容。例如，基于数据挖掘的推荐引擎产品如今日头条，能够通过算法筛选，实时地将新闻推送给用户，同时捕捉用户的反馈和态度，进而调整后续的内容推送策略。然而，这种透明化的推送方式也带来了隐私泄露的问题。个人信息在网络中呈现出一种透明化的状态，对于个人隐私的保护缺乏有效的措施。此外，数据统计和推送算法方面也存在一定的误差。系统可能将用户偶然点开的信息误解为兴趣偏好，并据此自动推送不必要的信息。在这种背景下，新闻工作者的职业技能需求也发生了显著变化。在传统的新闻生产方式中，记者的采编写一体化能力较为重要，强调记者的个人经验和主观价值判断。但在人工智能技术辅助的新闻生产过程中，这种能力相对被弱化。新闻工作者需要对新媒体平台和网络环境有更深刻的洞察力，同时需要熟练运用人工智能技术，以适应新闻生产和分发的新模式。

随着技术的不断发展和媒介环境的变化，新闻工作者不仅需要保持传统的新闻采编能力，还需要适应新技术的应用，学会利用大数据分析、人工智能等工具来提高工作效率和内容质量。同时，新闻工作者还需要培养对数据隐私和用户体验的敏感度，以应对新闻推送过程中可能出现的伦理和法律问题。

第三节　用户群体：信息接收与信息需求的方式转变

一、互动反馈的传感化

在当今新闻采集和分发的领域中，互动反馈的传感化正在成为一种重要的趋势。这种趋势体现在如何更有效地捕捉和理解用户的反馈，尤其是在处理用户的情感和行为上。用户反馈的方式多种多样，不仅包括文字留言或社群讨论，还包括用户未能显性表达出的潜在情感。因此，创建良好的互动体验变得尤为重要，它能够在满足用户需求的同时，促使用户给出自然而真实的反馈。

在互动反馈中，交互行为涉及的要素包括人、动作、媒介或工具、目的、场景等。传统的机器反应系统，尽管由众多传感器组成，但在捕捉人类复杂的情感反应和情绪活动方面仍然存在局限。与机器相比，人类的感知系统能够对外界环境变化做出更敏锐和迅速的反应。因此，尽管机器的传感器可以通过物理信号来感知和观测人体行为，但其对人类行为感知和理解的能力还有待提升。

在新闻采集领域，这种互动反馈的传感化趋势呼唤着技术的进步和创新。例如，通过AR和VR技术，新闻媒体可以提供更加沉浸式和互动式的用户体验，这不仅能够吸引用户参与，还能够在一定程度上捕捉到用户的情感反馈。此外，机器学习和人工智能的进步也在帮助新闻媒体更好地理解用户的行为和反馈。通过分析用户的互动数据，新闻媒体可以更准确地把握用户的兴趣和需求，从而提供更个性化的内容。

然而，实现有效的互动反馈传感化仍然面临挑战。首先，如何在保护用户隐私的前提下收集和分析用户数据是一个重要问题。其次，对于用户情感和行为的深度理解需要更先进的技术和算法。最后，保持人机交互的自然性和真实性也是一个关键的挑战。

二、新闻体验的临场化

在数字化时代，新闻体验的临场化成为提升用户体验和增强新闻影响力的关键因素。临场感不仅涉及视觉冲击，还包括情感引导和现场感提升，这一切都在不断推动新闻采集和传播方式的演变。

视觉上，图形设计成为用户感受新闻的第一触点。不同于传统新闻的文字和静态图片，现代新闻借助人工智能技术，利用动态图形吸引用户注意。这种图形不仅可以更直观地传达信息，还能跨越地域限制，迅速在用户心中留下深刻印象。例如，AR和VR技术的应用，使新闻报道不再局限于传统的视觉呈现方式，而是创造了一个多维度、强互动性的视觉空间，让用户能够以全新的方式体验新闻。

情感上，临场化的新闻体验不仅是对视觉的刺激，更是对用户情感的引导。例如，利用360°视频，用户可以像在现场一样自由地观察和探索新闻事件，这种体验方式大大增强了新闻的吸引力和影响力。用户可以根据自己的兴趣和需求，调节观看角度和距离，甚至可以通过社交平台与他人交流和讨论，使得新闻体验更加个性化和社交化。

此外，马斯洛（Maslow）的需求层次理论在新闻临场体验中也发挥了作用。通过提供丰富多样的互动体验，新闻媒体不仅满足了用户的基本信息需求，更在情感和自我实现层面与用户建立了联系。用户通过主动参与和自我体验，不仅获得了信息，还实现了对事件的深入理解和个人感受的表达。

在新闻采集方面，这种临场化体验的趋势也促使新闻机构采用更多元化的信息源。通过社交媒体、用户生成内容、互动平台等多种渠道，新闻机构能够收集到更广泛、更深入的信息，并将它们以更加生动和真实的方式呈现给用户。这不仅增加了新闻内容的丰富性和多样性，也拓宽和提高了新闻的覆盖面和传播效果。

三、信息需求的定制化

在人工智能技术与新闻行业融合的背景下，信息需求正变得越来越定制化。例如，《人民日报》推出的“中央厨房”和新华社的“媒体大脑”都是利用云计算、物联网、人工智能等技术实现智能化采编的典型案例。人工智能技术在新闻领域的应用引发了不同的看法。一方面，它能显著提高新闻编写的效率，减少时间消耗。但另一方面，这种自动生成的新闻可能缺乏深度的人本价值判断和事件线索挖掘。在智能技术时代，收集和分析用户数据成为新闻行业的核心环节。通过对用户的阅读习惯、兴趣偏好、互动行为等数据进行深入分析，新闻机构可以更准确地了解用户需求。例如，使用大数据分析工具，可以发现用户对哪些话题更感兴趣，什么样的内容形式（如视频、图文、音频）更受欢迎。这些分析结果可以指导新闻内容的制作和推送，实现更加精准的用户定制化服务。个性化推荐系统是智能技术在新闻领域应用的典型例子。通过机器学习和人工智能技术，系统可以根据用户的历史阅读记录、搜索习惯以及点击行为等，自动推荐用户可能感兴趣的新闻内容。这种定制化的推荐不仅增强了用户的阅读便利性，也大大提升了新闻内容的吸引力和黏性。在新闻用户需求定制化的过程中，互动和反馈机制同样重要。智能技术使得新闻机构可以实时收集用户的反馈信息，如评论、点赞、分享等，从而更好地理解用户的喜好和需求。同时，通过社交媒体等渠道与用户进行互动，可以进一步加强用户的参与感和归属感，提高用户黏性。

第四节　新闻理念：社交关系与用户连接的思维转变

一、以社交关系为算法理念

在新闻采集和制作领域，AI 技术的应用正在带来深刻的变革，其中以社交关系为核心的算法理念尤为显著。这种以社交关系为基础的算法不仅考虑了用户在平台上的浏览痕迹，而且深入分析了用户的社交网络数据，以构建更为精准的用户画像。这种方法能够捕捉到用户的实时反应，从而提供更加个性化的新闻服务。

基于社交关系的算法理念还体现在数据抓取的方式上。从过去的断点数据采集转变为持续性数据抓取，实现了从静态到动态的转变，这标志着技术的进步和对用户数据全时段抓取能力的提升。这种全面的用户数据分析使得媒体能够更全面地了解用户，以便更好地服务他们。随着多媒体和互联网环境的变化，网络作为信息传播的重要渠道地位日益显著，这对传统媒体构成了前所未有的冲击和挑战。用户不再满足于被动接收信息，而是希望成为参与者甚至信息源，因此许多自媒体应运而生。AI 技术为新闻媒体带来的技术革新，不仅改变了媒体的传播样态，也拓展了其功能。

在媒体功能的拓展方面，AI 技术的应用可分为三个方面：受众调查、信息服务和注意力售卖。通过利用大数据，AI 技术可以对受众的信息浏览偏好、性格以及社交媒体活动进行深入分析，从而提高信息服务的精准性并增强用户对媒体的黏性。此外，与传统的调查模式相比，基于 AI 的受众调查更加便捷和有效。由于网络的大容量和活跃性，受众调查的参与人数和活跃度都呈上升趋势。

这种基于 AI 的新闻采集方式使得新闻内容的制作更加依赖于技术，同时对新闻工作者的技能要求提出了新的挑战。新闻工作者需要不仅掌握传统的新闻采集和编辑技能，还需要了解和运用 AI 和大数据技术。这种技术的应用不仅提高了新闻制作的效率，也为用户提供了更加丰富和个性化的新闻体验。

二、以用户连接为思维方式

在新闻行业，以用户连接为核心的思维方式正逐渐成为趋势。这种思维方式在运用 AI 技术，特别是 AR 和 VR 技术进行新闻信息制作时表现得尤为明显。这些技术不仅改变了新闻制作的方法，更重要的是，它们重建了媒体与用户之间的深度连接。例如，《光明日报》在重大事件报道中应用全景技术，使用户能够通过自己的手机从不同角度观看现场，通过放大、缩小等操作来营造一种身临其境的新闻现场感觉。这种技术的应用不仅增加了用户的临场感，也提高了用户的体验感。用户通过这种互动体验，能够更深入地了解新闻事件，形成更为丰富的感受。这种技术的应用也存在一定的风险。在报道灾难等重大事件时，过于逼真的现场体验可能会对用户的心理产生消极影响。技术本身是中立的，关键在于如何恰当地使用技术。新闻制作者需要在选择使用这些技术时，认真考虑其可能带来的社会和心理影响。与此同时，传统媒体制作和传播新闻的方式也在发生变化。过去，新闻的编辑和传播流程主要侧重于传播，即以传播者为主要信息源，将信息传达给用户。然而，由于技术设备的局限，用户的反馈通常是有限的。现在，随着技术的发展，新闻媒体能够更有效地收集和响应用户反馈，从而更好地满足用户需求。

此外，传统媒体的传播模式较为固定，经过长期的发展，已经形成了较为成熟的操作体系，主要承载的是信息传播和社会责任的功能。但在数字化时代，用户对信息的需求更加多样化和个性化。因此，新闻媒体需要不断创新，将技术应用于新闻制作和传播过程中，以提供更加丰富、可互动和个性化的新闻内容。

三、以注意力售卖实现价值增值

在当今数字媒体时代，以注意力售卖实现价值增值成为新闻行业的重要趋势。传统媒体主要通过广告和信息销售来获取收入，而在数字化时代，这种模式正在经历深刻的变革。推荐算法的应用已成为抓取用户注意力的关键工具。这些算法不仅根据用户的历史浏览习惯推送相关内容，还在某种程度上决定了用户可获取信息的范围。例如，《走近2050：注意力、互联网与人工智能》中提到，注意力是人类核心价值的体现，也是推动机器进化的主要动力。AI 技术的发展趋势是向着更加游戏化和沉浸式的人机交互演进，以此更有效地吸引和保持用户的注意力。

为了抓住用户的注意力，媒体正在不断创新内容的呈现形式。例如，通过动画、H5、视频及互动等多种方式进行新闻的传播，使得内容形式更加多样化和吸引人。这些新颖的传播模式，结合有趣和引人入胜的内容，不仅能吸引用户的注意力，还能促使用户在微信朋友圈、微信群和其他社交平台上进行分享，从而实现内容的裂变式传播。这种传播效应不仅增强了新闻内容的影响力，也实现了注意力的经济价值转化。在这个过程中，新闻机构需要不断适应和掌握新技术，以保持在竞争激烈的媒体市场中的领先地位。AI 技术的应用，尤其是在数据分析和用户行为预测方面，为新闻机构提供了强大的工具，以更准确地抓住和利用用户的注意力。同时，新闻机构也面临着伦理和责任的挑战。在追求用户注意力的过程中，必须确保内容的真实性和质量不被牺牲。此外，用户隐私和数据安全也是需要重视的问题。在利用用户数据进行内容定制和推荐时，新闻机构需要合理合法地处理用户信息，以保护用户的隐私权益。

第五节 社会镜像：社会秩序与行业圈层的社会变迁

一、有机团结的集体意识

社会从古代的血缘、价值规范和情感道德基础的集体意识，演变到现代以家庭为核心的有机团结形式。而这种转变，在新闻采集中体现为从单一来源到多元化的演进。

古代社会的集体意识强调同质性，而现代社会的有机团结则是基于异质性的个体相互联系和合作。这种社会结构的变化使得新闻的来源不再局限于传统的官方渠道或单一的媒介，而是涉及多种不同的渠道和平台。技术的发展，尤其是互联网和社交媒体的普及，为新闻采集提供了广泛的信息源。个人的“小小世界”通过网络相连，形成了一个庞大的信息网络，从而为新闻提供了丰富的素材。

在这个信息网络中，不同的社会分工和专业化背景使得信息的来源更加多样化。从业内人士的专业分析到普通民众的生活见闻，从官方声明到草根社交媒体的发声，这些都成为新闻采集的潜在资源。这种多样化的信息来源使得新闻内容更加丰富和多元，更能反映社会的全貌。

与此同时，社会道德规范和媒体及网络的监督也在某种程度上影响了新闻的采集和传播。新闻机构在采集和报道新闻时需要考虑社会责任和道德规范，这不仅影响着新闻的内容和形式，也决定了新闻如何与公众互动。

新闻采集的方式也变得更加复杂和细致。随着个人需求的增加和工作种类的多样化，新闻工作者需要对不同领域有更深入的了解，以确保报道的准确性和全面性。同时，新闻的采集和报道方式也需要适应社会的变化，采用更加灵活和创新的方法来吸引和保持公众的关注。

二、异质文化的涵化作用

涵化，亦称为“文化摄入”，通常描述因不同文化传统的社会互相接触所引发的手工制品、习俗和信仰的变革过程。此概念最早由 1880 年美国民族学局的鲍威尔提出，并由其同事霍尔姆斯和麦吉尔继续发展。20 世纪初，涵化一词在人类学及其他社会科学的文献中广泛使用，常与“传播”“同化”“借鉴”及“文化接触”等词汇交替出现。1935 年，美国的雷德菲尔德、林顿和赫斯科维茨三人对涵化下了定义，将其视为由于持续的直接接触而导致一个或两个不同文化的群体经历文化模式的变迁。这一定义受到了许多人类学家的批评。1936 年美国著名人类学家 M.J. 赫斯科维茨就在他和 R. 雷德菲尔德、R. 林顿两人合著的《涵化研究备忘录》中对“涵化”下了定义，认为：“涵化”指的是“由个体所组成的而具有不同文化的民族间发生持续的直接接触，从而导致一方或双方原有文化形式发生变迁的现象”；在其 1938 年出版的《涵化：文化接触之研究》一书中，他又重申了这一定义。

作为文化变迁的一种形式，涵化特指异质文化的接触导致原有文化模式的变化。这种变化常常发生在处于不同社会地位的群体间，由于长期的直接接触而导致文化的规模性变迁。涵化的具体特征包括：首先，它通常是在外部压力，如军事征服或殖民统治下产生的；其次，涵化不同于单一文化因素的借用，它往往涉及多个文化元素的变化；最后，接触的群体中，通常存在一个处于支配地位的强势群体和一个从属地位的群体，从属群体往往会借用更多来自支配群体的文化元素。然而，如果从属群体具有强大的文化优势，则可能导致支配群体的文化被涵化。

在全球化和网络技术高速发展的今天，异质文化的涵化作用对新闻采集的来源方式产生了深远影响。科技的发展，特别是互联网的普及，使得人们能够轻松接触到世界各地的信息和文化。这种广泛的文化交流和碰撞，造成了原有文化的变迁和新文化形式的产生。异质文化的融合为新闻采集带来了丰富的资源。随着不同文化的相互作用，新的社会现象和趋势不断涌现，为新闻报道提供了多样化的视角和内容。比如，外来的音乐、美术等文化元素，不仅丰富了人们的生活，也为新闻报道提供了更多元的话题和角度。此外，不同文化的融合还促进了人们对世界的深入理解和对多元文化的包容性。

然而，异质文化的涵化作用也带来了挑战。不同文化之间的冲突和矛盾，可能导致社会价值观的冲突和混乱。新闻媒体在采集和报道新闻时，需要对这些文化现象进行客观和辩证的分析，避免得出片面的观点和产生负面影响。例如，对于一些可能引起争议或负面影响的文化现象，新闻媒体应该在报道时进行深入的调查和分析，以确保信息的准确性和公正性。在这个过程中，新闻工作者的文化敏感性和专业素养显得尤为重要。他们需要具备跨文化交流的能力，了解不同文化背景下的信息，并能够在不同文化视角中寻找平衡，做到公平、客观地报道新闻。同时，新闻媒体也应该加强对异质文化的学习和了解，以增强对多元文化现象的解读能力。

三、社会转型的解组风险

社会解组是在某些社会环境中，社会规范和制度对成员的约束力减弱，社会凝聚力降低。这通常发生在社会急剧变迁的过程中，例如大规模的迁移、经济危机或社会结构的快速变化。在这种环境下，原有的社会规范不再适用，而新的规范尚未形成或者难以建立，导致社会成员在行为准则上出现混乱。此外，当不同的规范体系发生冲突，或者规范的功能受到阻碍时，也可能导致社会解组。这种社会状态的特征包括社区结构的疏松、社会控制的弱化以及社会支持系统的缺乏。在社会解组的环境中，缺乏有效的社会控制和规范导向，个体和群体更容易采取偏离常规的行为。

当前我国社会正处于转型时期，社会转型带来的解组风险，对新闻采集的来源产生了重要影响，新闻采集的来源变得更加多样化和复杂化。一方面，新闻工作者需要关注和报道社会转型期间出现的各种社会现象，这些现象往往体现了社会变迁的深层次问题。另一方面，社会解组风险也使得新闻报道的角度和视野需要更加宽广，以全面反映社会的多元性和复杂性。

此外，社会转型也带来了新闻职业道德和报道准则的挑战。新闻工作者在采集和报道新闻时，需要在快速变化的社会环境中坚守职业道德，确保报道的真实性和公正性。他们还需要对新兴社会现象进行深入的调查和分析，以揭示社会变迁背后的深层次原因和产生的影响。同时，社会转型期间的群体事件和社会矛盾也为新闻采集提供了重要的素材。新闻报道不仅需要关注这些事件的表象，更重要的是深入探究其背后的社会、经济和文化因素。这要求新闻工作者具备跨学科的知识背景和敏锐的社会洞察力。

第四章　融合与互嵌：人工智能对新闻生产流程的变革

第一节　新闻信息采集智能化

在智媒时代，新闻信息的采集已经不再完全依赖于新闻工作者的传统手段。相反，机器、传感器、算法和其他高科技手段正在逐渐取代人的角色，使得各种对象和场景都能成为信息采集的资源。这种转变意味着人们的信息采集方式正在经历一场深刻的变革，从中人们可以看到未来新闻生产的无限可能性。人们需要认识到，随着技术的发展，几乎每一个物体、设备甚至是环境都被赋予了感知和传输信息的能力。从智能手机到各种物联网设备，它们都能成为人们的信息采集工具。这不仅大大扩展了信息的来源，还为新闻报道提供了更为丰富和多元的内容。

新闻生产系统的智能化升级，借助于先进的技术手段，如 AI、机器学习和大数据技术，进一步推动了新闻生产的创新和变革。例如，个性化新闻和自动化新闻能够快速地从海量的互联网数据中提取和筛选出相关信息，根据用户的偏好、地理位置和浏览历史等因素，通过算法为用户提供更为个性化的新闻内容。同时，自动化新闻也使得新闻报道更为迅速和准确。系统可以实时监测网络上的各种数据流动，如社交媒体、新闻网站和其他数据源，并根据预设的条件，如关键词、时间、地点等进行筛选和整理，从而在第一时间为用户提供最新的新闻报道。而临场化新闻与传感器新闻的兴起，则代表了新闻报道方式的又一次创新。通过使用各种传感器和设备，如无人机、360° 摄像头等，新闻工作者可以更为直接和真实地捕捉到新闻现场的情况，为用户带来更为沉浸式的新闻体验。例如，当发生某一重大事件时，传感器新闻可以通过无人机直接飞入现场，为用户提供第一手的画面和数据。而临场化新闻则可以通过应用VR技术，使用户仿佛置身于新闻现场，体验当下的情境。

在智媒背景下，新闻生产的信息采集阶段正在经历一场前所未有的变革。这种变革是基于先进的算法和智能技术，使得信息采集不再是被动地收集数据，而是能够主动地对这些数据进行加工、分析和关联，为新闻内容的创作提供更为精确和深入的依据。信息数据加工的自动化已经成为新闻生产中不可或缺的一部分。在海量的互联网数据面前，人工进行筛选和分析既费时又容易出错。而智能技术，尤其是深度学习和大数据算法，能够快速地从这些数据中挖掘出有价值的信息，为新闻报道提供更为准确的线索和背景。例如，对于某一事件的报道，算法可以自动地从各大新闻网站、社交媒体和其他数据源中提取相关信息，然后通过分析这些信息的时间、地点、人物等关键要素，为新闻工作者提供一个更为全面和深入的视角。信息数据关联的自动化也为新闻内容的创作提供了强大的支持。传统的新闻报道往往只能对某一事件进行片面的描述，而忽略了这一事件与其他事件之间的关联性。而智能技术可以自动地对这些事件进行关联分析，找出它们之间的共同点和差异，为新闻报道提供更为深入的分析和解读。例如，对于某一政治事件的报道，智能技术可以自动地从历史数据中找出与之相关的其他事件，然后通过对这些事件的关联分析，为新闻工作者提供更为全面的背景和分析。可以说，在智媒背景下的新闻生产，已经不再是简单的信息采集和报道，而是一个复杂的数据加工和分析过程。这一过程需要新闻工作者与智能技术密切合作，共同为读者提供更为精确、深入和有价值的新闻内容。而对于新闻工作者来说，智能技术不仅是一个工具，也是他们创作过程中的重要合作伙伴。通过这种合作，新闻工作者可以更为深入地挖掘新闻线索，为读者提供更为丰富和有深度的新闻报道。

在数字化的时代背景下，新闻生产的模式和工具正在经历深刻的变革。新浪推出的“鹰眼”平台便是这一变革的典型代表。该平台不仅能够对新浪旗下的多个平台上的数据和内容进行精确采集，还能够整合物联网传感器所收集的信息，进而进行深度的计算和学习。这种集成性的信息采集和处理方式为新闻生产提供了强大的技术支持。以体育赛事为例，各大智能媒体生产平台能够实时智能地采集赛事进程、球员表现、球迷反应等多维度的信息，识别与体育赛事相关的新闻线索，探索和发现与体育相关的新闻热点。这种多源的、即时的信息采集方式为新闻工作者提供了丰富多样的体育新闻素材，使得报道更为全面和深入。同时，机器人记者在自动化新闻生产中的角色地位也日益凸显。它们基于预设的程序模板，可以快速地对互联网上的数据进行筛选和分析，然后根据这些分析结果自动生成新闻稿件。这种方式不仅提高了新闻生产的效率，还确保了报道的客观性和准确性。此外，以大数据和智能算法为核心的“媒体大脑”也在为新闻生产提供强大的技术支持。它能够自动地对数据进行分析和可视化展示，还能够对音频和视频进行智能融合和裁剪。这种方式不仅提高了新闻生产的效率，还确保了内容的质量和深度。

一、自动化新闻监测与追踪

（一）搜索引擎与专业工具的作用

在新闻产业中，信息的采集是高质量新闻报道的基础和前提，同时，也是新闻生产的核心环节。传统的信息采集方法，依赖于记者的亲身采访和实地调查，这种方式在一定程度上存在局限性，尤其是在新闻事件的范围日益扩大、复杂性日益增加的今天。不过，随着技术的进步，尤其是 AI 技术的广泛应用，新闻采集逐渐向智能化方向发展，为新闻工作者提供了更为广阔的采集视角和更高效的方法。

搜索引擎与专业工具在自动化新闻监测和追踪中扮演了不可或缺的角色。当今的新闻机构已经不再单纯依赖传统的信息源，如政府公告或公众人物的演讲。相反，它们现在越来越依赖搜索引擎和专业工具来追踪和筛选新闻线索。这些工具可以帮助新闻机构快速而有效地捕捉到来自社会各方面的声音，从而确保报道的多元性和真实性。例如，搜索引擎可以通过算法来筛选、排序和提供与特定主题或关键词相关的新闻。这种筛选机制确保了新闻机构可以迅速获取到最新、最相关的信息，从而加快新闻生产的速度。同时，这些工具也大大提高了新闻线索的查找效率，新闻工作者可以通过关键词搜索或使用其他筛选条件，迅速找到他们所需要的信息，而无须在无数的信息中进行烦琐的手工筛选。

除了搜索引擎，一些专业的工具如 Google Alert 或 TweetDeck 也在自动化新闻监测与追踪中发挥了重要作用。这些工具可以帮助记者和编辑设置特定的监测条件，如关键词、地理位置或时间范围，一旦有满足这些条件的新闻出现，这些工具会立即向用户发送通知。这种实时监测机制确保了新闻机构可以在第一时间捕捉到重要新闻事件，从而提前做好报道的准备。

以 2016 年里约奥运会为例。随着开幕式的火炬点燃，全球的目光都聚焦在巴西里约热内卢。在这样的大型国际赛事中，传统的新闻采集方式已无法满足海量、多元、高频的新闻需求。因此，众多新闻机构开始依赖自动化的新闻监测和追踪技术来捕捉赛事的每一个瞬间。使用搜索引擎与专业工具，如 Google Trends 或 Talkwalker，新闻机构能够实时监控网民的搜索热点、社交媒体上的讨论和对某一运动员或赛事的关注度。例如，当美国游泳选手菲尔普斯（Phelps）赢得了他的 23 枚奥运金牌时，这些工具迅速捕捉到了来自全球的兴奋情绪，并帮助新闻机构迅速定位到了这一热点。此外，这些工具还可以对各类信息进行深度挖掘，如分析某一国家或地区对奥运会的关注度，或者挖掘出某一小众运动在某些国家异常受欢迎的原因。这些深度分析不仅可以为新闻报道提供丰富的背景资料，还可以帮助新闻机构定位到潜在的受众群体。更重要的是，使用这些专业工具，新闻机构可以确保所采集的信息是真实、准确的。例如，当某一社交媒体上出现了一段疑似奥运会赛场上的视频，这些工具可以迅速核实视频的来源和真实性，确保新闻报道的准确无误。

（二）实时新闻流的监控

实时新闻流的监控在当前数字化时代日益受到重视。这种监控不仅要求即时性，还要求准确性和多样性。在新闻生产的不同环节，从信息源的获取、处理到最终的报道，实时新闻流的监控都发挥着至关重要的作用。

对于新闻机构来说，迅速捕捉到新闻事件、话题或趋势的能力成为制胜的关键。传统的新闻获取方式往往受限于时间和空间，而在数字化时代，新闻可以通过各种渠道迅速传播。因此，对实时新闻流的有效监控，确保能够在第一时间捕捉到关键信息并进行后续处理，对新闻机构至关重要。例如，2018 年泰国洞穴救援行动引起了全球关注。在此事件中，新闻机构不仅需要迅速报道事态的进展，还需要对外界的反应、救援团队的决策以及其他相关信息进行实时跟踪。而这种实时监控不仅限于传统媒体报道，还包括社交媒体、专家评论、公众意见等多个维度。这种全方位的监控确保了新闻机构能够迅速捕捉到关键信息，并为公众提供准确、全面的报道。

实时新闻流的监控也涉及新闻的多样性。在数字化时代，新闻不再仅仅是文字报道，还包括图片、视频、音频等多种形式。对这些多媒体内容的实时监控，确保新闻机构可以获取到全面的信息，并为公众提供更加丰富的报道体验。此外，对实时新闻流的监控还有助于新闻机构调整报道策略。通过对实时数据的分析，新闻机构可以了解公众的关注点、热议话题等，从而调整报道内容和方式，更好地满足公众的需求。

二、人工智能技术在新闻采集中的应用

（一）语义分析与主题挖掘

在新闻采集的过程中，人工智能技术已成为一个不可或缺的工具。

特别是语义分析与主题挖掘在新闻采集方面展现了强大的潜能，能够帮助新闻机构深入挖掘丰富多样的新闻内容。语义分析是一种自然语言处理技术，旨在理解文本的真实含义。与传统的基于关键词的搜索方法不同，语义分析更加注重文本的上下文，力求捕捉文本中的隐含信息。在新闻采集过程中，这意味着新闻机构可以更加精确地找到与特定话题或事件相关的内容，而不仅仅是那些包含特定关键词的内容。

与此同时，主题挖掘作为一种数据挖掘技术，旨在从大量的文本数据中识别出主题或模式。通过使用主题挖掘，新闻机构可以迅速了解公众的关注点、舆论的变化趋势等，从而更好地满足公众的需求。

语义分析与主题挖掘在新闻采集中的应用不止于此。它们还可以帮助新闻机构了解公众的情感倾向，如对于某一新闻事件的正面或负面评价。这对于新闻机构调整报道策略、满足公众的需求具有重要的指导意义。

（二）基于机器学习的预测模型

基于机器学习的预测模型已成为现代新闻产业中的一个关键技术。通过对大量历史数据的分析，基于机器学习的预测模型可以预测未来的新闻趋势、公众的反应以及其他相关变量，从而为新闻机构提供有价值的洞察。

机器学习在其本质上是一种数据驱动的方法。通过对数据进行训练，基于机器学习的预测模型可以识别出数据中的模式和关联。在新闻采集和报道的过程中，这意味着基于机器学习的预测模型可以帮助新闻机构预测哪些话题可能会成为热门，哪些新闻报道可能会引起公众的关注，以及如何更好地满足公众的需求。此外，基于机器学习的预测模型还可以为新闻机构提供有关公众偏好的深入洞察。例如，通过对社交媒体数据的分析，基于机器学习的预测模型可以识别出公众对于特定话题的情感倾向，从而为新闻报道提供方向。这不仅有助于新闻机构更好地满足公众的需求，还可以提高新闻报道的影响力。

三、社交媒体作为新闻源的智能化采集

（一）监测工具与社交媒体分析

社交媒体在当今时代已经成为一个不可或缺的新闻源，为新闻机构提供了大量的即时信息和公众观点。为了有效地利用社交媒体作为新闻源，许多新闻机构都开始使用监测工具和社交媒体分析来智能化地采集和分析社交媒体上的信息。

监测工具允许新闻机构实时追踪社交媒体上的特定话题、关键词或短语。这些工具可以帮助新闻机构快速捕捉到在社交媒体上正在发生的重要事件或趋势，从而及时进行报道。此外，社交媒体分析也为新闻机构提供了宝贵的洞察。通过对社交媒体上的信息进行深入的数据分析，新闻机构可以了解公众对于特定话题的情感、态度和观点，从而为其报道提供更加全面和客观的背景。例如，通过对社交媒体上的数据进行分析，新闻机构可以了解到公众对于某一政策或事件的普遍态度，从而在其报道中反映这些观点。同时，社交媒体分析也可以帮助新闻机构预测未来的新闻趋势。通过对社交媒体上的数据进行长期追踪和分析，新闻机构可以识别出哪些话题可能在未来成为热点，从而提前进行报道和深入调查。

例如，“2410”便是新华社“媒体大脑”的智能媒体生产平台，负责打造一条自动化的内容生产流水线，而处在流水线首端的智能传感器便发挥着“媒体之眼”的作用，24 小时源源不断地提供全景式新闻线索和素材；封面新闻打造的“智慧内容平台”同样也是通过传感器设备从全网中进行线索抓取、内容筛选，每天采集的新闻信息可以达上千条。新闻信息采集变得愈发智能化，新闻工作者也开始从新闻采集的前线退居到幕后，完成更具创造性的新闻工作。

（二）从用户生成内容中提取新闻线索

用户生成内容（user generated content, UGC），在当今数字时代已经成为社交媒体和网络平台的核心组成部分。UGC 涵盖了广泛的形式，从社交媒体上的帖子、评论和分享到博客、视频和图片等。在这种背景下，新闻机构对 UGC 的关注度也逐渐增加，认识到其为新闻报道提供了丰富且及时的线索。

UGC 的独特价值在于其及时性、多样性和真实性。这些由普通公众产生的内容可以为新闻报道提供原始、未经加工的信息，为记者提供一个独特的视角。例如，2010 年冰岛火山爆发时，由于大量的飞灰导致欧洲大部分地区的航空交通受到严重影响。在传统的新闻采集方式下，记者可能需要依赖官方声明或者现场报道。但在 UGC 的帮助下，记者可以直接获取受影响的旅客的真实反馈、机场的实时状态和火山爆发的直接影像。

然而，从 UGC 中提取新闻线索并不是一个简单的任务。考虑到互联网上海量的内容，如何有效、快速地从中筛选出有价值的信息是一个巨大的挑战。为了解决这一问题，新闻机构开始使用各种算法和工具对 UGC 进行筛选和分析。这些工具可以根据关键词、话题或情感对 UGC 进行分类和排序，帮助记者快速定位到相关的内容。

四、多媒体内容的智能采集

（一）图片与视频的自动识别与分类

随着数字化技术的不断进步，多媒体内容，特别是图片和视频，在新闻报道中的地位愈加重要。它们为新闻增添了生动性和吸引力，让信息传递变得更加直观。为了更有效地管理和利用这些内容，新闻机构开始引入智能技术，实现图片与视频的自动识别与分类。

图像和视频内容中所包含的信息量巨大。传统上，新闻机构依赖人工进行内容的标注、归档和检索，不仅效率低下，还容易出错。现代的智能技术，特别是计算机视觉和深度学习，已经为这一挑战带来了切实的解决方案。计算机视觉使机器能够“看到”并解读图片和视频中的内容，而深度学习则通过模仿人脑的工作方式，为其赋予了处理这些内容的能力。

新闻机构采用图像识别技术，可以使图片根据其内容被自动分类和标签。这不仅大大简化了图片的检索过程，还使编辑和记者能够更快速地找到所需的图片，提高了新闻制作的效率；同样，采用视频识别技术可以帮助记者和编辑迅速锁定关键片段，提高新闻制作的速度和准确性。这种自动识别技术在突发新闻事件中也展现出了巨大的潜力。在大量的社交媒体内容中，智能技术可以迅速筛选出与特定新闻事件相关的图片和视频，为记者提供第一手的资料。例如，在 2019 年巴黎圣母院火灾事件中，智能技术帮助新闻机构从社交媒体上筛选出了大量的实时图片和视频，为全球观众提供了珍贵的现场报道材料。

（二）音频转文本技术与语义分析

在新闻领域，音频资源已经成为一种重要的信息载体。无论是广播电台、采访录音，还是来自社交平台的实时音频报道，都为新闻报道提供了宝贵的原始资料。为了充分挖掘这些音频资料中所包含的信息，音频转文本技术和语义分析尤为关键。音频转文本技术，通常被称为语音识别，已经得到了广泛的应用。这种技术能够将音频信号转化为文字，从而方便新闻记者和编辑对其进行进一步的整理和编辑。近年来，随着深度学习和神经网络技术的发展，语音识别的准确率得到了显著提高。这意味着即使在嘈杂的背景中，或是面对多种口音和方言，现代的语音识别系统也能够提供相对准确的转录结果。

新闻工作者在日常新闻制作中已经广泛应用了这项技术。例如，通过音频转文本技术，记者的大量的采访录音可以被迅速转化为文字材料，供编辑和记者进行进一步的筛选和整理。但仅仅将音频转化为文本还不足以满足新闻报道的需求。为了更深入地理解这些材料，语义分析技术开始发挥作用。语义分析旨在捕捉文本中的含义，识别关键的事件、人物、地点等信息，并对其进行归纳和总结。此外，语义分析还可以帮助新闻机构发掘隐藏在大量资料中的新闻线索。例如，通过对一段采访录音的语义分析，记者可能会发现某个被采访者提到了一个之前并未受到关注的事件或人物，从而为新闻报道提供新的方向。

第二节　机器写作提高新闻生产效率

随着大数据和AI技术的快速发展，新闻领域也在逐步体验技术进步带来的变革。在传统的新闻写作过程中，记者需要对大量的新闻线索进行筛选、整理，这一工作量大且耗时的过程随着“机器人写稿”的出现得到了显著的改变。机器人新闻写作，或称为自动化新闻生成，为新闻生产带来了效率与规模的双重提升。机器人新闻写作的起源可以追溯到2006年，美国的汤姆森金融公司首次尝试利用自动化技术进行新闻生成，开创了机器人新闻写作的先河。此后的几年内，多家国际知名的新闻机构和媒体公司开始纷纷尝试引入机器人技术来辅助新闻生产。

当谈及机器人新闻写作的核心技术时，不得不提及自然语言处理技术，该技术结合了数据挖掘、机器学习、搜索技术和知识图谱等多个子领域的研究成果。这些技术的综合运用，使得机器能够快速地对大量的数据进行处理、分析，并据此生成具有一定新闻价值的文本内容。不仅如此，机器人新闻写作在实际应用中展现了其显著的优势。与传统的人工写作相比，机器人写稿具有速度快、精度高、稳定性好的特点。例如，在对规范化的数据，如财务报告或体育比赛成绩进行报道时，机器人可以在数十秒内快速生成完整的新闻稿件。这种高效性在某种程度上解决了新闻机构面临的报道数量不足的问题。但同时应看到，尽管机器人新闻写作在数量和效率上有其独到之处，但在内容的深度和广度、人文关怀和情感表达上仍有待进一步提高。目前，许多新闻机构在使用机器人新闻写作时，仍然保留了人工审核和校对的环节，以确保内容的质量。在国内，尽管机器人新闻写作的实践起步相对较晚，但其发展速度之快令人瞩目。不少主流媒体都已经开始尝试引入机器人技术，如腾讯、新华社和今日头条等。这些媒体在引入机器人新闻写作技术后，不仅大大提高了新闻的产出效率，而且通过技术的持续优化和完善，逐步提高了稿件的质量和可读性。

一、机器新闻写作的生产特点

（一）精准高产——机器新闻写作的智慧

机器新闻写作精准且高产的特点分别体现在精准化数据抓取与处理、精确化内容写作、个性化推送至目标客户和高效且低成本的生产优势。

随着大数据技术的深入发展和应用，机器新闻写作在新闻生产链的各个环节中均表现出显著的优势。机器新闻写作不仅在新闻线索的搜寻阶段能实现快速和精确的数据抓取，而且在后续的数据处理、内容创作和新闻推送环节也呈现出了其独特的价值。

在新闻线索的搜寻阶段，智能化机器设备内置的大型数据库和数据处理器为其提供了强大的支持。通过预设的主题和关键词，机器新闻写作能够高效地筛选出与该主题和关键词密切相关的新闻素材。这种技术的应用，使得新闻生产过程中的信息搜集环节得到了显著的优化，不仅提高了工作效率，更确保了数据的准确性和完整性。

在数据的处理环节，智能程序能够利用其强大的计算能力，对大量的数据进行精准分析，进一步挖掘出数据背后隐含的规律和趋势。这种深度的数据分析，为新闻内容的生成提供了更为丰富和深入的背景信息和视角。

在内容创作环节，机器新闻写作所拥有的丰富的内容模板和自然语言处理技术，使其能够根据不同的新闻主题和用户需求，生成多样化和个性化的稿件。这一特点，为满足不同受众的阅读需求提供了可能，进一步提升了新闻内容的针对性和吸引力。

在新闻的推送环节，许多现代媒体机构的机器新闻写作系统都已经融入了先进的智能推送技术。具体来说，机器新闻写作程序在推送内容时，不再简单地向所有用户推送相同的内容，而是根据用户的地理位置、搜索历史和阅读偏好等信息，为每个用户推送其感兴趣的新闻内容。这种个性化的推送策略，不仅提高了新闻的阅读率，更加强了与受众之间的互动和联系。

随着技术的发展和应用，机器新闻写作，已经为传媒行业带来了革命性的变革。这种技术的显著特点是高效、省时的产出能力，为媒体提供了更为广泛和多样的内容，以满足日益增长的信息消费需求。

在实际应用中，机器新闻写作的另一大优势在于其低成本的运作模式。与需要大量人力和物力支持的传统新闻生产方式不同，机器新闻写作依赖的是强大的算法和云计算技术，能够 24 小时不间断地运作，从而节约了大量的人力和物力成本。这种模式不仅提高了新闻的生产效率，而且为记者提供了更多的时间和空间，使他们能够专注于更为深入和复杂的新闻内容，如深度报道和调查性新闻。腾讯的 Dreamwriter 和今日头条的 Xiaomingbot 在 2016 年里约热内卢奥运会中的应用进一步证明了机器新闻写作的效率。这两个程序在短短的时间内产生的大量赛事报道，远远超出了人类记者的生产能力，体现了机器新闻写作在大型活动报道中的巨大潜力。

（二）真实客观——机器新闻写作的生命

新闻的核心价值在于真实性和客观性。历来，这两个概念被视为新闻传播的基石。为受众提供不偏不倚、准确无误的信息是每一位记者的神圣使命。然而，由于种种主客观因素，传统的新闻写作过程很难完全排除记者的主观倾向，这在某种程度上可能会导致信息的失真或偏颇。而机器新闻写作，作为新时代的产物，为这一困境提供了一种创新的解决方式。机器新闻写作的最大特点在于其固有的中立性。作为一个计算机程序，它不受情感、偏见或任何外部压力的影响，只基于给定的数据和算法生成新闻报道。这种基于数据驱动的写作方式确保了新闻内容的真实性和客观性，从而提高了新闻质量和受众的信任度。以赛事新闻为例，机器新闻写作能够根据实时数据快速、准确地生成赛事报道，不受记者对特定球队或运动员的偏好影响。这种客观公正的报道方式为受众提供了一个真实、无偏见的赛事现场，有助于受众形成公正、客观的判断。此外，财经新闻领域是机器新闻写作的另一个重要应用场景。在这一领域，数据的准确性和及时性尤为重要。任何数据的失误或延迟都可能导致巨大的经济损失，甚至影响整个市场的稳定。机器新闻写作，凭借其高效、准确的特性，能够迅速处理大量的财经数据，为受众提供及时、准确的财经新闻报道，从而帮助他们做出明智的投资决策。

（三）实时快速——机器新闻写作的优势

在新媒体时代的信息瞬息万变的背景下，新闻报道的时效性成为评价媒体竞争力的关键指标。在这种环境下，能够迅速响应并发布新闻的机构自然占据了有利地位。机器新闻写作，作为当代技术的产物，为传统的新闻生产模式带来了颠覆性的变革，特别是在新闻的生产速度上。机器新闻写作的核心优势在于其高效、自动化的生产流程。基于先进的算法和大数据处理技术，机器新闻写作能够在短时间内完成从数据采集、处理到新闻生成的整个过程。与此相比，传统的新闻生产模式涉及采访、写作、编辑和排版等多个环节，每个环节都需要人工参与和时间成本，因此在速度上难以与机器新闻写作相媲美。实际应用中，机器新闻写作的高效性已经得到了广泛的验证。例如，当国家统计局发布经济数据时，腾讯财经网能够利用机器新闻写作技术在几乎同一时间内发布相关新闻，确保受众能够及时获得最新的信息。除了速度优势，机器新闻写作还能够减少人为错误，提高新闻的可靠性。

（四）机器生产——机器新闻写作的特色

在传统的新闻生产模式中，新闻报道的过程是多环节、多人参与的，涉及采访、写作、编辑、校对等多个步骤，每个环节都需要人类记者的直接参与。这种传统模式虽然历经数百年的沉淀与发展，但在效率、成本和主观倾向上仍然存在一定的局限性。

机器新闻写作，作为新媒体时代的创新产物，代表了新闻生产从传统的以人为中心转向自动化、智能化的趋势。与传统的新闻生产相比，机器新闻写作具有独特的优势。首先，其自动化的生产过程大大降低了新闻生产的时间成本。机器新闻写作程序可以 24 小时不间断地搜集、处理和生成新闻，迅速响应突发事件，并在短时间内为受众提供及时、准确的报道。其次，机器新闻写作的客观性和准确性得到了进一步的加强。传统的新闻生产过程中，由于人为因素的介入，新闻内容很容易受到记者的主观情感、价值观和认知偏差的影响。而机器新闻写作则能够通过算法对大量的数据进行深入、系统的分析，确保新闻内容的真实性和客观性。最后，机器新闻写作还实现了新闻生产的资源优化配置。在传统的新闻生产中，大量的人力资源被用于基础性、重复性的工作，如新闻数据的收集和处理。而机器新闻写作则能够自动完成这些工作，释放了人类记者的创造力，使他们能够更多地关注深度报道、调查性新闻和新闻解读，这也意味着记者的角色正在从单纯的信息提供者转变为信息解释者。

二、国内新闻机器写作的应用案例

（一）第一财经：DT 稿王

在当今数字化时代，数据技术（date technology, DT）逐渐成了推动各行各业进步的关键动力。马云在北京举行的大数据推介会所言的“从 IT 时代走向 DT 时代”不仅揭示了技术发展的新趋势，更突显了数据技术在服务大众和激发生产力方面的重要性。在此背景下，第一财经技术与创新大会在 2016 年引入了一个创新的机器新闻写作程序——“DT 稿王”。这款程序是阿里巴巴与第一财经的合作成果，目标是利用大数据为财经新闻写作提供智能化的支持。DT 稿王的核心在于它利用了数据的强大力量。它不仅带来了高效率和高质量的内容创作，而且提供了高度定制的写作服务、从数据到决策的完整系统服务，以及开放的半自动写作功能。这些特点使其在数据新闻和个性化新闻创作上具有明显优势。深入探究 DT 稿王的工作流程可以发现，它是一个综合性的系统，涵盖了信息采集、稿件生成和稿件评估等关键环节，其核心价值在于能够基于接收到的数据自动生成新闻稿件。此外，DT 稿王目前在第一财经主要应用于财经新闻的创作，虽然其创作的稿件数量尚处于初级阶段，但每篇稿件都展现了深入而细致的分析，体现了长篇新闻报道的特点。

在 DT 稿王的实际应用中，其在财经报道领域的表现尤为出色，凸显出第一财经在这一领域的深厚积累。这款程序不仅为第一财经带来了速度、个性化和深度上的优势，而且为未来的发展提供了无限可能。据第一财经首席数据科学家汤开智博士透露，未来的研发方向包括将 DT 稿王应用于体育新闻的创作，这无疑将进一步拓宽其应用领域，为新闻产业带来更多的机会和挑战。

（二）今日头条：Xiaomingbot

在2016年的里约热内卢夏季奥林匹克运动会上，今日头条推出的奥运机器人记者Xiaomingbot赚足了眼球。Xiaomingbot是由今日头条实验室研发的人工智能自动化写作程序，这是国内第一款可以采写报道奥运赛事的机器新闻写作程序。Xiaomingbot结合了语义处理、智能学习和图像处理等多种先进技术，旨在通过自动化的方式快速、准确地生成新闻内容。这一技术的核心在于其能够对比赛数据进行实时抓取，并通过语法合成与排序技术将这些数据转化为富有吸引力的新闻稿件。在奥运会中，Xiaomingbot的表现尤为出色。它负责了羽毛球、乒乓球等多个比赛项目的报道，内容生成的速度与电视赛事直播几乎同步。这种高效的报道方式不仅为观众提供了更加及时的比赛资讯，还在很大程度上降低了新闻报道的时效性压力。数据显示，Xiaomingbot在奥运会期间共生成了约500篇赛事报道，平均每天可以输出30～40篇稿件，其最快的报道速度甚至达到了惊人的2秒/篇。进一步考察Xiaomingbot的文本生成技术可以发现，它主要依赖两种方法：一是基于数据库中的表格数据和知识库进行自然语言生成，以产出简明扼要的比赛结果报道；二是对体育比赛的文字直播进行深度精炼，合成对比赛过程的总结报道。这两种方法不仅确保了报道的全面性和准确性，还使得机器生成的新闻内容更具可读性和吸引力。

第三节　人工智能技术增强信息把关准确性

移动互联网的日常普及为平台型媒体的崛起提供了强大推动力，如知乎、分答、快手、抖音等，造就了众多的信息生产者和内容创造者。然而，在这个群体中，有的用户不具备基础的专业技能和职业操守，发布虚假、低俗的信息。这种现况对网络平台的监管和审核提出了更高的要求。网络追踪系统和智能识别技术的发展给网络平台的信息把关系统提供了新的技术加成，对平台各类型的内容进行甄别，精确分析敏感度指标，针对违规信息发布预警，以此达到对平台内容的高质量把关效果。

一、人工智能技术在信息把关方面的优势

（一）预警和控制“病毒式传播”

在信息传播的过程中，“病毒式传播”的现象为新闻领域带来了前所未有的挑战。这种传播方式具有迅速、广泛的特点，使得信息在较短的时间内被大量地复制和转发。社交媒体时代的公众关系以其黏合性和信任度而著称，为此类传播提供了肥沃的土壤。但与此同时，这也使得新闻内容容易被片面或错误地解读、扭曲，甚至被当作误导或操纵公众情绪的工具。在此背景下，舆论环境的不稳定性成了一个突出的问题。自媒体的兴起使得每个人都能够成为信息的生产者和传播者，因此，一旦“病毒式传播”现象出现，舆论的走向就可能迅速脱离预期的轨道，给社会带来不稳定因素。例如，一个未经核实的消息可能在几小时内传遍整个网络，引发公众的恐慌或愤怒，而事实真相可能与之大相径庭。

为了应对这种挑战，人工智能技术在信息把关方面展现出了巨大的优势。通过对平台中信息流量的实时监控，人工智能技术可以快速发现信息传播的异常波动。这些波动可能是由“病毒式传播”引起的，也可能是其他因素所致。无论如何，及时发现并对其进行分析都是至关重要的。深层分类算法在此处起到了关键作用，它可以精准判断信息走势，预测其可能对舆论环境产生的影响。此外，人工智能技术还可以自动分析信息的真实性和可靠性。通过对信息源的评估、对内容的深度分析，以及与已知事实的对比，人工智能技术可以在短时间内确定一个消息的

可信度。这种能力对于预防和控制“病毒式传播”至关重要。当然，这需要大量的数据支持，以及强大的算法能力。随着技术的进步，这种能力正在逐步增强。

（二）鉴别和审核多维信息

在当今网络时代，信息呈现的形式和类型日益多样，涵盖范围从传统的纯文本覆盖到现代的音频和视频内容。面对这样的信息洪流，传统的内容审核和管控方式在效率和准确性上都面临巨大挑战。人工智能技术的介入为此带来了新的希望，为多维信息的鉴别和审核开辟了新的道路。

纯文本信息的审核对于人工智能技术来说是较为基础的，但随着技术的进步，其在音频和视频信息审核上的应用也逐渐成熟。对于音频，人工智能技术可以对其进行转写，并将其内容与已知的违规关键词或短语进行匹配；对于视频，人工智能技术可以识别其中的物体、场景和人物，确保其内容与平台的规定和标准相符。

中央广播电视总台旗下的央视频App采纳了“人工智能技术+人工”的内容审核策略。这种策略的实质是利用多个算法模型，如敏感人物模型、黄色/低俗模型等，对平台上的大量数据进行持续监测。当算法检测到可能的不良内容时，会立即发出提醒，由人工进行进一步审核。这种方法既发挥了机器的大数据处理能力，又确保了人的经验和判断在关键时刻产生作用。

（三）甄别和监督虚假信息传播

在信息爆炸的数字化时代，公众对新闻真实性的关注和依赖日趋增强。而网络的开放性和匿名性为虚假信息的传播创造了空间，导致信息的真实性面临挑战。因此，运用适当的技术手段对这些信息进行辨别和监管变得尤为重要。人工智能技术，尤其是其对大数据进行处理的能力，为人们提供了新的视角和工具来处理这一问题。

在国内，今日头条和百度为信息真实性提供了有力的支持。今日头条推出的“灵犬”不仅依靠机器的力量，还结合了机器和用户的行为，以此进行更全面的内容筛查。这种结合机器与用户行为的方式可以确保内容筛查更为精确，因为它不仅依赖算法，还结合了真实用户的行为数据。而百度的策略则更侧重于技术。它使用深度学习技术，通过对海量数据样本的分析，对平台中的文本进行快速而精确的检测。这种基于深度学习的方法利用了算法在大数据环境下的强大处理能力，可以确保信息的真实性和公正性。

此外，使用人工智能技术进行信息审核还有其他潜在的优势。它可以减少人为干预的可能性，从而降低误差；它可以提高审核的效率，使得大量的信息可以在短时间内得到处理；它还可以提供一种客观的标准，使得审核结果更为公正。

二、人工智能技术在信息筛选中的应用

（一）自然语言处理在信息筛选中的应用

自然语言处理是计算机科学、人工智能与语言学交叉领域的重要分支，专注于机器与人类语言的互动。随着互联网与数字化媒体的兴起，信息爆炸带来的挑战亟待解决，而将自然语言处理应用于信息筛选中逐渐成为一种有效的解决方案。在数字化时代，每日都有大量的新闻、博客、社交媒体帖子等内容被生产并发布。为了从海量信息中快速提取相关、有价值的内容，自动化的信息筛选工具成为必不可少的工具。自然语言处理技术在此背景下崭露头角，因为它可以解读、分析并整理人类语言形式的数据。

对于新闻机构、研究机构以及商业机构来说，自然语言处理可以帮助其识别关键信息、发现新闻线索、跟踪社交媒体上的舆情动态等。例

如，通过自然语言处理技术，机器可以自动分析社交媒体上对某一事件的讨论情况，从而帮助新闻机构确定该事件的新闻价值。

具体而言，自然语言处理在信息筛选中的应用主要涉及以下几个方面。

（1）关键词提取与话题模型：自然语言处理可以自动识别文本中的核心词语和短语，为进一步的分析提供基础。此外，话题模型可以自动划分文本中的主题，并按照相关性进行排序。

（2）情感分析：对于企业和广告商来说，了解公众对某一产品或品牌的情感倾向是非常重要的。通过自然语言处理技术，机器可以自动分析文本中的情感色彩，如正面、负面或中立，并提供精确的情感倾向评分。

（3）文本分类与聚类：对于新闻机构来说，自动将新闻稿件分类到不同的板块或话题中是非常有价值的。自然语言处理可以自动分析文本的内容，并将其划分到预先定义的类别中。

（二）深度学习与模式识别在数据分析中的应用

在一个信息爆炸的时代，新闻数据分析所面临的挑战愈加严峻。日益增长的新闻报道、社交媒体帖子和其他相关内容，需要高效、准确的技术来处理和分析，以确保新闻组织可以及时捕捉和报道有价值的信息。在这种背景下，深度学习与模式识别成为现代新闻数据分析不可或缺的技术工具。

为了解决大量的数据分析问题，传统的方法如基于关键词的搜索和人工策划已经显得力不从心。深度学习与模式识别为这些挑战提供了解决方案，可以自动、准确地分析文本、图片、视频和音频数据，识别出隐藏的模式和趋势，提高新闻报道的深度和广度。

在新闻视频分析中，深度学习扮演着不可或缺的角色。例如，有的媒体机构使用深度学习技术自动分析和标记比赛中的关键时刻，如进球、扑救和其他重要事件。这种技术的应用不仅加速了视频剪辑的过程，还确保了内容的准确性和一致性。

此外，模式识别在新闻内容推荐中也发挥着至关重要的作用。例如，有的媒体机构使用模式识别技术，分析用户的阅读习惯和行为，为其推荐个性化的新闻内容。通过深入分析用户的点击、阅读时间和分享行为，模式识别技术可以更准确地预测用户可能感兴趣的下一个新闻故事，从而提高用户的阅读体验。

（三）实时数据流分析与AI算法整合的应用

实时数据流对于现代新闻产业来说是一种强大的资源。每一秒，都有无数的社交媒体帖子、卫星图像、在线出版物和其他多种数据源涌入新闻机构的数据库和仪表板。如何有效地捕捉、分析和利用这些数据是新闻业面临的重要挑战，而实时数据流分析与AI算法的整合为解决这一挑战提供了方案。

实时数据流的分析对新闻报道的影响是显著的。新闻机构不再仅依赖传统的信息源，如记者的人力采访或事务所的官方声明，而是可以利用AI算法自动挖掘来自社交媒体、传感器网络、卫星等的数据，迅速洞察公众的情绪、行为趋势或突发事件的地点和规模。以天气报道为例，现在有许多新闻机构与技术公司合作，使用AI算法分析从各种传感器中获取的实时气象数据，预测天气变化。这种预测不仅准确度高，而且具有很强的及时性，有助于公众更好地应对各种天气情况。

社交媒体是实时数据流分析的另一个应用场景。有些新闻机构已经整合了AI算法，自动监测社交媒体平台上的信息，以检测可能的新闻事件。例如，当某一地区的网络用户在短时间内大量讨论某一话题，这可能表明该地区发生了重大事件。通过AI算法，新闻机构可以迅速定位这些讨论，并开始进行报道。实时数据流分析与AI算法的整合也对新闻报道的个性化和定制化产生了影响。例如，新闻机构的推荐系统可以使用 AI 算法，实时分析用户的浏览记录和点击行为，推荐相关的新闻内容。这种推荐不仅基于用户的历史喜好，而且会实时调整，反映出用户的最新兴趣和关注点。

三、提高信息筛选准确性的方法与策略

（一）训练数据的选择与优化

在新闻领域中，人工智能技术日益成为一个强大的工具，用于筛选和挖掘大量信息。尤其在实时新闻报道和分析中，准确和及时地获取和筛选信息成为关键。为了提高筛选的准确性，选择和优化训练数据是至关重要的。人工智能模型的性能和准确性在很大程度上取决于其训练数据的质量。在新闻领域中，这意味着需要对大量的新闻内容、评论、社交媒体帖子等进行分类和注释，以供模型训练使用。不过，仅仅拥有大量的数据并不意味着模型会表现良好，关键在于数据的质量和多样性。为了提高新闻内容筛选的准确性，首要任务是确保训练数据真实反映了新闻报道的多样性和复杂性。这包括各种话题、来源、风格和观点。此外，对数据中的偏见和误导信息进行纠正也很重要。如果一个新闻数据集中过多地包含了某一特定来源或观点的新闻，人工智能模型可能会受到这种偏见的影响，导致其输出也带有偏见。

在过去，许多新闻机构使用人工方式对新闻内容进行分类和标注，以供人工智能模型训练使用，但这种方法既费时又费力。随着技术的进步，已有方法能够半自动或全自动地对数据进行预处理和注释。例如，某些先进的自然语言处理技术可以自动识别新闻内容中的关键信息，如人物、地点、时间和事件。这些技术提供了一种快速、有效的方式，帮助新闻机构提高训练数据的质量和多样性。

（二）算法的持续更新与改进

在新闻行业，信息的流通速度和多样性都在迅速增加，这为新闻组织带来了筛选、验证和呈现信息的挑战。为了确保信息的准确性和及时性，依赖于固定的、静态的AI算法是远远不够的。因此，算法的持续更新与改进显得尤为关键。

新闻内容的特点是动态性和实时性。事件发展迅速，公众的关注点也在不断转移。在这种环境下，静态的AI算法可能很快就会过时。例如，一个算法可能在某一时间点上能够准确地筛选出与某一事件相关的新闻报道，但随着事件的发展，它可能无法捕捉到新的、相关的信息。此外，新闻报道的风格和表达方式也在不断变化，这也对算法提出了新的挑战。

因此，为了保持新闻信息筛选的准确性和前沿性，新闻机构必须不断地更新和改进其使用的AI算法。这包括对算法进行细致的调整，以适应新的信息流和新的报道风格。新闻机构还需要定期评估算法的性能，确定其在不同情境下的准确性和效率，并据此进行调整。此外，新的技术进展和研究成果也为算法的改进提供了可能性。例如，随着自然语言处理技术的进步，算法可以更准确地理解和分析新闻内容的语境和含义。同样，随着计算能力的增强，算法可以处理更大的数据量，从而更准确地捕捉到新闻报道的细微差异和变化。

（三）反馈机制与用户交互的完善与增强

在当今数字时代，新闻传播不再仅仅是单向的信息流动。现代的读者、观众和用户希望与新闻内容互动，分享他们的看法，甚至影响到新闻内容的生产与传播。因此，反馈机制与用户交互在新闻机构中的作用日益凸显。当人工智能技术被广泛应用于新闻内容的筛选和推送时，与用户之间的互动和反馈显得尤为关键。反馈机制确保了新闻机构能够得知它们的内容是否满足用户的期望和需求。每当用户对某一篇文章表示喜欢、分享或留下评论，这都为新闻机构提供了宝贵的反馈。基于这些反馈，新闻机构可以对其内容进行优化，更好地满足用户的需求。而当这种反馈与人工智能技术相结合时，其价值将被进一步放大。人工智能技术可以自动分析大量的用户反馈，帮助新闻机构更快地了解用户的喜好和需求，从而进行更精确的内容筛选和推送。用户交互则进一步加深了新闻机构与读者之间的联系。通过与用户的实时交互，新闻机构可以更好地了解用户的关注点和疑虑，为他们提供更有针对性的内容。此外，与用户进行交互还为新闻机构提供了一个重要的内容来源。很多时候，是用户通过社交媒体、评论和其他渠道，将新的、有价值的信息带到新闻机构的注意范围内。

第四节　新闻算法促进内容分发精准化和个性化

推荐算法在计算机科学中是一门特定的技术，它通过使用相关的数学模型来预测用户可能的兴趣点，从而为用户提供他们可能感兴趣的信息。这种技术在现代互联网领域得到了广泛应用，如淘宝就广泛采用了这种技术。在传统的新闻传播中，信息是由媒体单方面向大众传播的。这种方式往往是线性的，也缺乏与受众之间的实时互动。在这样的环境中，受众不能根据自己的喜好选择新闻，媒体也很难知道受众真正关心的内容是什么。这导致了信息的传播效果和用户体验都不尽如人意。但随着人工智能技术的引入，新闻的传播模式开始发生变化，新闻内容开始更加个性化和社交化，新闻分发的平台也从传统的媒体转向了新的多样化平台。在这种新模式下，媒体和受众之间的关系得到了重新定义，双方可以更加紧密地互动。

一、新闻算法的优势

（一）千人千面，精准送达

在当今信息时代，人工智能技术已深刻地改变了传统新闻传播的模式。与传统的以媒体为中心的信息分发方式相比，基于人工智能的新闻推荐系统更强调对每位用户的个性化关注。这种转变得益于人工智能对大数据的高效处理能力，可以实时采集和分析用户行为信息，深入挖掘用户的喜好和习惯，从而实现精准地为用户推荐新闻内容。这种基于人工智能的新闻推荐系统，更注重从用户的角度出发，对海量的新闻内容进行智能筛选，确保用户能够接收到与其兴趣和需求高度匹配的新闻。不同于传统的新闻传播模式，这种方法更强调为用户提供“千人千面”的个性化新闻内容，使得每位用户都能获得与其个人喜好高度相关的新闻推送。此外，这种基于人工智能的新闻推荐方式，也大大提高了新闻传播的效率。传统的新闻传播方式往往需要用户主动搜索和选择新闻，而基于人工智能的推荐系统则可以为用户自动筛选和推送相关新闻，大大降低了用户的搜索成本，优化了用户的阅读体验。这不仅提高了用户对新闻平台的黏性，而且加强了新闻传播的针对性，使得新闻内容能够更加精准地传递给目标受众。

这种基于人工智能的新闻推荐系统在帮助用户从海量的碎片化信息中筛选出感兴趣的内容的同时，也为新闻传播提供了新的思考角度。传统的以媒体为中心的新闻传播模式往往忽视了用户的个性化需求，而现代的以用户为中心的推荐系统则更加注重满足每位用户的独特需求，确保新闻内容能够与用户产生更高的关联度。

（二）新闻分类，提高信息利用率

在现代新闻传播的背景下，庞大的数据量和复杂的用户需求对新闻分类和分发提出了新的挑战。基于人工智能和大数据技术的新闻分发算法为解决这些挑战提供了有效手段。这些算法能够对新闻内容进行深入的分类，确保不同类型的新闻能够传播给具有相应需求的受众。这种分类和分发机制，不仅可以满足受众对日常生活、资讯等常规信息的需求，还可以涵盖长尾新闻报道等特定领域的信息，从而提高整体的信息覆盖率。与传统的人工新闻分发方式相比，基于算法的新闻分发机制具有明显的优势。传统的人工分发方式由于受到人为因素的限制，往往难以实现对庞大新闻内容的高效分类和精准分发。而基于算法的新闻分发方式，可以更加高效地对新闻内容进行分类，并根据用户的历史行为和喜好为其推荐相关新闻，从而实现信息的最大化利用。此外，基于算法的新闻分发机制还具有自我调整和自我优化的能力。随着时间的推移，这些算法可以根据受众的反馈和行为数据不断调整自身的分发模型，确保新闻内容能够更加精准地传递给目标受众。这种自我调整和优化的过程，大大提高了新闻传播的准确性和效率，确保受众能够在短时间内获得最相关的新闻信息。同时，这种基于算法的新闻分发方式还为新闻传播的自动化提供了可能。在传统的新闻分发方式中，人工介入的成本和时间限制往往是新闻传播效率的瓶颈。而基于算法的新闻分发方式，可以实现新闻内容的自动分类和分发，大大减少了人工介入的成本和时间，提高了新闻传播的效率。

二、智能新闻分发

智能分发的精准性可以从多个维度进行剖析。在偏好的精准方面，智能技术利用先进的算法技术对用户的新闻浏览行为、习惯以及社交兴趣进行深入的分析，从而达到为用户提供精准推送的目标。这种基于用户历史行为和兴趣的推送方式确保了内容与用户偏好的高度匹配，提高了用户的信息消费体验。在关系的精准方面，智能技术除了关注用户个体，还将其置于一个更为广泛的社交网络之中。通过对用户的社交关系网的分析，智能技术利用算法推荐技术中的特定过滤机制，对信息进行筛选和推送。这种方法确保了推送的内容不仅与用户本身的偏好相匹配，还与其社交环境中的其他用户（如同年龄、同职业的个体）的偏好相匹配。场景的精准是另一个关键的维度。随着大数据技术的发展，智能媒体在新闻分发过程中对用户数据进行持续的采集和分析，从而构建一个与用户高度匹配的分发环境。这种环境不仅提供了与用户偏好相匹配的内容，还为用户提供了相关的网络服务和附加价值。“快报”这一资讯定制化媒体平台正是上述智能分发精准性原则的典型应用案例。通过对用户行为和偏好的深入分析，该平台能够为用户描绘出一个精准的画像，并据此进行新闻内容的匹配和推送。值得注意的是，不仅是新兴的数字媒体平台，如今，央视网、《人民日报》等传统主流媒体也已经意识到了智能技术和算法在新闻分发中的重要性，并投入大量资源进行技术研发和应用，目标是运用这些先进技术来深化新闻内容的分发改革，提供更为精准、高效的信息服务。

新闻分发系统，作为现代媒体生态中的重要组成部分，体现了人与机器在信息传播领域中的深度合作。它旨在优化和提高新闻资讯与大量用户之间的匹配效率，通过一系列计算机程序和规则，确保信息高效、准确地传递给合适的受众。随着移动互联网向泛在网演进，新闻分发系统的维度已经远远丰富于传统的内容推送。现在的新闻分发不仅考虑用户的偏好和行为，还进一步考察用户所处的空间、环境、实际状态、生活关系和社交氛围等多层面因素。这种多维度的匹配方式，不仅增强了新闻内容的针对性和相关性，还为用户提供了更为丰富和个性化的信息体验。而在这背后支撑新闻分发系统的，实质上是一个智能决策系统。它在新闻传播活动中起到核心作用。当智能媒体数据平台收集到足够的用户信息和新闻内容数据后，新闻分发系统会进行数据驱动学习，确保系统在短时间内能做出成千上万个决策，以维持最佳的系统性能。而这些决策，都是为了确保信息能够更高效、更准确地传播给目标用户。在此过程中，人的参与和同意也是至关重要的，因为这确保了系统在进行决策时，能够充分尊重用户的隐私和选择。另外，新闻分发系统与新闻内容的编辑已经逐渐开始分离。新闻分发更多地扮演着规则制定者的角色，不再直接参与内容的生产和编辑。这意味着新闻分发更多地起到了信息过滤的作用，确保用户能够获取真正符合其需求和兴趣的新闻内容。对于用户来说，新闻分发系统的存在，让他们能够将有限的注意力更有效地分配到较为关键和有价值的信息上。而对于内容和服务供应商来说，这种基于用户多维画像的信息服务匹配，不仅提高了用户的满意度，还有效地增加了用户流量和黏性。在当前的媒体生态中，新闻分发系统主要由多个垂直领域的分发平台和综合类入口平台构成。而要确保信息流动的均衡和自由，平台需要吸引大量用户，提供多元化的新闻内容和服务，并拥有高效、合理的新闻分发系统。只有这样，平台才能在竞争激烈的市场中占据有利地位，进一步扩大其影响力。与此同时，在线社会信息传播系统的智能媒体，将在系统层面呈现出更多自组织、自动化的特征。人工智能技术将更加深入地融入编辑部的日常工作，参与新闻内容的编辑和形式的定制，确保新闻内容既有深度，又能够满足不同用户群体的需求和期望。

随着在线社会信息传播系统日益复杂化，算法技术逐渐崭露头角，尤其在提高海量信息与大量用户间的匹配效率上的表现较为突出。智能媒体新闻算法的分发不仅是技术的实践，还引发了广泛的技术想象。当前的新闻算法分发实践作为研究的核心，深化了人们对这一领域的理解。在新闻传播活动中，计算机算法在对不同类型的新闻资讯信息进行标记和聚合后，要负责将这些信息以合适的形式呈现给用户。其中，“被报道”的新闻与用户“想知道”的新闻之间的信息流动速度及效率，很大程度上是由算法决定的。这使得算法在新闻传播业务中成了一个新的重要环节。尽管目前算法研究尚未形成完全统一的学科范式，但多种研究路径已被提出，包括政治与公共政策、新闻生产的经济组织、制度和场域、组织动力学等。为了更深入地理解算法的作用和定位，研究者借鉴媒介创新主体的研究矩阵，构建了媒体组织、技术性组件和受众三种类型的算法驱动力矩阵。基于不同的平台型媒体所使用的算法与用户的个性化匹配程度，可以粗略地将平台型媒体的算法划分为三大类：依赖新闻资讯信息本身特征进行排名聚合的算法；依赖用户社交关系进行新闻推荐的算法；根据用户个性化需求进行新闻个性化推荐的算法。

协同过滤推荐算法基于一种简单且高效的原理：为用户推荐与其兴趣相似的其他用户所喜欢的内容。这种推荐方式已经被多家知名企业采用，成为其核心的推荐技术。而基于内容的推荐算法则更侧重于用户过去的信息消费习惯。当用户浏览某篇文章时，该文章的特征被算法记录并用于生成推荐模型，以便向用户推送与此篇文章特征相似的其他内容。这种算法在音乐、视频等多媒体内容中的应用相对较少，但在文本信息和网页推荐中却十分常见。另外，关联规则推荐算法则通过分析用户的历史数据，挖掘其中的潜在关联，为用户推荐可能感兴趣的内容。此外，许多内容分发平台和社交媒体也采用融合多种算法的混合模式，以求实现更为精准的推荐效果。在推荐算法的应用过程中，建立内容池并对其进行标签化是关键的一步。为了鼓励创作者上传更多的内容，内容分发平台采取了各种策略。平台设置了人工智能技术审核和人工复审两道关卡，以确保内容的质量。经过标签化的内容便于过滤和提取，为精准匹配用户做好了准备。用户画像的建立是为了对用户进行更为准确的描述。内容分发平台依赖用户的阅听行为数据，为每位用户打上独特的标签。这种方法的优点在于，用户的消费行为和生产行为越丰富，记录的数据就越多，用户画像也就越准确。内容分发平台通过算法匹配，将内容池中的内容根据用户画像推送给用户，实现每位用户看到的内容都是为其量身定制的效果。这种匹配过程受到众多因素的影响，包括算法设计原则、标签分类方式等。标签分类方式也会对匹配结果产生影响，因为不同的内容分类标签系统会为用户提供不同的内容体验。

在当今的数字化信息时代，计算机算法的个性化推荐已逐渐成为新闻传播的核心。这种推荐模式不仅为信息与不同用户间的交流提供了针对性的交流渠道，从而增加信息被用户接触的可能性，更进一步改变了传统的信息传播模式。传统的“千人一面”的信息传播模式和“大众传播”方式，往往采用一种广播式的方法，即同一条信息面向大众进行推送。而现在，通过个性化推荐算法的应用，信息传播转变为“千人千面”和“个性化传播”的模式。这种转变意味着每个用户都可以获得与其兴趣和需求高度匹配的信息，从而大大增强了信息的针对性和有效性。此外，这种推荐模式也解决了当前数字化信息环境中的一个重要问题，即信息过载。在如此众多的信息中，用户很难迅速找到他们真正需要或感兴趣的内容。个性化推荐算法的出现，帮助用户从海量的信息中筛选出真正有价值的内容，实现了信息的有效传播。这不仅使用户搜索信息的难度得到降低，还使信息的传播更加高效和精准。考虑到这种推荐模式的重要性，今日头条作为一个具有代表性的平台，其应用的个性化推荐算法值得深入探讨。今日头条利用先进的算法技术，对用户的兴趣、行为和偏好进行深入分析，从而为用户提供与其兴趣高度匹配的内容。这种方法不仅使得信息的传播更加有效，更进一步提高了用户对平台的满意度和忠诚度。另外，今日头条的成功也显示了这种个性化推荐模式对于新闻传播的重要性。在数字化信息环境中，用户的需求和兴趣持续变化，这就要求新闻平台能够灵活应对并提供与用户需求匹配的内容。今日头条正是通过其精准的个性化推荐策略，满足了用户的这种需求，从而在众多的新闻平台中脱颖而出。

新闻智能的崭露头角，与传统媒体和网络媒体正在经历的转型是密不可分的。随着计算机、互联网以及人工智能技术的迅猛发展，这些媒体无疑都受到了深远的影响。在这一背景下，个性化算法推荐作为一种现代技术手段逐渐受到关注，而其所带来的争议也愈演愈烈。然而，其在新闻传播领域的重要性和未来的发展潜力都不容忽视。事实上，它有望成为解决新闻传播行业当前面临的核心问题的关键路径之一。资源的有效配置在某种程度上是推动行业和经济持续增长的重要因素。将此观点与工业 4.0 概念相结合可以发现，这一现代工业发展方向实质上正是试图解决自第一次工业革命以来一直存在的问题：如何平衡规模化生产与个性化需求之间的矛盾。在大数据、云计算、物联网和人工智能等技术的支撑下，工业 4.0 尝试消除大规模生产与个性化定制之间的成本和技术障碍，其核心目标在于降低生产成本、实现资源的最优配置，并促成整个产业链的协同优化。自从古登堡的印刷技术得到应用以来，新闻传播行业逐步演变为一个专业化的领域。在此过程中，该行业的核心商业模式以所谓的“二次售卖”为基础，即行业的盈利模式依赖于获得大量受众的关注。简而言之，只有实现规模化的传播，才能吸引足够的受众，从而为媒体带来收益。这一模式意味着即便是针对小众市场的传播内容，也必须获得较大的受众关注才能持续运营。而在这种环境下，个性化算法推荐显得尤为关键。它提供了一种技术手段，能够对新闻内容进行精准的匹配与推荐，以满足每位用户的个性化需求。这不仅有助于提高用户的阅读体验，更可能为新闻机构带来更为持久和稳定的受众关注。与此同时，个性化推荐算法在新闻传播行业中的应用也为行业提供了一个新的思考方向：如何在保持规模化传播的同时，满足日益增长的个性化需求？

自进入信息技术社会以来，人类所面临的信息处理挑战呈现出以指数级增长的态势。特别是在全球数字信息产量持续飙升的背景下，人类信息处理能力的短板进一步凸显。不仅如此，随着我国互联网和物联网技术的进一步发展，新技术如 VR、无人驾驶、感知地球等在智慧家庭、智慧社区、智慧城市、智慧海洋等应用领域的普及，将推动物物、人物之间的信息交换呈现出前所未有的繁荣态势。与此同时，社会中广大人群对“信息疲劳”这一现象的普遍体验也随之加剧。如此大量的信息涌入，与其说是丰富了人们的生活，不如说更多地加重了信息筛选和处理的负担。智能设备、可穿戴技术和网络的广泛应用使得用户与媒体之间的联系愈加紧密，人们逐渐习惯于长时间保持“在线”状态，以至全体用户的注意力累计量持续增长。然而，面对如此海量的信息，用户常常陷入“信息迷雾”的状态，难以迅速锁定自己真正需要的信息。这不仅挑战了用户的信息处理能力，更考验了媒体的信息推送策略。在此背景下，新闻传播行业的商业模式也呈现出多元化的发展趋势，“二次售卖”模式已不再是其唯一的盈利路径。但值得注意的是，不管媒介环境如何变化，能够吸引受众注意力的高质量内容始终是各种商业模式的基石。事实上，受众的注意力已经成为新闻传播行业中的一项宝贵资源，对其进行有效分配与管理对于行业的持续发展具有决定性的作用。因此，如何在信息泛滥的背景下，准确捕捉并持续维系受众的注意力，将是新闻传播行业未来的核心竞争力所在。这不仅要求媒体拥有强大的内容生产能力，更需要媒体深入挖掘受众的信息需求，制定精准的推送策略，确保内容的高效传递和用户的深度参与。此外，面对现代社会的“信息迷雾”效应，媒体还需在内容策划、信息推送、用户交互等环节展现出更高的创新意识和技术能力，以确保其在竞争激烈的信息市场中脱颖而出。

第五节　虚拟技术革新新闻报道形式

一、AI 合成主播开创新闻播报新形式

AI 合成主播，以其全新的技术形态，为新闻传媒行业带来了创新性的变革。这种数字化主播结合了 AI 的强大计算能力和自然语言处理技术，使得它能够与传统的人类主播在许多方面产生竞争关系，甚至在某些领域中超越传统主播。以全球首个 AI 合成女主播“新小萌”为例，其形象、声音及动作习惯均基于新华社主播屈萌的模板构建。通过对屈

萌进行全方位的信息采集和模拟，技术人员创造出了一个极其接近真实人类的 AI 合成主播。这样的技术进步不仅是 AI 技术本身的一次飞跃，更是对传统新闻播报方式的一次颠覆性挑战。2018 年 5 月 2 日，CCTV 13 的节目《直播长江》中展示了一个与真人难以区分的虚拟主持人“康晓辉”。他的形象和声音都让观众感觉如见真人，而实际上，他是科技的杰作。这位生动真实的虚拟主持人是由两家科技公司联手打造的。他的声音是由科大讯飞的讯飞智声平台合成的，这个平台基于高效的语音合成技术，可以实现音色、情绪和语言的高度还原。科大讯飞的这项技术不仅让“康晓辉”的声音听起来像真人，而且达到了让康辉本人的同事都难以分辨的程度。而“康晓辉”的形象则是相芯科技的杰出成果。仅凭一张康辉的照片，相芯科技运用其 P2A 技术，将二维图像转化为三维虚拟形象。而在控制虚拟形象方面，相芯科技还使用了实时驱动技术，能捕捉并模拟真实的面部表情。在传统的新闻播报中，人类主播的工作强度和工作时间常常受到各种物理和生理因素的限制。而 AI 合成主播则完全不受这些因素的限制。它可以长时间、无间断地工作，确保新闻信息能够实时、准确地传递给观众。这种全天候在线的能力意味着，在某些紧急或突发事件的报道中，AI 合成主播可能会比人类主播更加迅速和准确。

此外，AI 合成主播在语言处理和多语种播报方面也展现出其独特的优势。传统的人类主播往往只能使用一到两种语言进行播报，而 AI 合成主播则可以轻松地掌握多种语言，实现真正的多语种播报。这种能力不仅可以帮助新闻机构扩大其受众范围，还可以促进跨文化、跨国界的信息交流。例如，新华社的 AI 合成主播已经实现通过录入汉语来进行多种语言的信息播报。这种技术突破为我国的对外宣传工作提供了强大的支持，使得我国的新闻产品在国际上具有更强的竞争力。2019 年的两会上，AI 合成主播“小晴”以其多语种播报的能力，大大加强了两会信息的全球传播力度，成为两会报道的一大亮点。

二、VR 新闻体验

VR 技术为新闻报道带来了前所未有的革命性改变，其核心优势在于为观众创造出一个身临其境的体验，使之不再仅仅是被动的信息接收者，还可以成为信息体验的主体。此技术的应用，对传统的新闻传播范式进行了颠覆性的重塑。

VR 新闻的突破在于其独特的叙事方式。传统新闻以文字、图片和视频的形式传播信息，而 VR 新闻则是通过三维空间，使观众身临其境地感受事件。此外，VR 技术还为新闻报道的深度和广度提供了更多可能性。不同于传统的新闻报道，VR 新闻不再仅仅局限于某一特定的角度或视点，而是可以为观众提供 360° 的全景体验。

三、AR 与数据新闻的结合

AR 技术的出现与发展，为新闻产业带来了新的叙事工具和表现形式。与 VR 不同，AR 并不旨在创建一个完全沉浸式的环境，而是强调在现实世界的基础上叠加虚拟信息，为用户带来更加丰富和互动的体验。AR 技术与数据新闻相结合，它们共同为受众提供了一个更为生动、有趣且具有深度的新闻体验。数据新闻作为新闻报道的一种方式，注重用视觉化数据的方式展现新闻，使其更具说服力、更易于理解。而当 AR 技术与之结合，它为数据新闻提供了一个全新的表现平台，使得复杂的数据和信息能够在真实的世界中被动态地呈现出来。例如，对于某个城市的空气污染数据，通过 AR 技术，用户可以在实际的城市街景中看到相关数据层叠加在建筑物、公园或其他地标上，得到更为直观的感受。此外，AR 技术还赋予了数据新闻更强的互动性。传统的数据新闻往往以图表或动画的形式展现，而 AR 技术则允许用户通过移动设备与数据进行互动，深入探索各种细节。

四、深度学习与新闻内容的生成

深度学习作为 AI 领域的一个核心技术，在过去的几年中为各种行业带来了革命性的变化。新闻产业，作为信息传播的关键部门，自然也受到了这种技术浪潮的影响。通过深度学习技术，新闻机构现在能够自动生成新闻内容，对大量的数据进行快速分析，并为受众提供更加个性化的新闻体验。

深度学习技术在自动化新闻生成中的应用已经开始改变新闻产业的面貌。基于深度学习的自动新闻生成系统能够快速生产一篇结构完整、内容准确的新闻报道，这在某种程度上提高了新闻发布的速度和效率。这些报道在结构和风格上与人工撰写的报道无异，但其生成速度要快得多。深度学习的应用不仅仅局限于新闻内容的自动生成。随着社交媒体和移动互联网的发展，每个人都在生成和消费大量的数据，这为新闻机构提供了一个独特的机会。通过深度学习技术对这些数据进行分析，新闻机构可以更好地了解其受众，并为他们提供更加个性化的内容。同时，深度学习也为新闻报道的事实核查提供了有力的工具。在一个充满了假新闻和误导信息的时代，对新闻内容进行准确和快速的核查变得尤为重要。通过深度学习技术，新闻机构能够自动检测和标识可能的错误或误导信息，确保其报道的准确性。

尽管深度学习为新闻产业带来了许多可能性，但它也带来了一系列的挑战和问题。对于新闻机构来说，如何确保自动生成的新闻内容的公正性和准确性，如何避免算法的偏见，以及如何确保深度学习技术不被用于制造假新闻，都是需要深入思考的问题。总之，深度学习只是工具，它的价值取决于如何被使用。为了确保深度学习技术能够为新闻产业带来真正的价值，新闻机构需要与技术专家紧密合作，确保技术的透明性和公正性，并始终坚持新闻的核心价值和职责。只有这样，深度学习才能真正为新闻产业带来革命性的变化，而不是成为另一个过时的技术潮流。

五、机器学习在新闻报道的预测分析中的应用

随着数字化技术的迅速发展，新闻行业正面临巨大的转型和变革。机器学习，特别是其在预测分析中的应用，为新闻机构提供了重新定义内容制作和传播的方式。预测分析，作为一种利用历史数据预测未来趋势的方法，对于新闻报道有着深远的意义，无论是在新闻事件的预测、受众行为的分析，还是在广告和市场策略的定位方面。机器学习技术在新闻预测分析中的一大应用是预测社会和政治事件。通过对大量数据的实时分析，新闻机构能够对即将发生的事件进行预测，从而更好地准备报道和应对措施。这种技术使新闻机构能够更快速、更准确地捕捉到重要事件，速度甚至胜于传统媒体。通过对受众行为的预测分析，新闻机构能够更好地了解其受众的兴趣和需求。这不仅有助于提高新闻内容的质量和针对性，还能为广告和市场策略提供有力的支持。此外，机器学习也被用于新闻报道的内容生成。对于一些重复性和数据驱动的报道，如体育赛事和财经新闻，机器学习技术能够自动生成内容，大大提高了报道的效率和准确性。

六、数据可视化与交互式图表

数据可视化在现代新闻报道中已经成为一个不可或缺的组成部分。随着大数据时代的到来，每天都有海量的数据涌现，而这些数据往往复杂并难以解读。新闻机构日益认识到，为了更好地传达复杂的信息和故事，必须采用一种更为直观和吸引人的方式。而数据可视化与交互式图表正是回应这一需求的最佳工具。数据可视化不仅提供了一种将抽象数据转化为视觉化、容易理解的图像的方法，而且通过交互式图表，它还允许读者深入探索数据，获得更多的见解。这种方法不仅增强了数据的解释性，还为读者提供了一种全新的、沉浸式的新闻体验。

例如，中央电视台通过其主要新闻节目如《新闻 30 分》《朝闻天下》

推出的《数字十年》系列节目，展示了数据可视化在电视新闻报道中的创新应用。这个系列以数据为核心，通过将抽象的数字转化为具体、生动的视觉表现形式，将复杂的社会经济现象简化和具象化，从而为观众提供了直观、易于理解的信息。《数字十年》的核心创新在于其将数据数字化和故事化相结合。这种方式不仅提高了信息的传播效率，还提升了新闻的吸引力和教育价值。通过简洁的数字、直观的图表和动画，节目能够有效地阐述复杂的经济概念和专业术语，缩短了与普通观众的距离。例如，在报道“医保覆盖率超过95%”时，节目通过将医保制度形象化为一把大伞，展示了保障体系下不同群体的受益情况，这种形象化的演示方式使得数据不再枯燥，而是变得生动且易于理解。此外，《数字十年》通过电视媒体的视觉表现手段，如图表和动画，有效地将数据和故事融为一体，同时又保持了信息的独立性和丰富性。这种方法不仅提高了节目的表现力，还增强了观众的共鸣。通过这种方式，中央电视台成功地将数据新闻的理念应用于电视媒体，展示了新闻报道在数字化时代的创新路径。除了大型新闻机构，许多小型和独立的新闻网站和博客也开始使用数据可视化和交互式图表来挖掘其报道的深度和提高吸引力。这不仅表明这种方法在新闻报道中的普及性强和接受程度高，也反映了现代新闻消费者对于高质量、互动和沉浸式内容的不断增长的需求。

第六节　新闻的多终端呈现与智能化体验

目前，新闻分发呈现多终端的态势，从传统的报纸、广播、电视到电脑、手机、平板、电子书、电子纸等，再次扩展到各种可穿戴设备与家庭生活中的各种物品。未来媒体是基于物联网技术的智能媒体，信息的分发将伴随衣食住行的生活场景，在任意时间、任意地点、任何物体上呈现资讯内容。

一、终端的微型化与贴身化

在当代新闻传播领域，终端的微型化与贴身化已逐渐成为一种显著的趋势。与此相应，各类贴身的可穿戴设备不再只是日常生活中的便捷工具，而是成为新的信息传播与接收终端。这些集计算机技术、多媒体技术与无线传输技术于一体的设备，如智能手表、智能眼镜等，为用户提供了更加丰富和实时的信息服务。与传统的新闻接收终端相比，这些设备更人性化和具有实用性，因为它们不仅可以展现各种资讯，还能够记录与分析用户的各种生理、行为和位置信息。例如，智能手表集成了众多实用功能，如电话、邮件、地图、音乐和相机等，更重要的是它还能够实时监测人的身体指标，如心率、步数等。

除了智能手表，可穿戴眼镜也已成为信息传播的新兴终端。百度眼就是这方面的代表，它不仅提供了传统的资讯服务，还试图为用户在特定的场所如博物馆等提供与所在环境相关的信息服务。通过其内置的摄像头，用户可以轻松捕捉自己感兴趣的内容，然后通过百度眼自动获取相关信息，后者通过语音的方式得到呈现。这种方式为用户提供了更加个性化和情境化的信息体验，让新闻消费变得更加直观和实时。

二、终端的生活化与泛在化

随着物联网技术的日益成熟，新闻传播的方式和终端正在迅速地延伸到人们日常生活的各个方面。这一趋势意味着新闻与信息不再仅仅局限于传统的终端和渠道，而是融入更多的日常生活场景中，显示出终端的生活化与泛在化的特征。

例如，中央广播电视总台央视频对2022北京冬奥会的报道展现了中国新媒体技术的创新应用。央视频结合了“5G+4K/8K+AI”技术，通过“数字雪花”互动项目和“8K VR沉浸式观赛”体验，为用户提供了独特的观赛方式，从而增强了新闻传播的互动性和观赏性。“数字雪花”项目是一种沉浸式的互动体验，它允许用户通过创建个性化的虚拟形象，即“数字雪花”，来参与冬奥会。用户可以通过上传照片并选择特定的风格和元素来定制自己的“数字雪花”。这些个性化的虚拟形象随后出现在冬奥会的开幕式中，以数字形式为赛事增色。此外，每个“数字雪花”都配有独特的证书，这些证书记录了创建时间和数字哈希值，增强了用户的参与感和荣誉感。这一创新不仅促进了观众与冬奥会产生互动，还体现了数字技术在提升新闻体验和观众参与度方面的潜力。央视频利用先进的技术手段，为用户提供了一种全新的新闻消费方式，这不仅加深了用户的沉浸感，也增强了新闻内容的传播效果。

在移动领域，智能汽车的崛起为新闻与信息的传播提供了新的可能性。智能汽车内置的AI系统和高度互动的界面，结合了语音识别、手势控制、面部识别和眼球追踪等先进的人机交互技术，为用户提供了更为个性化和实时的新闻推送服务。这种服务不仅仅是单纯的新闻推送，还会结合用户的行车环境、路况以及其他与行车相关的重要信息，如附近的警察、医院或保险服务，使得信息的传播更加具有情境感和实时性。

总而言之，物联网技术正在将新闻与信息从传统的终端解放出来，使其真正融入用户的日常生活中。无论是在家中的日常生活场景，还是出行在外的过程中，新闻与信息都能够随时随地为用户所用。这种趋势不仅改变了信息的传播方式，也为用户提供了更为丰富和多样化的信息获取方式。而随着技术的不断进步和物联网的更广泛应用，相信在不久的将来，任何物体和环境都有可能成为新的信息分发终端，形成一个真正的万物互联的信息传播网络。

三、互动式体验增强

新闻传播作为人类社会中的一种基础信息交流机制，其本质和形态随着技术的进步和社会的变迁不断演进。尤其在信息消费这一核心环节，可以明显地观察到新闻载体的迭代是如何与技术革新和受众需求的升级紧密结合的。从更为宏观的角度审视媒介的历史演变，可以发现受众的期望和需求已经经历了明显的变革。他们对信息的接收速度有了更高的要求，从早期的书信、邮件逐渐转向电报、广播、电视，最终达到互联网和移动互联网的即时传输；媒体的形态也逐渐朝更为小巧、便携和高度依赖数据传输的方向演进；在内容的表现形式上，新闻经历了从单一的文字到广播，再到结合视听的电视，呈现出一条明确的多媒体化发展路径。尤为值得关注的是，随着网络内容生产的持续创新，短视频新闻已经逐步超越传统的图文报道，成为现代受众较为青睐的信息消费形式。

与此同时，智能化时代为新闻传播带来了更为丰富的互动体验。具体来看，现代新闻制作与传播已经开始广泛地采用诸如 VR、AR 等先进的可视化和互动技术。这些技术的应用不仅改变了新闻内容的表现形式，还对传统的新闻叙事方式提出了挑战。传统上，新闻叙事往往采用告知性的语言，目的是向受众传达事实。但在这个技术日新月异的时代，新闻叙事逐渐转向引导性语言，意图引导受众更为深入地参与和体验新闻事件，从而提供一种更为沉浸式的阅读体验。例如，借助 VR 技术，受众可以戴上特定的头盔，跟随新闻报道体验一个虚拟的场景；而 AR 技术可以在互动地图上增添真实的信息，使新闻内容更加丰富和立体。目前，VR、AR 报道已经在各媒体广泛开展，虽然是由于受到传播环境及技术限制，还未进入突破期，只作为融合性新闻报道的类别存在，但是很受欢迎。2020 年 4 月，中国电信、中国移动、中国联通相继宣布在珠穆朗玛峰开通 5G 网络服务。中国电信携手“央视频”App 一起推出珠穆朗玛峰 5G 慢直播。用户打开 App 后，搜索“珠峰直播”进入直播间。直播间内设置了四个视角，分别为“珠穆朗玛峰”“珠峰大本营”“珠峰绒布寺”“珠峰 VR”。用户评论说“可以听见珠穆朗玛峰峰顶凛冽的风声”。

未来的智能化新闻消费预计会进一步强化其互动特质，更多地满足受众的个性化需求。这意味着新闻的生产和传播将更加注重围绕受众的个人经验，提供定制化的新闻叙事方式。受众可以自行选择体验的设备，设计自身的交互场景，甚至参与新闻的叙事编排。这种新型的新闻体验不仅具有游戏的特质，还能通过深度地影响受众的情绪和心理，达到移情的效果，从而加强和深化受众对新闻内容的理解和记忆。

第五章　智能时代的新闻主播：AI 新闻主播对传统新闻主播的挑战与重塑

第一节　AI 新闻主播的发展

近年来，随着 AI 技术的快速发展，AI 新闻主播逐渐走进大众视野，参与首届中国国际进口博览会、全国两会等重要会议活动报道，成为主流媒体新闻内容生产的重要力量。根据不同时期的功能和技术特点，AI 新闻主播大致经历了三大发展阶段。

一、AI 新闻主播 1.0 阶段：一问一答的“语音助手”

AI 新闻主播的发展可以追溯到 AI 技术在新闻传播领域的初级阶段，也被称为 AI 新闻主播 1.0 阶段。在此时期，AI 新闻主播大多还没有与真人无异的外观，而是采用虚拟或机械化的造型。这些初代 AI 主播的功能主要是基于大量预先输入的数据进行运作。当接收到用户指令后，它们会进行语音和语义识别，然后从其数据库中匹配和调取相关内容进行回应。这种技术逻辑在很大程度上是基于预存的信息进行响应，而不是进行真正的内容创作。

尽管这些 AI 新闻主播具有一定的互动性，但其互动模式仍然较为简单，多数情况下仅限于机械化的问答形式。因此，这些初代 AI 主播的表达方式相对生硬，它们的主要任务是辅助人类完成如新闻稿件播报等基础性工作。例如，微软公司推出的 AI 机器人“微软小冰”于 2015 年在中国电视荧屏上首次亮相，作为上海东方卫视的天气预报员。此外，2017 年，机器人“石榴娃”进入西安广播电视台的直播间，参与了硬科技创新大会的智能播报。

这种基于数据库的信息提取和回应的模式虽然为新闻传播领域带来

了一些创新，但也存在着明显的局限性。由于其回应主要基于预存的信息，这些 AI 新闻主播很难对新的或未知的问题给出合适的答案。同时，缺乏真正的情感和创意使得它们的表达方式很难与真人播报员相媲美。

这一阶段的发展为 AI 技术在新闻传播领域的进一步应用奠定了基础。通过对这些初代 AI 新闻主播的技术实现和对应用场景的观察，研究者和开发者可以更好地理解其潜在的优点和局限性，从而为未来的研发工作提供指导。此外，这种初级应用也为社会大众提供了一个窥视未来的机会，让人们对 AI 技术在新闻传播领域的潜在价值和可能性应用有了初步的认识。

二、AI 新闻主播 2.0 阶段：真人原型的“人类分身”

在 AI 新闻主播的技术演进中，2.0 阶段是一个重要的里程碑，它将新闻主播的形象和功能从简单的信息回答者推进到几乎无法与真人区分的形态。这个时期的 AI 新闻主播，凭借深度学习的技术，能够成功模拟真人的各种细微表情、情感丰富的声音和近似人类的语调。这不仅提升了观众的观看体验，而且使新闻主播能够与观众建立更为深入的交互关系。

2018 年，新华社与搜狗公司推出了以真人主播邱浩为原型的 AI 新闻主播“新小浩”。这不仅是一个技术上的飞跃，也为新闻传媒行业带来了一场颠覆性的革命。仅需输入文本，这位 AI 主播就能够以与真人相似的声音、表情和唇形进行新闻播报，完全免去了传统新闻播报所需的复杂的人力、物力和时间成本。2019 年，基于新华社主播屈萌的形象，同样由新华社与搜狗公司联手推出的“新小萌”再次引起了业界和公众的广泛关注。作为全球首个 AI 合成女主播，她不仅具备 24 小时不间断工作的能力，还精通多国语言。这标志着 AI 新闻主播合成技术在模拟人类语言和文化方面的进一步突破。

深度学习使机器能够从大量数据中学习并模拟人的行为和表达方

式。而在这一进程中，数据的质量和数量都对机器的学习效果产生了深远影响。这种学习不仅包括主播的声音和面部表情，还包括他们的语言习惯、行为模式以及与观众的交互方式。

这个阶段的 AI 新闻主播合成技术也引发了关于真实性、伦理和未来工作模式的讨论。当技术能够模拟人类的语言和行为时，它向人们提出了一个问题：在一个由机器主导的新闻传播环境中，人的角色是什么？另外，当观众无法区分真实主播和 AI 主播时，这对于新闻的真实性和可信度而言意味着什么？

三、AI 新闻主播 3.0 阶段：自然交互的“新闻智人”

随着技术的持续演进，AI 新闻主播逐渐从初步的模拟演变到高度的逼真表现，进而走向一个被称为“新闻智人”的 3.0 阶段。在这一阶段，AI 新闻主播不仅在视觉和听觉上获得了与真人主播近乎难以区分的身份，而且在人机交互、理解和反应上也展现了前所未有的逻辑性和智能化水平。

2020 年的技术突破显示出这一趋势的明显征兆。例如，百度智能云与央视网合作推出的 AI 主播“小智”采用了 3D 高精度仿真人像技术，具备了快速反应和流畅对话的能力。韩国 MBN 电视台推出的 AI 女主播“金柱夏”融合了深度学习和卷积神经网络技术，实现了非常逼真的说话和行为模式，引发了公众对技术进步和真实性的广泛讨论。更为重要的是，这些先进的 AI 新闻主播能够在新闻报道中自动提取关键信息，并结合语音处理、智能对话和情绪感知等多种功能，为观众提供一种全新、深入的新闻体验。

2020 年，新华社与搜狗公司合作，开创性地推出了基于 3D 技术和深度学习的 AI 新闻主播“新小微”。这位 AI 新闻主播的原型赵琬微，是一位真实的新华社记者。经历了复杂的数据采集过程，“新小微”在细节上高度还原了其原型。关于“新小微”的外观，其模拟的精度和逼真度都远超之前的技术成果。这得益于赵琬微所经历的数据采集过程，其中包括戴着专用数据采集头盔的360°全方位扫描。这样的采集不仅关注外观，还深入到每一个微小动作，每一个表情细节。经过深度学习和复杂的算法处理，这些数据为“新小微”提供了与人类相似的声音、表情和唇动。这种技术的进步不仅体现在更为逼真的形象上，还展现在其与人的交互中。不同于传统的新闻播报，基于3D技术的AI新闻主播能够为观众带来更为立体、多角度的新闻体验。这种技术的应用也预示着未来的新闻报道将更加多元、互动和个性化。

在实际应用中，“新小微”的微模块化特性使其能够根据不同的新闻内容和场景进行“变妆”，包括发型、服饰等都能进行变换。这种变换不仅仅是为了满足视觉上的需求，更是为了让新闻报道更加贴近实际，更具说服力。

与此同时，这些技术的快速进步也提出了关于其深度、理解和应用范围的关键问题。未来的挑战不仅有机器如何模拟人的表现，也有如何使机器具备更强大的自主学习能力，深入解读和分析新闻事件，以及如何解决更为复杂的计算机技术问题，如深度学习、场景理解和情感识别。这些挑战对于实现从“人工智能”到“新闻智人”的转变至关重要，目标是使机器真正达到“想你所想”的智能化程度。

随着计算能力的增强和算法的进一步完善，人们正在逐步走向一个在新闻传播领域中，机器可以像人类一样理解、分析和传达信息的时代。而这样的未来，将不仅仅是基于技术的进步，更是基于对人类需求的深入理解和满足。

第二节　AI 新闻主播的优势

AI 新闻主播与传统新闻报道节目真人主持人相比，技术导向下的 AI 新闻主播具有智能化、场景化、全时空的优势。

一、智能化

在探讨新闻传播的现代形态时，AI 新闻主播的出现无疑是一个引人注目的技术创新。这一技术的诞生不仅预示着新闻传播方式的变革，也意味着传统新闻主播的角色和功能正在经历一次根本性的转变。AI 新闻主播是智能媒体时代背景下的产物，其核心优势是智能化特性。这种主播不再是单纯地读取和传达信息，而是通过大数据、深度学习和自然语言处理等先进技术来模拟、学习并完善其播报能力。这种自主学习和进化的能力使得 AI 新闻主播在播报内容、语速、文本精确度以及语言翻译等方面都具有很高的准确性和完善性。

相较于传统的真人主播，AI 新闻主播的建模过程涉及对原型主播的详细数据采集。这不仅包括声音和形象的模拟，还包括主播在不同情境下的情感、语调和肢体动作等多种因素。这样的数据驱动模型使得 AI 新闻主播能够更接近真人的播报，从而为观众带来与真人播报相似的体验。从内容的播报角度看，由于 AI 新闻主播具有自己的智能语料库，它能够利用先进的技术如语音识别、图像识别和自然语言处理等进行机器学习。这不仅使其播报内容更加丰富和准确，而且使其能够根据不同的文本内容自动调整面部表情和肢体动作，为观众带来更为真实的新闻体验。对于媒体组织而言，AI 新闻主播的应用将大大提高新闻生产的效率。传统的新闻播报需要投入大量的人力、时间和费用，而 AI 新闻主播则可以自动化、智能化地完成播报任务，从而为媒体节省大量的成本。这不仅减轻了媒体工作者的工作负担，而且使他们有更多的时间和精力来提高新闻内容的质量和深度。

二、场景化

随着移动互联网时代的到来，场景传播逐渐成为加强新闻传播效果的新策略。这种传播方式根据个人实时状态为其匹配特定的信息或服务。在20世纪80年代，传播学者梅罗维茨（Meyrowitz）从戈夫曼（Goffman）的“拟剧理论”中提出了“场景”概念，探讨了媒体环境对人们行为和心理的影响。[①] 复旦大学的孙玮对这一理论进行了深入的探讨，认为场景主要包含两个要素：人们的存在和环境因子。基于此，他提出了微信所展现的新型社会场景——“移动场景”。[②] 彭兰教授也认为，在移动时代，与PC时代相比，场景的意义大大强化。[③] 移动传播现如今更注重基于场景的服务，即对某一场景的感知以及信息或服务的适应。这也意味着场景已经成为继内容、形式和社交之后的媒体核心要素。正确地理解场景，可以从理论上解释实践中的动态，并为实践提供指导。在新媒体领域，罗伯特·斯考伯（Robert Scoble）和谢尔·伊斯雷尔（Shel Israel）两位资深记者是最早提出场景概念的人。他们在2014年出版的书《即将到来的场景时代：大数据、移动设备、社交媒体、传感器、定位系统如何改变商业和生活》中预测，在未来25年，互联网将进入一个以场景为主的时代，并认为大数据、移动设备、社交媒体、传感器和定位系统构成了“场景五力”，它们共同构建了移动互联时代的场景。这五大力量为场景传播提供了技术基础，反映了技术推

① 梅罗维茨．消失的地域：电子媒介对社会行为的影响[M]．肖志军，译．北京：清华大学出版社，2002：58.

② 孙玮．中国传播学评论：第7辑 城市传播：地理媒介、时空重组与社会生活[M]．上海：复旦大学出版社，2017：4.

③ 彭兰．场景：移动时代媒体的新要素[J]．新闻记者，2015（3）：20-27.

动场景传播的需求和目的。场景应用主要是根据用户在不同的时间和空间环境中的需求，提供个性化、及时和贴心的服务。对于新闻行业来说，场景传播是提高传播效果的一个重要策略。

近年来，场景传播在产品设计中的应用日益增多。由于用户市场的再度细分，产品开发者开始更多地考虑用户的实际使用场景。他们着重于根据这些场景来设计产品，旨在为用户在各种场景下提供更好的服务，从而增强用户体验并挖掘场景的潜在价值。例如，网易云音乐会依据用户的不同场景推出相应的歌单，无论用户是在线还是离线，都努力为用户提供沉浸式的体验。这种在产品和营销领域逐渐流行的场景传播方式，也被引入到新闻传播的实践中。

许多研究者相信，场景传播将为新闻行业带来全新的风貌。新闻的传播逐渐从仅仅关注时间转向对空间的关注。张玲玲等学者指出，得益于场景概念的应用，移动媒体的信息流现在可以实现更精准的聚合和更有目的性的传播。①

新闻行业关于场景传播的实践主要体现在以下几个关键领域。

（1）直播中的“在场感”体验：移动直播技术的发展，为用户提供了一种 24 小时的“身临其境”的体验，让他们感觉自己仿佛真的在报道现场。例如，中央广播电视总台通过其移动新闻客户端，在春节期间为网友带去了农民工回家过年的实时体验，成功创造了一种与现场同步的“在场”感受。

（2）VR 中的新闻体验：结合 AI 技术，VR 为用户创造了一个沉浸式的新闻体验。利用 VR 技术，新闻报道可以让用户感觉就像真的在新闻现场一样。例如，《海拔四千米之上》这样的融媒体作品使用 VR 技术，为用户提供了高山上的现场体验。

（3）真实场景与媒体场景的融合：近年来，许多媒体开始尝试线上

① 张玲玲，温喜娟．场景应用下空间信息流的汇聚与传播［J］．新闻与写作，2016（12）：43-46.

与线下相结合的报道方式，为用户提供了更加丰富和深入的新闻体验。例如,《人民日报》新媒体中心发起的“时光博物馆”项目，通过线下实体展览和线上数字内容相结合的方式，为用户呈现了中国改革开放以来的发展历程。此外，与各大博物馆合作的“舞动一座博物馆”活动，也通过实地和直播相结合的方式，打破了时间和空间的限制，为用户带来了全新的新闻体验。

AI 新闻主播的场景化特点，表现为其在新闻传播领域的适应性和延伸性，为观众提供了多样化和沉浸式的新闻播报体验。传统的新闻播报，受限于真实的物理环境，常常面临一系列制约，如光线、声音和其他现场因素，而 AI 新闻主播在这方面展现出了其独特的优势。

适应性是 AI 新闻主播的一个显著特点。不同于真人主播，AI 新闻主播无须关心环境因素，如光线或声响，其播报状态始终保持稳定。这一点在一些特定环境或复杂场景中尤为重要，如在特定天气、特定时间或其他特殊条件下进行的新闻播报。此外，AI 新闻主播不会因为个人的身体状况或情绪波动而影响其播报质量，确保了播报的持续性和稳定性。而延伸性则体现在 AI 新闻主播能够跨越物理界限，与 3D 虚拟场景、AR、VR 以及 MR 等前沿技术相结合，为观众提供沉浸式的新闻体验。与传统的新闻播报相比,AI 新闻主播能够在虚拟的环境中进行播报，这意味着它可以为观众重现新闻事件发生的真实场景，为观众提供第一人称的视角，增强新闻的临场感和真实感。例如，对于一次自然灾害的报道，AI 新闻主播可以带领观众进入虚拟的灾区，让观众感受到灾区的真实情况，从而增强新闻的冲击力和说服力。

结合 3D 虚拟场景和其他沉浸式技术，AI 新闻主播的新闻播报不再局限于实体的演播室，它可以根据新闻内容的需要，随时切换到不同的场景，为观众提供更加丰富和多样化的新闻体验。这种场景化的播报方式，不仅提高了新闻的观赏性，而且使新闻的内容更加生动和有趣。

三、全时空

AI 新闻主播的出现，标志着新闻播报方式进入一个前所未有的技术创新时代。这一技术的引入并非为了简单地替代传统的新闻主播，而是为了优化和完善当前的新闻传播机制，使之更为高效、智能，增强适应性。在这一背景下，AI 新闻主播的全时空特性成为其在新闻传播中的核心竞争力。

一方面，AI 新闻主播的全时空特性主要体现在持续的工作能力上。真人主播受制于生理和心理的限制，必须休息和恢复，而 AI 新闻主播则可以 24 小时持续不断地工作。这一特性在某些特定的新闻事件中显得尤为重要，如重大会议、灾难新闻或其他需要长时间跟踪报道的事件。在这些场合，AI 新闻主播能够提供持续、稳定且高质量的新闻播报，确保观众可以随时获取最新的新闻信息。此外，AI 新闻主播在突发事件的应对上也展现出了独特的优势。当某一事件突然发生时，AI 新闻主播可以迅速响应，无须准备和调度，可立即投入新闻播报工作，为观众提供即时的新闻信息。这一特性使得 AI 新闻主播在新闻传播的时效性上远超真人主播，为新闻传播提供了更高的效率。

另一方面，AI 新闻主播的全时空特性则体现在其在多个场合的播报能力上。得益于现代技术的支持，AI 新闻主播可以轻松制造出多个“分身”，在不同的场合进行新闻播报。这意味着，当某一新闻事件需要在多个场合进行播报时，AI 新闻主播可以轻松应对，确保新闻的广泛传播。此外，AI 新闻主播还能够突破空间的限制，实现远程、虚拟的新闻播报，为新闻传播提供了更大的空间。

第三节　AI 新闻主播的人格化建构与专业能力重塑

在智媒融合的新时代背景下，AI 新闻主播不仅为传统新闻主播带来了新的竞争格局，也为他们提供了自我提升和创新的新机会。这种技术的进步意味着，那些固守传统、仅仅满足于机械式播报的主播将逐渐失去他们的原有地位和竞争力。为了在这个快速变化的时代中保持领先地位，新闻主播需要不断地进行自我更新，提升自己的专业素养，挖掘和强化自己独特的价值。只有这样，他们才能确保自己始终受到市场的欢迎，保有在舞台上的核心位置。

一、新闻主播的人格化建构

AI 新闻主播，凭借先进的深度学习和强大的数据处理能力，确实为人们带来了深刻的印象，并在某种程度上对传统新闻主播产生了挑战。然而，当谈论新闻主播，人们不仅应关注其播报的准确性和速度，更应看重他们在传播中展现的深入思考、与观众之间的情感联系以及对突发事件的即时反应能力。这些人性化的特质使播音员和主持人在传播信息时能够加入自己的情感和见解，使得他们的报道更具有情感深度和人文关怀。而 AI 新闻主播，虽然可以模仿人的语调和表情，但它所缺乏的正是这种深度和温度。因此，尽管 AI 新闻主播在某些方面具有优势，但真正的人性魅力和情感深度仍然是传统新闻主播所独有的，这也是他们在与 AI 竞争中的核心优势。

（一）注重情感交融，加强人文关怀

在现代社会传播的复杂性中，情感交融和人文关怀的重要性逐渐浮现。格兰诺维特（Granovetter）的“强关系”理论为人们揭示了人与人

之间的紧密联系，特别是在情感层面上的连接。这种关系在新闻主播与受众之间同样存在。作为传播的中介者，新闻主播与受众之间的关系不仅仅是信息的传递者与接收者，更多的是情感的交融者和共鸣者。新闻主播的主要任务是传递信息，但这种传递远远超越了单纯的事实报道。它融合了主播的情感、经验和理解，使得信息更具有生命力和温度。这种情感交融不仅增强了信息的感染力，还加深了受众的信任度和认同感。而这种人文关怀与情感共鸣正是 AI 新闻主播所欠缺的。尽管 AI 技术在众多领域都展现了强大的潜能，但在新闻传播领域，它仍然面临着真实情感和人文关怀的挑战。AI 新闻主播可以模仿真人的语言、表情甚至声调，但它无法复制和传递真人的情感和经验。这种缺陷使得 AI 新闻主播在与受众的情感交融上存在固有的障碍。

新闻主播在与受众交流时，不仅仅是在传递事实，更多的是在传递情感，分享经验，与受众建立情感连接。这种连接基于真实的人类经验和情感，是 AI 技术难以模仿的。新闻主播在报道中融入自己的情感和经验，使得信息更具有感染力和说服力，也更能够获得受众的信任并与受众产生共鸣。因此，新闻主播要注重情感交融，加强人文关怀，更紧密地与受众建立情感连接，分享真实的经验和情感。只有这样，新闻主播才能在与 AI 技术的竞争中保持独特的优势，真正实现与受众的心灵沟通，获得受众的长期信任和支持。

例如，各电视台节目主持人曾报道过关于高建成为救战友而牺牲的新闻，大部分电视台将报道的重心放在了空军指导员高建成如何救人的过程上，而湖北电视台主持人在做这则报道时，将焦点放在了高建成如何在日常生活中与士兵谈心的场景，如何自掏腰包资助家中困难的战友，如何在小家与大家的兼顾中将个人利益放到最后，使高建成的抗洪英雄形象深深地刻在了人民的心中。正是因为主持人抓到了最能引起共鸣的情感点，才能在进行情感体悟之后，上升到理性阶段，使受众更好地接受。

再如，央视主持人董卿的《朗读者》这档节目助力了全民朗读，激发了很多人对于朗读的兴趣。这不是一档普通的朗读节目，而是借助朗读向观众讲述一个又一个动人的故事，倾诉一段又一段的人生。在对话室中，董卿对嘉宾进行访谈，引导其向观众诉说文字背后的情感。正是这种鲜明的情感传递特征，使得《朗读者》更加打动人心。正是因为人格化传播主体有着自身的情感与思考，为人们的幸福而开心，为人们的辛苦而叹惋，才使得新闻更具有感召力，充满着人文关怀而让受众更加信服。

许多主持人在新闻报道中的情感表现为人们提供了宝贵的启示。他们不仅是新闻的传递者，更是情感的体现者和人文的守护者。他们的情感真挚，他们的关怀深沉，这使得他们的新闻报道更加有力量，更加具有感召力。从中可以看到，情感交融和人文关怀在新闻传播中是十分重要的。它们不是新闻报道的附属品，而是新闻报道的核心。只有真正做到情感交融、体现人文关怀，新闻报道才能真正打动观众的心，产生深远的影响。

（二）突出人格魅力，打造品牌价值

在新闻主播的传播活动中，个人人格魅力的展现具有鲜明的直接性。这种现象主要受到两大因素的影响。首先，各种艺术形式都依赖于特定的符号来表达：画家依靠色彩和线条来展现创意；音乐家通过音符来传达情感；服装设计师则依赖材料和装饰来呈现设计理念。而对于新闻主播来说，他们所使用的符号主要是语言和非语言行为。其次，广播和电视这两种媒介与传统的纸媒有所不同。它们不仅可以实现实时传播，还可以记录历史，使观众能够看到新闻主播真实、具体和完整的形象。因此，主播的人格化传播实际上是一个个性化输出和形象塑造的过程。

在新闻主播的职业生涯中，形成独特的个性和风格是至关重要的。

然而，形成和塑造这样的个性并不是短时间内可以完成的，这需要长时间的摸索、学习和不断努力。简单地模仿他人或依赖模板式的方法是无法达到这一目标的。这种模仿只会导致主播在观众眼中成为另一个人的影子，而不是形成自己独特的风格和形象。以哥伦比亚广播公司的主持人克朗凯特（Cronkite）为例，他并不是突然之间获得了广大观众的喜爱和尊重，成为人们口中的“沃尔特大叔”，这背后是他连续六年的日常努力和坚持。这六年，他每天都在尽自己最大的努力，通过自己的专业素养、个人魅力和与观众之间的情感联系，逐渐积累了自己的信誉和建立个人的形象。他的成功告诉人们，只有真正的专业、真正的热情和真正的坚持才能获得观众真正的尊重和喜爱。对于那些希望在新闻主播领域取得成功的人来说，单纯的模仿是远远不够的。他们需要真正地投入自己，了解自己的长处和短处，发挥自己的优势，努力克服自己的不足，并始终保持对这一职业的真正敬重和热爱。只有这样，他们才能真正地形成自己的风格，获得观众的喜爱，从而在这一职业领域取得真正的成功。

在传媒领域，风格可以被理解为个体在传播过程中所展现的独特性和魅力，它是某一特定时代、文化和社会背景的具体体现。无疑，风格的存在强调了个性和差异的重要性。新闻播音员的风格，作为时代的独特印记，历经多个发展阶段。从中华人民共和国成立初期的鼓舞人心、坚定朴实，到改革开放后的平民化、自然化，再到 21 世纪的多元化、精细化，这一演变过程揭示了社会、文化和技术的巨大变迁。目前，在广播电视领域，似乎存在一种新闻主播风格的趋同化倾向。尽管技术和社会的进步为主播提供了展现个性的空间，但真正能够抓住这一机会，创造独特风格的主播却并不多见。节目的成功不仅仅取决于其内容，更取决于主播如何通过自己的风格和魅力与受众建立情感连接。新闻主播的风格和魅力不应该被忽视或者被单一化。相反，他们应该深入挖掘自己的独特性，发掘并塑造自己的风格。这不仅可以帮助他们在职业生涯中获得更大的成功，还可以为受众提供更加丰富和多样的节目体验。同时，新闻机构和节目制作人也应该认识到，鼓励主播展现自己的独特性和风格是提高节目质量和受众满意度的关键。只有这样，新闻传播才能真正地与受众建立深厚的情感连接，实现其传播的最终目的。

新闻主播不仅是新闻内容的呈现者，也是整个节目的代言人和标志，他们的个性和风格在很大程度上定义了节目的品质和带来受众的认同感。这种现象揭示了新闻主播与节目之间的深度融合，其中主播的形象与节目内容形成了一种互补的关系，共同构建了节目的独特识别标志。例如，朱广权主持的新闻节目，通过其独特的幽默处理方式和磁性嗓音，为观众呈现了一个与众不同的新闻播报风格。他的一些标志性言论，如“地球不爆炸，我们不放假”，既体现了他个性化的主持风格，也为节目赋予了独特的魅力，深受受众喜爱。主播的风格和魅力不仅可以提升节目的观赏性，还可以帮助节目建立独特的品牌形象。在这种情境下，主播的个人魅力与节目的成功紧密相连。随着 AI 等新兴技术的应用，新闻主播面临着前所未有的挑战。但这也为他们提供了一个机会，通过凸显自己的个性和风格，来增强自己的品牌价值。从这个角度看，拥有独特个性的新闻主播可以被视为一种 IP，他们的存在为节目增添了吸引力，创造了更多的价值。

（三）精确角色定位，强化个人优势

广播电视是思想文化的核心舞台，其中的播音员和主持人，作为信息的中继者和观念的呈现者，需对自身的角色有明确的认知，并持续深化政治认知和提高专业修养。他们应当成为深入挖掘信息的“探索者”。随着人格化的发展，新闻评论展现了更高的水准，同时促进了更加个性化、独特且深入的观点在更广阔的平台上的展示，为传播主体带来了更为珍贵的品牌附加值。在过去，许多新闻评论对于问题的分析往往仅停留在表面，言之无物。然而，随着人格化的加深，传播者现在可以将更

多的个人观点和特色思考融入所传递的信息中。

在当今的数字化时代，网络新媒体上充斥着大量的同质化和简化信息。这种背景下，深入探索事件的复杂性，寻求背后的原因和核心问题，进行深层次的信息分析，无疑为新闻主播提供了显著的竞争优势。技术进步带来了 AI 新闻主播，但其固有的技术特性意味着其在新闻播报中的能力被局限于直接读取文字，仅停留在信息的表层。这与传统的新闻主播形成鲜明对比，后者不仅能够传达信息，还能深入思考、评估和重新组织内容。简而言之，尽管 AI 新闻主播可以快速传递信息，但它无法提供对新闻内在价值的深入思考和解读。

新闻传播的核心价值在于揭示事件背后的真正含义，反映现实的社会问题，激发公众的思考，并传达正确的价值观念。这要求新闻主播不仅要有对事件的全面了解，还需要进行深入的探索、全方位的思考，并持有明确的价值观。这种深度和复杂性是 AI 新闻主播所欠缺的。人类的思维、情感和智慧为新闻增加了深度和丰富性。为此，新闻主播需深化对信息背后的附加价值的解读能力，深入探索内容，具有战略眼光，强化重点，以便传递更有价值的观点，提升节目的深度和水平。

广播电视是党的重要思想文化阵地，新闻主播作为内容传递者和思想表达者，面临着巨大的责任。党的新闻舆论工作的方向和要求，即坚持正确政治方向，坚持以人民为中心的工作导向，尊重新闻传播规律，创新方法手段，以及提高党的新闻舆论传播力、引导力、影响力、公信力。这为主流媒体中的新闻主播提供了明确的行动指南。我国新闻事业始终是党的事业的一部分。作为党和国家的喉舌，新闻主播的角色不仅仅是信息的发声人，更是社会舆论的引领者。在这样的重要职责之下，新闻主播不仅要具备丰富的专业知识，还要有高度的政治敏锐度和政治觉悟。这种敏锐度和觉悟是人的内心和思想的反映，是世界观、人生观、价值观的综合体现。相比之下，AI 新闻主播无疑具有一些技术优势，但由于其固有的技术局限性，它不具备人的情感、思维和判断力。在某些简单的信息传递中，它可能效果出众，但在需要深度分析、批判思考和情感交融的场合，它的表现就显得相对单一和浅薄。当涉及复杂的舆论环境和敏感的社会议题时，传统的新闻主播具有更强的优势。他们能够根据自己的理解和判断，对事件进行深入分析，明确自己的立场，并为公众提供有深度的见解和指导。例如，《新闻联播》中，在面对中外冲突中，康辉用“令人喷饭”等金句，适宜地把握了舆论导向，又表达了中国立场。这一点是AI新闻主播难以做到的。再如，康辉在一则关于中美贸易战的新闻中，播出了中国态度、中国气势，明确体现了对于美国挑起的贸易战，中国必将坚定信心、迎难而上、化危为机。相比之下，一个没有情感、思维和判断力的AI新闻主播在处理这样的新闻时，可能会缺乏深度和力量。它只能按照编程的逻辑和规则进行操作，无法真正理解事件的背后含义，更无法为公众提供有价值的见解和指导。

（四）利用媒介特征，深度互动交流

随着全媒体的崛起和新媒体传播模式的演变，主持人的功能与互动空间正在经历一场转型。例如，康辉的Vlog被认为是传播主体人格化的一个突破。在互联网技术的推动下，观众开始追求更加真实、互动的交流方式，希望能通过网络与主持人、播音员实现更真实的双向沟通。因此，新闻主播不仅需要在“舞台上”展现出色，还需要在“舞台后”拥有出色的互动能力。社会学家戈夫曼曾用戏剧表演来比喻人们在日常生活中的社交互动，并将这种互动的不同场景称为“前台”和“后台”。[①] 对于新闻主播来说，“前台”代表了他们在节目中的表现，如语言表达、情感投入等；而“后台”则代表了他们与观众的实际互动，如借助社交媒体进行的交流。在这种模式下，主播不仅要在节目中呈现出专业和充满魅力的一面，还需要在节目之外与观众建立真实的连接，展

① 戈夫曼．日常生活中的自我呈现[M].2版．冯钢，译．北京：北京大学出版社，2022：52.

现真实的自己。

在广播和电视传播领域，新闻主播为观众呈现的形象往往是高度职业化的，体现出了其专业性，这是公众形象的“前台”展示。这种展示虽然反映了主播的专业技能和风格独特性，但往往缺乏对其真实日常生活和情感的呈现。新媒体的出现，特别是社交媒体平台，为新闻主播提供了一个展示其“后台”生活的舞台，使观众能够看到其真实的、非职业化的一面。随着新媒体的普及，这种传播模式正在改变。新媒体打破了传统的信息传播方式，为信息传播者提供了一个可以自由展示自己“后台”生活的平台。这种传播方式促进了新闻主播与观众之间的深度互动。例如，前央视主持人李小萌通过运营新媒体账号，为观众展示了其日常生活和与女儿的亲子互动，这些内容在传统电视媒体中是难以看到的。这种新媒体传播方式不仅为新闻主播提供了一个展现自己多样化形象的平台，还加深了他们与观众之间的联系。同样，主持人潘蓉通过小红书平台分享了主持人的日常生活，如服饰、化妆技巧和幕后花絮，吸引了大量的粉丝。这些内容不仅为观众提供了有趣的信息，还加强了他们与主播之间的联系，使观众能够更深入地了解和接触到主播的真实生活。因此，为了适应这种新的传播模式，新闻主播需要充分利用新媒体的优势，展示其真实的、非职业化的一面，加强与观众之间的互动。这可以加强他们与观众之间的深度交流，拉近他们与观众的距离，从而提高其在观众中的影响力和公信力。

二、新闻主播的专业能力重塑

AI 新闻主播的出现，给那些安于现状、业务能力较差的主播敲响了警钟，在人工智能的大背景下，一定会淘汰业务能力较弱、不思进取的新闻主播。因此，若要在话筒前留有一席之地，传统新闻主播要顺应时代发展的潮流，坚持以人为核心的理念，转变思想观念，提升采编播一体化能力，做一名合格且优秀的播音员、主持人。

（一）坚持以人为核心，人机协同发展

在新媒体领域，伴随技术进步和社会变迁，彭兰教授指出新媒体存在三大特征：万物皆媒、自我进化、人机共生。[①] 这三大特性共同构建了一个前景，即传媒业与智能技术将不断进行交互合作。这种趋势标志着未来的传媒行业将会深度依赖 AI 技术，从而更加高效地实现新闻的生产、传播和表达，推动以人为核心的人机协同发展。在传播领域，人与技术的协同模式被认为是新闻播报的新趋势。在技术的赋能下，AI 新闻主播显现出其独特的优势：能够准确无误地传递信息，全天候在线，提供 24 小时不间断的新闻服务，并且大幅度降低播报成本。然而，这并不意味着传统的新闻主播将完全被取代。相反，传统新闻主播在新闻传播中具有不可或缺的价值。他们能够深度解读新闻事件的内涵，具备在突发情况下随机应变的能力，成为舆论场的风向标，并且能够依托真实情感进行有力的新闻表达。这些都是 AI 新闻主播在现阶段所无法实现的。因此，未来的新闻播报不应是一个“非此即彼”的选择，而应是一个双方协同、互补的模式。传统的新闻主播依然是新闻传播的核心力量，而 AI 新闻主播则在某些领域起到辅助作用。这样的协同模式不仅能确保新闻传播的质量和深度，还能大幅提高新闻传播的效率和范围。这种整合传统与现代、人与机器的协同发展模式，无疑为新闻传播领域带来了新的机遇和挑战。

例如，AI 新闻主播可以为一些对于有声语言没有过多需求的受众服务。在传统的新闻节目中，左下角会有手语主播进行翻译，对于那些听力有障碍的受众，就可以用 AI 新闻主播来为他们服务。2022 年 11 月 24 日，央视 AI 手语主播首次现身，为听障患者提供服务。再者，生活在互联网时代，有大量的信息还没有被挖掘，AI 新闻主播可以利用

① 彭兰．场景：移动时代媒体的新要素 [J]. 新闻记者，2015（3）：20-27.

技术优势，对海量信息进行分析提取，传统新闻主播则对有价值的信息进行分析，用二者的合作来保证信息的广度与深度。

（二）思维革故鼎新，引领智媒时代

传统新闻主播要成为智媒时代的引领者，不仅需要跟随时代的步伐，而且需要挑战传统思维，突破既有的观念限制，积极接纳并应用新兴技术，确保科技为其传播活动带来优势。此外，他们对于受众的态度也应发生根本性的变化。在智媒时代，观众不再是被动的信息接收者，而是主动的信息寻求者和参与者。因此，新闻传播者应该转变自身传统的服务模式，更多地从用户的角度思考，坚持以用户为中心的原则，深入了解并满足用户的多样化需求，从而提升自身传播活动的服务价值。

例如，《新闻联播》作为中国的主流新闻节目，近年来已从其一贯的严肃、正式的风格转向更加贴近大众的情感和日常生活的表达。2014 年 1 月 1 日的节目结尾以一种温馨、富有情感的方式结束："朋友们都在说，2013 就是爱你一生，2014 就是爱你一世，那就让《新闻联播》和您一起传承一生一世的爱和正能量吧！"这种转变并非偶然，而是基于对时代变迁和受众需求的深入洞察。此外，《主播说联播》这一创新性节目，进一步展现了新闻报道的转型。该节目不仅在内容和叙事结构上进行了创新，而且在语言表达上也进行了尝试，采用了更加年轻、口语化的方式来呈现新闻，使其更具吸引力。与《新闻联播》的正式、权威风格形成鲜明对比，《主播说联播》以其轻松、接地气的传播方式，成功吸引了大量年轻受众。这些变化背后，揭示了一个更深层次的趋势：在智媒时代，新闻主播和媒体机构正与数字科技和受众需求更为紧密地交融。新闻播报，不再仅仅是传达事实，而是需要与受众建立情感连接，传达更加丰富、多元的信息。这就要求新闻主播不仅掌握专业知识，还具备对社会文化、受众心理的敏锐洞察力。

（三）提升应变能力，提高业务水平

在新闻播报领域，面对不断变化的信息环境和复杂的现场情况，播音员和主持人的应变能力成为其核心职业素质之一。特别是在直播或突发新闻事件中，他们不仅需要迅速反应，还必须确保信息的准确性和连贯性。与此相对照，AI新闻主播在处理未知或突发信息时的局限性显而易见。尽管其可以高效、准确地传达预设内容，但在应对突发状况或进行即时交互时仍然显得无能为力。

在新闻播报的现场，每一次与观众的互动、每一次对突发事件的处理，都是对播音员和主持人专业能力的考验。这不仅涉及其在播报技巧上的熟练程度，更关乎其对于新闻背后复杂情境的深入理解和即时判断。因此，广泛的知识储备和文化修养是他们必备的职业素质。只有具备深厚的知识储备和文化素养，才能使他们在面对各种问题时有话可说，并确保所说内容既准确又有深度。此外，对于新闻内容的全面掌握和对节目走向的清晰了解也是播音员和主持人在直播时确保其流畅进行的关键。这不仅可以帮助他们在必要时进行即时的调整和变通，还可以确保在遇到技术故障或其他突发状况时，节目仍能继续进行，最大限度地满足观众的期望。但这种专业素质并不是一蹴而就的，而是需要播音员和主持人在日常工作中不断地学习和积累。这包括但不限于对节目内容的深入研究、对相关领域知识的不断补充，以及对自己过去工作的反思和总结。通过这种持续的努力，他们才能确保自己在新闻播报的舞台上始终保持最佳状态，为观众提供准确、流畅、有深度的新闻内容。

在2007年《欢乐中国行》的元旦特别节目中，董卿向全国观众展现了“金色三分钟”。当距离节目正式结束只有短短几分钟时，导播室传来消息，节目出现了时间空档。而在董卿尝试填补这个空档时，时间指示又发生了变动，从最初的两分半，变为一分钟，再次变回两分半。面对这样的突发情况，董卿并未慌乱，而是稳定地、有条不紊地进行了

节目的总结，完美地完成了这一难题。这充分展现了她在现场的临场应变能力和专业素养，而这是目前的 AI 新闻主播所难以企及的。央视的何岩柯在 2017 年的一次直播中也遭遇了突发状况，他成功地完成了多重任务：新闻播报、实时翻译以及与现场记者的连线。这不仅仅是他的专业素养和经验的体现，更重要的是，这也展现了他对于突发事件的出色的应对能力和深厚的知识背景。这些实例都再次证明了，尽管技术在新闻领域的应用越来越广泛，但人类新闻主播所拥有的独特性和报道深度仍然是无法被替代的。

（四）采编播一体化，成为复合人才

在新闻领域中，主播的角色正在经历一个深刻的转变。过去，新闻主播主要负责呈现已经被选定和编辑的内容，而在智媒融合的当下，主播需要具备跨界的能力，融合采集、编辑和播放的功能，这是对传统新闻主播职能的重新定义。这种转变的背后，是技术和市场的双重驱动。技术使得信息的采集、处理和传播更加便捷，市场则要求新闻主播能够迅速响应，提供更为丰富和有深度的内容。

新闻主播作为信息的中介者，传统上负责将新闻传递给公众。然而，在数字化和智能化的背景下，他们需要具备更多的技能和知识，以适应媒体的变革。这意味着新闻主播不仅要掌握新闻的基本技能，如采访、编辑和播放，还需要理解新的技术工具和平台，以及如何在其中创造有价值的内容。在信息爆炸的时代，提出具有深度和见解的问题是一种宝贵的能力。这要求新闻主播不仅具备丰富的知识和敏锐的洞察力，还能够与受访者建立深度的连接，从而获得更为深入和有见地的答案。

此外，新闻主播还需要掌握数字技能，如数据分析和可视化，以及如何使用新的媒体工具，如社交媒体和移动应用，从而进行新闻传播。这要求他们理解新技术如何影响新闻生产和传播，探索如何使用这些技术提供更为丰富和有吸引力的内容。同时，新闻主播需要具备跨学科的

知识和能力，如心理学、社会学和文化研究，以便更好地理解受众的需求和期望，为他们提供更为相关和有意义的内容。

第四节　人工智能时代新闻主播需拓展的能力维度

在传统新闻制作中，主播的语言能力发挥着关键作用，这有助于提高新闻的传播效率和观众体验。然而，随着智媒时代的到来，新闻的传播模式已经发生了巨大的转变，对主播的期望也随之升级。为了适应这一变革，主播需要不断提升自己，以满足现代新闻传播的多样化需求。直播新闻作为一种新兴的传播形式，对主播提出了更高的要求。他们不仅要具备出色的语言表达能力，还需要有强烈的适应能力和判断能力，能够迅速应对直播中的各种干扰和变故。例如，他们需要在短时间内筛选并调整要播报的新闻内容，确保信息准确且有深度。随着智媒技术的进步，新闻播报形式变得多样化，如与嘉宾共同直播、纯口播、图文结合等。主播需要根据不同的播报方式，为观众带来更加亲切、真实的体验。当然，这也意味着主播在直播过程中要能迅速应对突发情况，确保节目的流畅和专业。

一、拓展智媒体融合的播报能力

（一）拓展全媒渠道角色的定位能力

角色定位在社会学和心理学领域中一直是研究的重点，它涉及个体在社会结构中的地位和行为功能。心理学家米德（Mead）的“主我”与“客我”理论为人们提供了一个深入分析角色定位的框架。他强调，人们的行为和意识在很大程度上是由其在社会中的角色所决定的。[①] 这种角色不是一个被动的身份标签，而是一种能够影响和指导个体行为和决策的力量。在传播学的视角下，角色的互动性和双向性变得尤为明显。人们在不同的社交场合中，会根据自己的角色定位来调整自己的行为和表达方式。特别是在公众传媒的背景下，角色的定位对于信息的传递和接收起到了至关重要的作用。

新闻主播作为现代社会的重要信息传播者，其角色定位的复杂性和多元性不言而喻。他们不仅仅是简单地传递信息的媒介，更是新闻的解读者和传播的引导者。因此，对于新闻主播来说，了解并准确地把握自己的角色定位是非常关键的。例如，《新闻联播》和《主播说联播》这两个节目，尽管主持人相同，但由于节目的定位和目标受众不同，其角色定位也有所不同。在《新闻联播》中，主播需要扮演一个客观、中立的角色，对新闻事件进行客观、公正、真实的报道；而在《主播说联播》中，主播则需要展现出自己对新闻事件的独立思考和见解，为观众提供一种更加深入、多角度的新闻解读。这种多元化的角色定位为新闻主播带来了更大的挑战，但同时为他们提供了更多的机会。他们需要灵活地调整自己的角色定位，以满足不同节目和不同观众的需求。这不仅仅是一种技能，更是一种艺术。

在智媒时代，新闻传播的方式和渠道日益丰富，观众的需求和期望也在不断变化。这对新闻主播提出了更高的要求，他们需要不断地学习和进步，以满足这些变化所带来的挑战。其中，对角色定位的准确把握和灵活运用，无疑是他们成功的关键。

《新闻联播》是我国官方新闻发布渠道，是党和政府政策宣传和报道的主要媒介，新闻主播则代表党和政府进行信息的传递。节目自身的定位要求新闻主播必须秉承客观公正的态度，选择规范的发音方式完成

① 米德．心灵、自我与社会[M]．霍桂桓，译．北京：华夏出版社，1999：143.

稿件内容的播报。一方面，新闻主播需要确保播报内容的准确性；另一方面，他们还需要确保播报内容的客观性，不添加任何个人情绪特征。此时，新闻主播的客我占据主体，主我被压制住。《主播说联播》中新闻主播的角色则转换为主我，此时他们代表群众，从群众的角度去进行新闻的评判和分析，发表自己对相关法律政策以及新闻事件的看法，表达群众的期望。此时，新闻主播可以从自己的角度去进行事件的评论和分析，发表自己的看法。在国家政治性事件的报道中，新闻主播要选择通俗易懂的语言去进行事件本质的挖掘和分析，让观众更好地理解党和政府的做法，引导正确的舆论走向。

在智媒的背景下，新闻主播的角色转变和互动变得尤为关键。他们必须灵活地在"主我"与"客我"之间切换，确保与节目的目标和定位相一致。为了满足不同节目风格的要求，主播还需要调整自己的语言表达，选择与节目相匹配的语态。这种多样性要求新闻主播具备出色的语言调控和自我调整能力，以确保节目的传播效果达到最佳。

（二）提升"说＋评＋融"的播报能力

在智媒时代，新闻主播的角色和播报方式正在发生变化。传统上，新闻主播像《新闻联播》那样，通过正式而严肃的方式"播"报新闻，使用严谨的语言和稳定的语调来传达事先准备好的新闻稿。然而，现代观众越来越倾向于主播采用更加亲切、讲述式的方式进行新闻传递，即从"播"向"说"和"评"转变，期待主播对新闻内容提供个人见解和评论。以 2020 年 1 月 5 日的《新闻联播》和《主播说联播》为例，虽然两个节目播报的是同一新闻事件，但主播的表达风格截然不同。《新闻联播》在报道实践二十号卫星成功定点的新闻时，采用了传统的、陈述性的语气，语速较快，且语言平实，无明显的情感变化。相比之下，《主播说联播》中的海霞以更加生动的方式呈现新闻，其所运用的疑问句和感叹句更具亲和力，提高了观众的参与感。例如，她用疑问句引入话题，以感叹句表达对卫星发射团队的敬佩和赞赏，语速较慢，更具情感色彩。这种转变反映了新闻传播方式的演进，从单纯的信息传递转向更具互动性和情感性的沟通方式。主播不仅仅是新闻的传递者，更是观众与新闻之间互动的桥梁，他们的表达方式和个性化评论能够大大提升观众的新闻体验，使新闻更加生动、有趣并且更容易引起观众共鸣。

在智媒时代，新闻主播的角色和传播方式经历了显著的转变。他们不仅需要调整语言表达方式，还需深入理解并运用多样的传播形式，包括非语言表达方式。非语言表达方式在信息交流中起着至关重要的作用。例如，《主播说联播》的新闻主播不仅依赖语言来传递信息，还更多地利用动作、表情和姿势等非语言方式来增强信息的传达效果。这与《新闻联播》主播的传统、保守风格形成对比，后者为了保持节目的严肃性，通常采用更少的手势和表情。在智媒时代，观众期望得到的不再是单一、线性的信息传递，而是更多元、立体的信息体验。新闻主播为了满足这种需求，需要不断提升自己的非语言交际技巧，使播报更加生动和有感染力。同时，AI 新闻主播的出现也为人类新闻主播带来了新的机遇和挑战。虽然 AI 在某些方面的表现可能超越人类，但人类在情感表达、主观判断和深度交流方面仍具有不可替代的优势。因此，新闻主播在这个新时代中不仅要提高自己的语言和非语言交际能力，还需要提高自己的评论和分析能力，使播报内容更具有深度。

智媒时代引领了新闻传播领域的一场革命，尤其为新闻播报方式带来了显著的变化。利用诸如 VR 和 AR 等新技术，新闻主播得以采用更加创新和互动的方式与观众沟通，为他们提供身临其境般的新闻体验。在这种背景下，新闻主播的角色发生了根本转变。他们不再是单纯的信息传递者，而是信息的创造者、解读者和传播者。此外，智媒时代还为新闻主播提供了更大的自由度和选择空间。他们可以根据新闻的内容和形式灵活选择播报的语态和风格，不仅增强了新闻的传播效果，也提升了观众的认同感和满意度。这种多样化的播报方式使新闻内容更加生动、有趣，同时更贴近观众的需求和期望。智媒时代的新闻主播，因此成为连接新闻内容与观众之间的关键桥梁，不断推动新闻传播形式的创新与发展。

习近平同志在《求是》杂志上发表的重要文章《加快推动媒体融合发展 构建全媒体传播格局》中强调了主流媒体的社会责任和影响力，鼓励媒体行业创新传播手段和话语方式。这为新闻主播在智媒时代的角色重新定位提供了理论支撑。《主播说联播》节目是对传统新闻播报形式的创新和突破，它在播报风格上更加口语化和通俗化，增加了新鲜感和幽默感，吸引了更多年轻观众。比如，康辉在节目中运用网络流行语和引用社会热点事件，使得节目内容更贴近年轻人的表达习惯和生活方式，拉近了与观众的距离。在智媒环境中，新闻主播的表达方式不仅更加口语化，而且更具感染力和个性化。他们通过个性化的语言风格和亲和力，展现出与观众更加贴近的形象。与传统新闻主播的官方、书面语言风格形成鲜明对比，智媒时代的新闻主播更能表达个人观点，增强节目的互动性和观赏性。此外，智媒时代的新闻节目还可根据内容需要融入流行音乐，以更好地契合新闻主题，增强情感影响力。

二、拓展智媒体协作能力

（一）拓展信息管理能力

新闻主播需要拥有出色的信息处理和传播技能，以便在有限的播报时间内向观众提供尽可能多的信息，同时确保信息的真实性和准确性。随着互联网技术的飞速进展，社会上充斥着大量多样的新闻信息，这就要求新闻主播在播报前对信息进行精准的筛选和辨别，确保播出的内容是真实无误的。然而，面对如此庞大的网络信息源，选择和鉴别信息的任务变得尤为艰巨。因此，主播需要拥有高超的信息处理技巧，以降低筛选信息的复杂性并增强其新闻报道的可靠性。

1. 信息筛选能力

在新闻传播的现代化进程中，新闻主播的角色逐渐演变，不仅仅是信息的传递者，还是信息的筛选者和解读者。随着互联网和数字技术的日益普及，社会上涌现出了海量的信息资源。在这种背景下，新闻主播的信息筛选能力显得尤为关键，他们需要迅速、准确地从大量信息中挑选出对目标观众有价值的内容，并为其提供清晰、有深度的解读。以高考这一主题为例，这是一个与数百万家庭息息相关的重大事件，每年都吸引着广大人民群众的关注。当新闻主播准备与此相关的报道时，不仅要从教育网站、数字报纸等媒介中获取信息，还要对收集的信息进行深度的挖掘和分析。这意味着主播不仅要收集事实数据，如考试日期、考点分布、录取率等，还需要关注背后的社会影响、教育政策变动、学生和家长的反馈等深层次信息。在这一过程中，信息的来源显得尤为关键。确保信息来源的可靠性是确保报道真实性的前提。通常，政府或相关部门的官方网站会被视为较为可靠的信息源。但除此之外，新闻主播还需要关注学术研究、教育专家的观点，以及其他权威机构的报告，以确保所提供的内容具有深度和广度。

考虑到现今社会中信息的多样性，新闻主播在筛选信息时还需要具备跨学科的知识和敏锐的判断力。例如，高考不仅仅是一个教育问题，它还涉及社会学、心理学、经济学等多个领域。因此，新闻主播在处理与高考相关的报道时，需要具备跨学科的视野，将各种信息融合在一起，为观众提供一个全面、多角度的视点。此外，新闻主播在筛选信息的过程中，还需要注重信息的实用性。对于观众来说，他们不仅仅关心高考的大趋势和背后的政策，更关心与自己息息相关的实用信息，如考试技巧、志愿填报建议等。这就要求新闻主播在筛选信息时，既有宏观的视角，又有微观的关注。

2. 信息甄别能力

在当今社会，信息的传播速度之快，使得新闻报道的及时性成为一个核心要求。与此同时，信息的真实性、准确性和深度同样尤为重要。新闻主播，作为信息的传播者，其信息甄别能力直接影响到新闻的质量和公众对媒体的信任度。信息筛选只是新闻报道的第一步，真正的挑战在于对筛选出的信息进行甄别，从而确保报道内容的真实性和客观性。这一过程需要主播进行深入的调查和研究，对每一条信息的来源和内容进行严格的审核。在此基础上，还需要对信息的价值和意义进行分析，从而为公众提供有深度和价值的报道。

信息甄别能力并不仅仅是对事实的核实，更为重要的是对事实背后的价值和意义进行甄别。在新闻报道中，经常会出现对同一事件的不同解读和评论，这就需要新闻主播具备高度的判断力和分析能力，从而为公众提供有深度和价值的报道。信息甄别的过程也受到主播的知识文化水平、经验和思维能力等因素的影响。一个具备较高知识文化水平和丰富经验的主播，其对信息的甄别能力往往更为出色。因此，新闻工作者在进行报道前，不仅要对信息进行深入的甄别，还要不断提高自己的知识文化水平并积累经验。

新闻报道的真实性和客观性不仅仅是新闻工作者的职责，更是其对公众的承诺。在信息爆炸的时代，公众对新闻的信任度直接影响到媒体的公信力和影响力。因此，新闻工作者必须秉持真实性原则，对每一条信息进行深入的甄别，确保报道的真实性和客观性，从而为公众提供有价值的信息。

3. 信息整合能力

在当今的数字化时代，新闻的传播和接收方式正在经历前所未有的变革。随着各种媒体和平台的迅猛发展，信息来源变得更加丰富和多样。在这种情境下，新闻主播的任务不仅仅是传递信息，更重要的是对不同来源的信息进行整合和解析，从而为公众提供一个全面、深入的新闻报道。信息整合能力是新闻主播在这一变革中所必须具备的关键能力。它要求主播不仅能够迅速捕捉到各种来源的信息，还能对这些信息进行深入的分析，找出它们之间的逻辑关系。这一过程需要主播具备丰富的知识、敏锐的洞察力和出色的分析能力。以中央电视台主持人邹韵为例，她在主持《环球视线》节目时，展现出了出色的信息整合能力。她不仅能够迅速捕捉到各种来源的信息，还能对这些信息进行深入的分析。这种报道方式不仅仅是对事实的陈述，更为重要的是对事实背后的意义和价值进行解读。通过她的报道，公众不仅可以了解到新闻事件的事实，还可以从不同的角度和层面深入了解事件的背景、原因和影响。邹韵的英语口语水平和业务能力也为她的报道增添了深度和拓宽了广度。在全球化的时代，新闻事件往往涉及多个国家和地区，这就要求主播具备开阔的国际视野和优秀的跨文化沟通能力。邹韵通过她的英语口语和业务能力，为公众提供了一个国际化的新闻视角，从而使她的报道更加全面和深入。

（二）拓展综合素养水平提升的能力

1. 提高与时俱进的政治素养

新闻机构往往与国家的政治体系紧密相关，它们不仅仅是为了报道事实，更多的时候是为了传达一种观念、一个观点。因此，新闻传播不仅要服务于政府，还要服务于广大人民。在这样的背景下，新闻主播的政治素养就显得尤为重要。他们不仅要有对国家政策和方针的深入了解，还要具备科学的眼光和正确的价值观，这样才能确保其报道内容既符合国家的政策和方针，又能真实反映社会现实，满足广大人民的信息需求。新闻主播的政治素养并不是一成不变的，它需要随着时代的进步而不断提高。这包括对党性原则的坚守、对政策观念的深入了解、对思想作风的培养以及对道德修养的提高。只有这样，新闻主播才能准确把握时代的热点，推动其新闻播报水平的不断提升。

新闻主播的政治素养也决定了其对新闻事件的解读深度。在当今的信息爆炸时代，新闻事件层出不穷，而如何对这些事件进行深入、全面的解读，使其既有新闻价值，又符合国家的政策和方针，考验着新闻主播的政治素养。中国每年的两会是国家的重要政治活动，也是新闻主播展现其政治素养的重要时机。两会上，各个民族和地方的代表齐聚北京，探讨国家的各个领域的发展情况。在这样的背景下，新闻主播不仅要对两会的内容有深入的了解，还要客观、真实地对其进行报道和解读。这不仅需要新闻主播有深厚的政治背景知识，还要有敏锐的新闻嗅觉和高超的分析能力。

中央电视台财经频道的主持人龙洋，曾担任文博知识竞答节目《中国国宝大会》的主持人。2021 年两会期间，她在《第一时间》的“龙洋说两会”这一专题节目中为观众带来了五天的深度分析。在她的引导下，节目不仅深度探讨了财经核心议题，还涉猎了高端的数字化技术进展，这足以显现其卓越的政治敏锐性与素养。在节目中，龙洋的穿着考究，以明亮的色调为主，展现了专业与时尚的完美结合。她以轻松自如的主持风格，精准地控制着节目的节奏。在对两会内容的解读上，她做到了既深入又易懂，完全没有刻意模仿或机械重复，使得节目具有高度的观赏价值。龙洋以其专业与魅力赢得了广大观众的喜爱，迅速在公众心中树立了一个知性、独具风格和全面发展的主持人形象。

新闻主播的思想道德品质是其核心素质之一，不容忽视。在公共舞台上，优秀的新闻主播往往展现出正向、积极的引导者形象。这种屏幕上所体现的正直和美好，是主播赢得观众情感认同和追随的关键。电视观众渴望看到的是在思想上积极向前、在道德上高尚无瑕的舆论领袖，他们希望这样的人物能集真实、善良和美好于一身。毫无疑问，思想和道德品质是决定这一形象的主要因素。没有人会希望看到一个思维不健康、道德沦丧、行为失范的人在公众场合露面，尤其当这个人是一个新闻主播，一个被众人尊重并愿意效仿的公众人物。强大的思想和道德品质不仅有助于塑造和维护主播的公众形象，更是其在公共和私人场合始终保持一致的保障。

2. 增强感同身受的社会责任感

人类作为群居生物，处于特定的社会结构中，与周围的人和环境联系在一起，而非孤立存在。这种相互作用与交流，使得社会中的个体和事件构成了一个紧密相连的网络。换个角度看，没有社会的支撑，个人难以独立生存，而这种对社会的依赖也塑造了人们深厚的社会责任感。只有当每个人都具有这种责任感时，社会才可能更加繁荣与和谐。

人的社会责任感主要体现在三个层面：坚持真理、坚持实践主义、甘愿为他人奉献和牺牲。对新闻主播而言，强烈的社会责任感能助其更深入地挖掘民众关心的事件，更加真诚地为人们提供服务，并勇于维护社会正义。作为面向公众的传媒人，新闻主播应时刻秉持这种责任感，无论是在屏幕前还是生活中，都关心社会动态与民众生活。在进行电视报道时，更应关心那些弱势群体，同时传递正面的社会价值观，为观众提供正向的引导，从而营造一个和谐、正面的社会氛围。例如，2021 年“7・20”郑州特大暴雨事件，很多主播不仅及时报道了灾情，更在其个人能力范围内为受灾人民提供援助，体现了他们对社会的强烈责任感。这种报道方式使广大观众能够直观地感受到灾害的严重性，同时能够感受到新闻主播对受灾人民的深切关心与支持。

新闻主播，作为公众人物，其社会影响力不可小觑。他们的态度和行为往往直接反映在对群众的情感上，并影响其行为决策。新闻主播的社会责任感，通过节目传递到全社会，成为对社会道德观念的正向引导。这种引导有助于人们建立正确的道德观念，提高人们的道德水平和文化素养。

（三）拓展对播报内容的情感共鸣能力

在智媒时代背景下，新闻主播的角色已经远远超越了单纯的信息传递者，其在新闻传播中的地位，更多地体现为解读者、评论者，乃至与观众的情感连接者。主播对新闻场景的解读、对事件的洞察和评论，不仅是新闻报道质量的关键，也是节目与观众之间情感连接的桥梁。在数字化、智能化技术的推动下，新闻传播模式正在发生深刻的变革。与传统新闻节目相比，现代新闻不再仅仅满足于“字正腔圆”的播报方式。新闻主播需更为灵活地配合节目制作，而非仅仅依赖于预设的脚本。他们必须学会运用自身的语言魅力，与观众产生情感的共鸣，从而提高节目的观赏性和互动性。

在此背景下，语言魅力不再仅仅是主持技巧，而是更多地体现为主持人与时俱进的认知能力和对社会现象的深入洞察。这种兼具深度和广度的认知，使得主持人能够更为精准地捕捉到社会脉动，从而与观众产生更深层次的情感共鸣。而这种共鸣，正是现代新闻节目所追求的最终效果。此外，主持人的专业能力和风格也是获得受众认可的关键。他们在节目录制过程中，不仅要确保信息的客观真实，还要根据新闻现场的实际情况，灵活调整自己的语言风格和表达技巧。这种即兴的、有情感的新闻播报方式，能够更好地引起观众的共鸣。

为此，新闻主播需要具备敏锐的情绪调控能力，确保其在报道过程中始终保持大方得体又具有亲和力的语言风格。更进一步，他们还需把握智媒体新闻节目的独特风格，以及在语言表达上的恰到好处的“分寸感”。这不仅仅是技巧的体现，更是新时代新闻主播对人文精神的传承和发扬。

在智媒体新闻的制作背景下，内容的呈现和创造过程愈加接近电影制作的模式，其中，为主持人或演员提供的脚本只是内容制作的初始部分。这一转变要求新闻主播不仅深入掌握新闻的实质内容，还需熟知拍摄流程，以便更好地进入角色。这种转型对于习惯于传统新闻节目流程的主持人来说，无疑是巨大的挑战，因为他们需要拥有丰富的经验和扎实的基本功，以确保在前所未有的全景摄影技术面前，依然能够进行流畅、自然的即兴表达。随着 VR 技术的广泛应用，新闻主播面临的场景愈加丰富和多变。在这样的背景下，他们不仅要能够随机应变，还需通过真实、自然的反应，帮助观众产生身临其境的沉浸感。这种即兴的表达方式，虽然显得自由和不受拘束，但主持人作为新闻传播的载体，其所传达的内容仍需保持权威性。因此，主持人在即兴表达时，仍需遵循严格的语言规范，确保逻辑严密，维护新闻的完整性和权威性。为了在智媒体新闻节目中取得成功，主持人需不断地进行实践与反思，不仅要找到与受众产生共鸣的最佳表达方式，还要努力塑造自己独特的主持风格。这意味着，他们需要在实际拍摄中不断积累经验，关注并收集受众的反馈，以此为基础，进一步提高自己的即兴表达能力。

三、拓展先进技术的应用能力

（一）熟练应用智能技术生产新闻的能力

随着智能技术的迅速发展，新闻传播行业正在经历前所未有的转变。智能技术的广泛应用不仅为新闻传播带来了效率和质量上的提升，也引发了对新闻传播本质和传统角色的深入反思。在此背景下，未来的新闻传播中心不再仅仅是传统意义上的人类记者或主播，而是可能涉及各种智能主体，包括机器人和其他智能化设备。尽管如 AI 虚拟主播这样的技术展现了未来新闻播报的无限可能性，但这并不意味着人类新闻主播的角色会被边缘化。相反，这种技术的崛起更强调了新闻主播在新闻生产中的独特价值和不可替代性，尤其是在全方位的新闻采集和生产链中。这要求新闻主播不仅具备传统的新闻采集和播报能力，还应掌握智能技术的交互和应用能力，确保信息的准确性和权威性。

信息采集在新闻生产中的地位尤为重要。例如，新华社采用的“快笔小新”机器人，能够自动撰写体育和财经相关的新闻稿件，这一创新无疑大大提高了新闻生产的效率。但与此同时，这也提出了一个问题：智能终端的介入将如何影响新闻的质量和公信力？这需要人们重新审视新闻生产的流程和标准，确保智能技术的应用能够为公众提供真实、准确和有深度的新闻内容。

（二）熟悉采用智能技术进行信息采集的能力

在传统新闻的数据生产过程中，数据的采集、记录和检索多依赖于人为的努力。这通常要求新闻主播亲自赴现场收集信息，或通过联系内部消息源获得关键线索。这种方法不仅效率低下，而且有时可能导致对关键信息的遗漏。然而，随着智能技术的进步和应用，新闻数据的获取和处理方式正在发生深刻的变革。现代技术使新闻主播能够轻松地通过网络进行实时信息搜集，利用大数据技术深入挖掘和分析这些信息。例如，清博大数据和数说故事等工具为新闻主播提供了强大的数据查询和分析功能。这些工具背后的实现原理是构建庞大的数据库，汇集和存储互联网上的各种信息。接着，应用大数据分析技术对这些信息进行筛选、提取和整合，以满足新闻制作的需求。为了扩大数据库的数据覆盖范围，各种数据平台都在努力提高其开放性和共享性。这不仅丰富了数据库中的内容，而且进一步促进了大量原始数据的整合和利用。这种技术和策略的融合，为新闻主播提供了更为丰富和准确的数据来源，从而确保新闻内容的客观性和准确性。

在智媒时代，新闻主播面临着对海量数据的高效处理与分析的挑战。为应对这一挑战，利用数据分析工具成为新闻工作者的基本技能。更为关键的是，随着技术的进步，数据的来源和采集方式也正在发生变革。其中，传感技术的应用尤为引人注目。传感器，原本在工业控制等领域得到广泛应用，以其对微妙信息变化的精确感知而著称，如今也逐渐被引入新闻传媒领域。通过传感技术，新闻主播和记者能够获取过去难以触及的精准数据，从而确保报道的科学性和准确性。此外，传感技术的应用也在提升新闻传播的自动化与智能化程度，为报道降低成本，提高效率。随着传感技术的不断发展和成本的降低，其在新闻行业的应用将越来越广泛。这不仅将丰富新闻报道的数据来源，提高报道的多元化程度，还可能引发新闻主播和记者的思维方式的变革。在这样的背景下，掌握并运用传感技术将成为新闻主播和记者的核心技能之一，为他们在智媒时代的新闻报道提供坚实的技术支撑。

第五节　人工智能环境下新闻主播的转型策略

智媒的应用给新闻主播带来了较大的挑战，也给他们带来了较多的机遇。不同的新闻传播平台，对新闻主播角色的定位和语态要求也不同，因而呈现出较强的多元化特性。因此，新闻主播必须紧跟时代发展的步伐，改变思想观念，掌握多种播出语态，从而确保播出效果满足不同平台群众的需求，更好地展现自己的专业化水平，提高在群众中的公信力和影响力。

一、提高共融发展意识，引领智媒时代

（一）加强网感，重塑角色理念

对于新闻主播，语言是他们传达思想的关键工具。要做到充分利用新媒体的优势，他们需要更新自己的观念。根据新媒体的特点，新闻主播应该调整自己的角色定位、语言和风格。目前，很多新闻主播仍然沿用传统的严肃播报方式，这使他们显得过于正式，可能难以与观众产生有效的互动，导致在新媒体环境下观众的满意度下降。因此，新闻主播

需要不断更新自己的思维方式，更好地适应新媒体的需求。

首先，新闻主播需要拓展新媒体理念，真正深入理解智媒的重要性。智媒不仅仅是一个信息传播的工具，更是一个全新的传播生态，涵盖了社交、互动、数据分析等多个维度。在这个生态中，信息的传播方式也发生了根本性的变化，不再是单向的、被动的，而是双向的、主动的。因此，新闻主播需要不断探索和学习，了解智媒时代信息的传播规律，提高自己的技能水平，使自己能够更好地适应这个新的传播环境。新闻主播在选择语言和语态时，需要根据智媒平台和节目的特点来进行调整。不同的平台和节目有不同的受众群体，因此新闻主播需要根据这些特点来选择合适的语言和语态，确保信息能够准确、有效地传达给受众。如果是一个针对年轻人的节目，那么新闻主播可以选择更加轻松、幽默的语言和语态；如果是一个针对中老年人的节目，那么新闻主播则需要选择更加正式、稳重的语言和语态。新闻主播还需要根据时代的发展和节目的定位来调整自己的职业规划。在智媒时代，新闻主播不仅仅扮演着一个传播信息的角色，他们还需要承担起引导社会舆论、传播正能量的重要责任。因此，新闻主播需要明确自己的角色定位，根据自己的特长和兴趣，选择合适的发展方向。如果新闻主播擅长数据分析，那么他可以选择成为一个数据新闻主播；如果主播擅长社交互动，那么他可以选择成为一个社交媒体主播。新闻主播在智媒环境中，还需要找到自己的准确定位。在这个信息爆炸的时代，受众面临着信息过载的问题。对此，新闻主播需要找到自己的特色和亮点，使自己在众多的信息中脱颖而出。这不仅仅是为了吸引受众，也是为了传播更加有价值、有深度的信息，为社会创造更大的价值。

其次，新闻主播需要提高以人为本的服务意识。在传统媒体时代，受众往往是被动地接收信息，他们对于新闻的选择权有限。但在智媒环境下，这一情况发生了根本性的变化。受众可以根据自己的兴趣和需求，自由选择想要收听或收看的新闻内容。这意味着，新闻主播不再是单一的信息传播者，而是需要成为受众的服务者。他们需要充分尊重受众的需求，从受众的角度出发，传播新闻。为了更好地满足受众的需求，新闻主播需要不断地挖掘和了解受众的兴趣和期望。这不仅仅是对新闻内容的挖掘，更是出于新闻传播方式、语言风格、节目形式等多个方面的考虑。例如，对于年轻受众，他们可能更喜欢轻松、幽默、有趣的新闻内容和形式；而对于中老年受众，他们可能更喜欢正式、权威、深入的新闻内容和形式。因此，新闻主播需要根据不同的受众群体，调整自己的传播方式和内容，确保能够满足受众的多样化需求。此外，新闻主播还需要不断提升自己的服务意识。在智媒时代，受众的选择权大大增强，他们可以随时切换到其他的新闻平台或节目。因此，新闻主播需要不断地提高自己的服务质量，确保能够吸引和留住受众。例如，《主播说联播》这样的节目，就是一个很好的例子。该节目从民众的角度出发，采用通俗易懂的语言，营造了一个轻松、个性化的氛围，深受受众的喜爱。

与传统的单向传播模式不同，交互传播强调的是双向的，或者多向的信息交流。在这种模式下，受众不再是被动的信息接收者，而是可以主动参与信息的传播和交流。这为新闻主播提供了一个与受众直接沟通和交流的机会，使他们能够更好地了解受众的需求和期望，从而提供更加贴近受众的新闻内容。首先，通过加强与受众之间的互动和交流，新闻主播可以有效提升新闻节目的社会影响力。与此同时，通过与受众的互动和交流，新闻主播可以更好地了解受众的反馈和建议，从而不断优化自己的新闻内容和传播方式。其次，通过加强与受众之间的互动和交流，新闻主播可以从中获取更多的创新思路和灵感。在与受众的交流中，新闻主播可以了解到受众的不同观点和看法。这为他们提供了一个全新的思考角度，使他们能够更好地优化和创新自己的新闻内容。同时，通过与受众的互动和交流，新闻主播可以获取更多的实时信息和资讯，能够更好地把握新闻的热点和焦点，提供更加及时和准确的新闻报道。最后，通过加强与受众之间的互动和交流，新闻主播还可以从中获得更多的成长机会。在与受众的交流中，新闻主播可以了解到自己的不足和缺陷，从而不断地反思和完善自己，提高自己的专业水平和服务质量。同时，在与受众的互动和交流中，新闻主播还可以获得更多学习和交流的机会，能够更好地与同行交流和合作，不断地提高自己的综合素质和能力。

（二）突出个性，提升“流量”吸引力

在互联网时代，流量已逐渐成为各大平台及内容创作者所追求的核心指标，它不仅代表了受众的关注度，也与经济收益和社会影响力紧密相连。对于新闻主播而言，如何在这样的背景下优化自身，以更好地吸引流量，显得尤为关键。在智媒环境下，受众的选择权显著增强，他们拥有更大的自主性，可以根据个人兴趣和需求，自由选择想要接触的内容。这种变化意味着新闻主播的角色也在发生转变，他们不仅是信息的传播者，还需要成为与受众建立联系的纽带。因此，新闻主播的个性化水平和独特的播出风格变得尤为重要，这可以确保他们在众多的节目和视频中具有较高的辨识度。为了适应这种变化，新闻主播需要进行一系列的自我优化。深入了解受众，确保内容与受众的兴趣和需求相匹配，是其中的关键一环。这不仅涉及新闻内容的选择，还包括新闻的传播方式、语言风格、节目形式等多个方面。每位新闻主播都具有自己的特点和优势，他们需要依托这些特点，形成自己独特的播出风格。在智媒时代，新闻主播的角色不仅仅是传播信息，更需要与受众建立深厚的联系。这需要他们不断地提高自己的服务质量，确保能够吸引和留住受众。与此同时，通过与受众的深度互动，新闻主播可以更好地了解受众的反馈和建议，从而不断优化自己的新闻内容和传播方式。此外，新闻主播还需要不断地提高自己的创新能力，确保自己的内容和形式都能够与时俱进。在与受众的交流中，新闻主播可以了解到受众的不同观点和

看法，这为他们提供了一个全新的思考角度，使他们能够更好地优化和创新自己的新闻内容。

对于新闻类主播来说，康辉、海霞、朱广权等的转型非常成功。例如，康辉在《主播说联播》中从观众的角度对社会事件进行点评，言辞犀利，评论硬核，受到了越来越多年轻网友的喜爱，成为智媒时代非常突出的主播之一；海霞则将其角色定位为知心大姐姐，在节目中采用邻家大姐的语言交流方式向观众介绍一天中发生的主要新闻事件；朱广权则将其角色定位为段子手，在节目中采用幽默风趣的语言，熟练应用网络流行语，将新闻文本融入段子，获得了广大网友的称赞。他的段子"地球不爆炸，我们不放假，宇宙不重启，我们不休息"被评为当年的网络流行语，充分展现了其个人魅力。而这些段子或者点评均要由新闻主播进行创作，对其个人知识和文化素质水平的要求非常高。因此，新闻主播要不断提高自身文化素养水平，并且勇于付诸实践，从而向人们展现与《新闻联播》中形象不同的一面，提高智媒平台中新闻节目的吸引力和感染力。总之，他们独特的个性使他们吸引了更多的流量，成功完成了在智媒时代中的转型。

在智媒环境中，新闻主播的角色和职责正在经历深刻的变革。随着信息传播技术的快速发展，新闻主播不再仅仅是传统意义上的信息传播者，而是需要在多个平台上进行多样化的内容创作和传播。这种变革为新闻主播提供了更多的机会，但同时带来了更大的挑战。在这种背景下，新闻主播需要具备较强的个性化特点，以便在众多的内容创作者中脱颖而出。这种个性化不仅仅体现在语言表达方面，还体现在选题角度、节奏、副语言等多个方面。只有这样，新闻主播才能够给受众留下深刻的印象，从而提高其视频的播放量。此外，新闻主播还需要加强对新闻播出语体的训练，确保自己的播出语气、语体、用词和节奏都能够与受众产生共鸣。这不仅需要新闻主播具备较强的语言表达能力，还需要不断地进行自我学习和提高，以便更好地适应智媒环境下的传播需求。在播报主题的选择上，新闻主播可以充分利用多元化的信息获取渠道，寻找新闻二次创造的灵感。特别是在网络中比较流行的话题，可以为新闻主播提供更多的创作素材。这不仅可以提高新闻的时代性和新颖性，还可以进一步提高其视频的流量。智媒环境下的新闻传播不再是单向的，而是多向的。这意味着新闻主播不仅需要关注自己的内容创作，还需要关注受众的反馈和建议。只有这样，新闻主播才能够更好地满足受众的需求，提供更加优质的内容。

（三）联动自媒体，提高网络传播力

在智媒时代背景下，新闻传播平台呈现出多样化的趋势，从传统的电视、广播到现代的网络直播、短视频平台，种类繁多。这种多元化的传播环境使得各大平台之间的竞争变得尤为激烈。在这种环境下，新闻主播的角色也发生了深刻的变革。新闻主播不再仅仅是新闻的传播者，而是更多地扮演着信息筛选、解读和传递的角色。新闻主播的个人形象和品牌影响力在很大程度上决定了新闻的传播效果。一个具有高认知度和公信力的新闻主播，能够更好地吸引观众的关注，从而加强新闻的传播效果。为了在众多的新闻传播平台中脱颖而出，新闻主播必须准确把握智媒平台中新闻节目的定位，调整自己的角色定位。他们需要根据不同的平台特点，选择合适的传播方式和风格，确保能够最大限度地发挥自己在新闻传播中的主导作用。目前出现了一个明显的趋势，那就是很多新闻节目都是以主持人的名字进行命名。这种命名方式不仅能够提高节目的辨识度，还能够增强节目与主持人之间的关联性。主持人和节目之间可以形成一种相互促进、相互影响的关系，主持人的名字和节目的品牌可以深度融合，形成一个独特的品牌形象。在智媒背景下，新闻节目的品牌包装显得尤为重要。节目制作方需要不断提高其品牌包装水平，确保能够为主持人和节目创造一个独特的品牌形象。这不仅可以提高节目的观众黏性，还可以进一步提高主持人的社会知名度和节目的社

会影响力。

在具体的实施过程中，新闻主播通过选择多种方式来提高自己的社会影响力。公益宣传是一个很好的选择。通过参与公益活动，新闻主播不仅可以展现自己的社会责任感，还可以获得观众的好感。在自媒体环境下，新闻主播也可以选择在如抖音、快手等主流平台上开通自己的个人账号。这些平台拥有庞大的用户群体，可以提高新闻主播的知名度。新闻主播可以通过发布与自己相关的内容，如日常生活、工作花絮等，与粉丝进行互动，从而提高自己的影响力。新闻主播还可以与其他知名人士进行合作，如与其他主播、艺人等进行联合直播、录制节目等。同时，新闻主播还可以参与一些大型的活动，如音乐节、电影节、时尚周等。这些活动通常都会吸引大量的媒体关注，是提高知名度的好机会。除此之外，新闻主播还可以参与一些培训，提高自己的专业素养。例如，参加主持人培训班、语言培训班等，这样不仅可以提高自己的专业水平，还可以为自己带来更多的机会。最后，新闻主播还可以与一些专业的团队合作，共同打造高品质的节目，从而吸引更多的观众。

二、发挥人的主体性，确保观念鲜活性

（一）发挥人的主体性，甄别信息真伪

新闻节目是信息传播的重要渠道，其播报内容不局限于文字和语音，还需要播音员或主持人通过整体呈现来加深观众的印象和理解。这就要求播音员或主持人不仅有出色的语言表达能力，还具备丰富的非语言交际能力，如眼神、表情、体态和服饰等。这些非语言交际手段在新闻播报中起到了至关重要的作用，它们可以强化语言信息，使信息更加鲜明、生动和有说服力。例如，当播音员或主持人在播报一些紧急或重要的新闻时，他们往往会采用更为严肃、庄重的语气和表情，以此来强调新闻的重要性和紧迫性。而在播报一些轻松、娱乐性的新闻时，他们

则可能会采用轻松、幽默的语气和表情，使新闻更加吸引人。这种根据新闻内容调整自己的语气和表情的能力，是播音员或主持人必备的专业素养。播音员或主持人在播报新闻时，还需要注意自己的体态和服饰。体态直立、端庄的播音员或主持人更容易赢得观众的信任和喜爱。而合适的服饰则可以增强播音员或主持人的形象，使其更加专业、权威。例如，播报正式、重要的新闻时，播音员或主持人往往会选择正装，而在播报娱乐、轻松的新闻时，则可能会选择更为休闲的服饰。

AI 新闻主播能够高效地完成新闻事实的传播，但其在传递人的价值观念方面仍然存在明显的局限性。这主要是因为人的价值观念涉及复杂的情感、经验和文化背景，而这些因素是目前的 AI 技术难以模拟和理解的。智能技术为新闻的挖掘、写作、策划和创作提供了强大的技术支持，使得新闻工作者能够更快速、更准确地掌握当前的舆情、话题和搜索热点。然而，随着数据信息量的激增，新闻工作者面临的挑战也随之增加。大量的数据需要进行深入的分析和挖掘，这对数据提取和解读能力提出了更高的要求。尽管现代计算机技术可以实现对这些数据特征的快速提取，但要真正发现问题的本质，得到独特的新闻选题，仍然需要人的深入思考和创新。此外，信息的真伪在智媒体环境中成了一个亟待解决的问题。尽管 AI 技术可以帮助人们筛选和整理大量的信息，但信息的真实性和可靠性，仍然需要新闻主播根据其丰富的经验和专业知识进行甄别。这不仅仅是一个技术问题，更多的是一个伦理和职业责任问题。新闻主播在这方面的作用不可替代，他们需要进一步提升信息甄别能力，确保传递给公众的信息是真实、准确和有价值的。

尽管 AI 技术在新闻传播领域带来了许多便利，但新闻主播的角色仍然不可或缺。他们不仅仅是新闻的传播者，更是新闻的创作者、解读者和守护者。在智媒时代，新闻主播需要利用自己的专业素养，对新闻进行深入的挖掘、判断和解读，确保新闻的真实性和可靠性，避免误导公众。这不仅是新闻主播的职业责任，也是他们对公众的道德承诺。

（二）保持观点独家性，提高舆论引领力

在智媒环境中，新闻主播与受众的关系经历了深刻的变革。这种变革主要体现在信息传播的双向性上，它使得新闻主播与受众之间的界限日益模糊。随着自媒体平台的兴起，每个人都有可能成为信息的发布者，这无疑为新闻信息的种类和数量带来了前所未有的增长。然而，这种增长并不意味着新闻质量的同步提高。相反，普通群众在知识和专业技能上存在局限性，他们发布的新闻内容相对来说较为浅显，缺乏深度。相较于普通群众，传统的新闻主播往往具备更为丰富的知识和技能储备，他们不仅掌握了先进的播音技术，还拥有丰富的新闻播报经验。这使得他们在新闻解读上具有明显的优势，能够为受众提供更为深入、全面的新闻解读。此外，新闻主播的专业背景和经验也使得他们在新闻播报中展现出较高的权威性，从而在受众中建立起较高的公信力。随着大数据和 AI 技术的广泛应用，新闻主播面临的挑战也随之增加。他们不仅需要提高新闻解读的深度，确保节目的高水准，还需要具备丰富的知识文化水平，了解多个领域的专业知识。这不仅可以提高新闻解读的全面性，还可以为受众展现新闻事件背后的附加值。这种附加值往往体现在新闻主播对事件的评论和分析上，他们可以利用自己的专业素养，为受众提供更为深入、全面的新闻解读。例如，《主播说联播》这一节目中，新闻主播虽然是从个人的角度对新闻事件进行评论，但其评论的角度和观点都代表了党和国家的立场。这种评论不仅可以引导社会舆论导向，还可以帮助受众形成正确的价值观。这也体现了新闻主播在智媒环境下的重要作用，他们不仅是新闻的传播者，还是新闻的创作者、解读者和守护者。

在智媒时代，新闻的传播已经不再局限于传统的电视和报纸，而是通过各种数字平台迅速传播。这种传播的速度和广度使得新闻信息几乎在瞬间被广大受众所知。在这种环境下，新闻的独家性已经不再针对新

闻内容本身，而是新闻的解读和评论。新闻主播，作为新闻的传播者和解读者，他们的角色和责任也随之发生了变化。新闻主播需要迅速、准确地传达新闻信息，同时需要为受众提供深入、全面的新闻解读。这种解读不仅仅是对新闻事实的陈述，更是对新闻背后的意义和价值的探讨。因此，新闻主播的观点和评论成为新闻的一个重要部分，这也是他们在智媒时代的独特价值所在。然而，这种价值也带来了一系列的挑战。为了吸引受众的注意，一些新闻主播可能会采取夸张，甚至是编造事实的方式来传播新闻。这种行为不仅损害了新闻的公信力，也对受众的知情权造成了威胁。因此，新闻主播在传播新闻时，必须严格遵守新闻的专业标准和道德规范。同时，新闻主播需要具备深厚的知识储备和敏锐的洞察力。只有这样，他们才能为受众提供真实、准确、深入的新闻解读，确保受众的知情权。此外，新闻主播还需要具备强烈的社会责任感。在智媒时代，新闻的影响力远远超过了传统媒体时代。新闻不仅仅是信息的传递，更是引导公众舆论、塑造社会价值观的重要工具。因此，新闻主播在传播新闻时，不仅要确保新闻的真实性和准确性，还要确保新闻的公正性和客观性。

（三）加强人机协作，达到情感共鸣

智媒时代，机器和技术的应用虽然能够完成很多工作，但还是不能够替代人的作用。新闻主播要在内容审查、价值判断和人文关怀等方面最大限度地发挥人的主体性，在信息搜集、分析和整理等机械性工作方面最大限度地发挥机器或者技术的作用。在人机合作中，新闻主播要充分发挥机器的工具性作用，使其服务于人。新闻主播也要在利用机器的过程中最大限度发挥自身想象力、智慧和社会责任，不断提高价值理性。

新闻主播作为媒体与公众之间的纽带，其在信息传递过程中的角色不只是新闻事实的传播者，也是意见领袖和情感引导者。他们的言辞、

情感和态度直接影响着公众对新闻内容的理解和接受。在这一过程中，新闻主播的专业素养、情感投入和对新闻事件的深入理解成为确保新闻传播效果的关键因素。例如，《主播说联播》这一节目中，新闻主播不仅准确地传递了新闻事实，还通过其深入的解读和情感投入，为公众提供了一个全面、客观的新闻解读视角。这种解读不仅基于新闻事实，还融入了主播的个人情感和对新闻事件的深入理解。这种深入的理解和情感投入使得新闻主播能够更好地与公众产生情感共鸣，从而实现对公众情感的引导。然而，这种情感引导并不是简单的情感宣泄，而是基于对新闻事件的深入理解和专业素养的情感投入。只有当新闻主播充分理解了新闻内容，才能够真正地融入自己的情感，从而将这种情感真实、准确地传递给公众。这种情感的传递不仅能够增强新闻的感染力，还能够引导公众形成正确的价值观。

三、拓展学科视野，提升智媒技能应用

（一）打破学科边界，加强综合知识素养

在智媒时代背景下，新闻主播的角色和职责发生了深刻的变革。他们不仅是新闻的传播者，也是新闻的创作者、解读者和组织者。为了适应这一变革，新闻主播必须进行跨学科的学习和实践，提高自己的综合知识素养，确保在多元化的媒体环境中能够有效地传播新闻信息。首先，新闻主播需要不断学习和掌握智媒相关的理论和技术。这不仅包括新闻传播的基本理论，还包括视频拍摄、剪辑、配乐等技术。这些技术不仅能够提高新闻的传播效果，还能够确保新闻内容与形式的完美融合。例如，抖音主播不仅需要掌握播音的专业技术，还需要学习视频的拍摄和剪辑技术，确保视频内容与配乐的完美融合。其次，新闻主播还需要具备一定的编辑意识和统筹能力。在智媒时代，新闻主播不仅是节目的参与者，更是节目的组织者和掌握者。他们需要从整体上考虑节目

的内容和形式，确保节目的连贯性和完整性。这就要求新闻主播不仅掌握新闻的基本知识，还具备一定的节目组织和策划能力。再次，新闻主播还需要主动去学习和了解群众的语言表达方式，特别是方言。在某些场景中，方言的应用能够增强新闻的亲切感和感染力，使新闻更加贴近群众的生活。例如，《阿六头说新闻》节目就采用了方言的形式进行新闻播报，充分体现了节目的地域性特色，满足了电视小众化的需求。新闻主播还需要补充人性、法规、科技、环境和伦理道德等方面的知识。这些知识不仅能够帮助新闻主播更加全面、深入地解读新闻事件，还能够确保新闻的公正性和客观性。在对相关内容进行评论或播报时，新闻主播必须确保自己的观点和评论有充分的知识和理解作为支撑，避免陷入尴尬的局面。最后，新闻主播还需要不断提高自己的综合素养和创新能力，充分利用新媒体资源，探索新的传播形式和方法，满足观众的多样化需求。只有这样，新闻主播才能在智媒时代保持自己的竞争力，为观众提供更加优质和有价值的新闻内容。

（二）提升智媒操作能力，增强新闻传播效果

在智媒时代，新闻传播的技术和形式经历了深刻的变革，从传统的报纸、广播，到电视、互联网，再到当前的智媒，每一个阶段都对新闻主播的技能提出了新的要求。为了适应这种快速变化的传播环境，新闻主播必须不断提升自己的智媒操作能力。首先，新闻主播需要深入了解和掌握新媒体行业中的各种技术工具，如直播软件、录音软件、配音软件和视频制作软件等。这些工具不仅可以帮助新闻主播更加高效地完成工作，还可以提高新闻的传播效果和观众的观看体验。例如，通过使用专业的直播软件，新闻主播可以实时与观众互动，获取观众的反馈和建议，从而不断优化新闻内容和形式。其次，新闻主播还可以利用新媒体平台，如微信、抖音等，开设自己的官方账号，发布和分享自己的作品。这不仅可以增加新闻主播的知名度和影响力，还可以帮助新

闻主播更好地了解观众的需求和喜好。通过对作品的点击量、评论量和分享量等数据进行分析，新闻主播可以及时调整自己的工作策略，增强新闻的传播效果。同时，智媒时代的新闻传播环境也为新闻主播提供了更多的发展机会和挑战。在这个时代，每个人都有可能成为新闻的传播者和创作者，每个人都可以通过智能设备和互联网平台分享自己的观点和故事。这就要求新闻主播不仅具备专业的新闻技能和知识，还具备一定的新媒体运营和推广能力，确保自己的作品能够在众多的信息中脱颖而出。

第六章　算法、新闻与伦理：算法视野下新闻传播的风险与伦理困境

第一节　算法偏见：黑箱与元算法

在当今数据驱动和智能化的时代，程序员、数据分析师和算法工程师在多个领域都占据了重要的地位。这种趋势在新闻传播学中也越来越明显。许多人相信，算法技术可以提供更客观、量化的研究方法，从而为新闻传播学提供新的理论框架和实践方向。但是，人们不能忽视算法背后的权力逻辑。算法不仅扩展了传统的权力结构，还可能颠覆现有的权力平衡，从而对新闻产业产生深远的影响。例如，一些传统属于记者和编辑的工作，如新闻挖掘、内容制作和编辑发布，现在越来越多地被算法所取代。随着技术的进步，算法的应用也日益广泛。然而，人们往往认为算法是中立和客观的。但事实上，算法可能并不完全中立。算法偏见是一个很好的例子，它提醒人们即使是高度技术化的算法，也可能带有某种程度的主观性和偏见。因此，在接受和使用算法时，人们需要更加审慎，确保算法是公正和公平的。

一、算法偏见是社会偏见的技术写照

尽管很多算法被认为是“中立”的，但实际上它们可能存在隐秘的偏见。例如，某些算法评审的比赛结果可能偏向于某些种族；还有的个性化推荐系统可能对不同性别的用户有所偏向。这些例子都揭示了一个事实：算法可能并不像人们所想象的那样中立和客观。这种现象背后的原因在于，尽管算法本身可以是中立的，但它们是由人编写和设计的，而人类带有各种各样的偏见和价值观。算法的输入数据、设计目标，以及优化策略都可能受到人类偏见的影响。因此，当人们过分依赖算法并

认为它们是完全客观的时候，人们可能会失去对其潜在偏见的警觉。人们不能简单地认为算法就是客观的，因为在它们的背后有着人的影子，而人们的思维和决策总是受到自身经验、文化和价值观的影响。因此，人们需要更加审慎地对待算法，并时刻保持警惕，确保它们能够真正为人们服务，而不是误导人们。

在数字化的时代，从搜索引擎的排序到新闻推荐，从医疗诊断到金融决策，算法已经渗透人们生活的方方面面。这些算法是由算法设计者所编写和塑造的。算法设计者在构建算法时，可能会有意或无意地将自己的认知、价值观和偏见融入其中。算法设计者的角色在整个设计过程中都至关重要。从问题定义、数据选择、模型结构到性能评估，每一个环节都可能受到算法设计者主观因素的影响。当算法设计者试图保持客观和中立时，他们的潜在偏见仍可能无意中体现在选择的标准和决策中。这样的现象并不出奇，因为算法是人创造的，它无法比其创造者更客观。它会反映算法设计者对世界的理解和看法。每当算法设计者编写代码、构建数据模型或制定机器学习策略时，他们可能会将自己的观点和偏见融入其中，这将影响算法的决策和输出。例如，在设计人脸识别技术时，主要使用白人的脸部数据，当该算法在处理非白人脸部时可能会出现误判，因为它的训练数据并不均衡。这种偏见的危害不容忽视。与个体的偏见不同，算法的影响范围更广，它可能会影响到数以千计的人。一个算法的微小偏见，当被广泛应用时，可能会导致广泛的社会影响。而当多个算法都存在这种微小偏见时，其累积效应可能会导致更大的问题。因此，人们必须对算法进行更严格的审查，确保它们是公平和无偏见的。同时，算法设计者也需要进行反思，确保自己的潜在偏见不会融入他们创建的算法。只有这样，人们才能确保算法真正地为人类的福祉服务，而不是无意中加剧了社会的分歧和不平等。

在科技史的研究中，梅尔文·克兰兹伯格（Melvin Kranzberg）教授提出了关于技术的六大定律，其中最引人注目的有两点：技术本身不具有固定的好坏，但也不是绝对中立的；尽管技术可能是众多社会问题的根源，但在技术政策的制定过程中，非技术因素常常起到主导作用。[①] 这两条定律为人们提供了关于技术与社会交互关系的深刻洞察。技术，特别是算法技术，可以被看作一种人类文化和认知的外延。当人们关注算法偏见时，实际上正在关注的是人类自身的偏见。算法，作为人类智慧的产物，其内部逻辑和行为模式很大程度上是设计者的思维和价值观的反映。当人们说某个算法有偏见时，实际上是在说，这个算法在被设计和训练时所使用的数据、规则和优化目标都受到了人类的某种偏见或价值观的影响。

对于普通用户，算法往往被视为一个神秘的黑箱，他们只能看到其输出结果，无法看到其内部的运作逻辑。这种缺乏透明性的现象加剧了用户的困惑和不信任。他们可能会疑惑，为什么某些搜索结果或推荐内容总是偏向某一方？为什么他们看到的信息总是与他们的观点或喜好一致，而不是提供一个更加全面和客观的视角？随着深度学习和神经网络技术的发展，算法变得越来越复杂，甚至设计者也难以解释它们的具体行为。这意味着，想要纠正算法的偏见，可能面临巨大的挑战。而在这背后，人们还需要认识到，算法偏见不仅仅是一个技术问题，更是一个社会问题。它反映了社会中存在的不平等、歧视和偏见。如果不从源头上解决这些社会问题，那么即使设计出了完美无偏的算法，它也可能仍然会在实际应用中反映出这些社会问题。

二、算法在不同环节可能产生的偏见

在智能化的时代，人们必须以严肃和敬畏的心态审视算法及其潜在的偏见。事实上，人们创造的这个算法世界，不仅反映了现实世界中的偏见，还可能在某种程度上加剧或产生新的偏见。算法偏见的存在并不

① KRANZBERG M.Technology and history：“Kranzberg’s laws”[J].Technology and culture，1986，27（3）：544-560.

单一，它可以以多种形式出现，并影响人们处理和理解信息的方式。正如马克·布尔金（Mark Burgin）所述，信息无处不在，它塑造了人们的生活。① 但现在的情境比他描述的还要复杂。人们不仅要使用算法对信息进行处理、加工和传播，还要意识到算法偏见对这些过程产生的潜在影响。在这个信息爆炸的时代，算法为人们提供了一个筛选和组织信息的手段，使人们能够在海量信息中找到自己需要的内容。但与此同时，算法偏见也可能悄悄地扭曲这些信息，进而影响人们的认知和决策。正如空气和水是生活的基础，信息在现代社会中同样不可或缺。但当算法悄悄地为人们筛选、整理这些信息时，人们往往忽略了算法可能带有的偏见。这些偏见不仅仅是技术性的，它们在很大程度上反映了现实世界中的社会和文化偏见。因此，人们需要更加审慎地对待算法，确保它们在帮助人们处理信息的同时，不会误导或歪曲人们的认知。

（一）算法设计环节的偏见

人们在深度探索计算机科学的过程之中发现，自计算机科学的诞生起，行业中的思考者和实践者持续追求着一个核心目标：模拟人类大脑的核心算法，以期实现电脑与人脑之间的互相模仿。艾伦·图灵在1950年的论文《计算机器与智能》中阐述了这一目标，并为此设计了图灵测试，以此来验证人工智能是否能够达到与人类相似的智力水平。约翰·冯·诺依曼（John von Neumann）从数学家和计算机科学家的角度深入探讨了人脑的结构，认为尽管人脑和计算机的结构存在差异，但冯·诺依曼机仍有可能模仿人脑对信息的处理方式。② 大脑与计算机之间存在的显著差异是，大脑具有巨大的可塑性，而计算机通过软件调整则可以实现更大的可塑性，这使得计算机在模仿大脑方面具有优势。在

① 布尔金．信息论：本质·多样性·统一[M].王恒君，嵇立安，王宏勇，译．北京：知识产权出版社，2015：15.

② 冯·诺伊曼．计算机与人脑[M].陈莉，译．南京：江苏人民出版社，2011：52.

这样的背景下，人们必须认识到，当计算机试图模仿人脑的运作方式时，它不仅会模仿人脑的优势，同样会模仿人脑的局限性和偏见。其实，算法的设计者在为算法设定基准、选择数据、制定输出结果和做出价值判断时，都是基于他们自己的世界观和价值观。这种选择的背后很可能隐藏着设计者的刻板印象和个人偏好，这种偏好不仅是基于他们的个人经历，还可能基于对历史数据的解读。这使得当今社会中广泛应用的算法在为用户提供服务时，如信息推荐、导航和医疗诊断等，都可能带有设计者的偏见。对于这种情况，人们必须认识到，算法设计者在开发算法时往往是在没有监督的情况下进行的。因此，为了确保算法在社会中的应用不被设计者的偏见所影响，人们需要为算法设计者建立相应的道德规范、社会责任感以及法律框架，确保算法真正为人类的福祉服务，而不是成为一种新的偏见的载体。

（二）算法运行环节的偏见

在计算机科学的历史脉络中，当代算法的运行逻辑在很大程度上继承了其历史先驱，如图灵机的基本逻辑，都是“一部通过逻辑构建的机器，有着想象的纸带、任意的符号。它拥有无尽的时间和无限的记忆体，能完成任何可表示成一系列步骤或运算的工作”[①]。从其表面逻辑来看，算法的运行似乎只是一个数据处理的过程，且这个过程是基于既定的程序规则进行的。然而，问题的核心是这些数据如何被选择和解读。数据被视为算法的核心生产要素，是算法输入和输出的基础。尽管算法的设计旨在根据既定规则进行操作，但这些规则本身如何被设定和如何解读数据才是问题的关键。“从根本上说，大数据就是运用数学、统计学和科学的计算法则来对极其庞大的数据进行解读。”[②] 这一计算法则即

① 格雷克．信息简史[M]．高博，译．北京：人民邮电出版社，2013：249.

② 苏达克．数据新常态：如何赢得指数级增长的先机[M]．余莉，译．杭州：浙江人民出版社，2015：62.

为算法，而大数据则是其处理的对象。一旦数据存在偏见或存在导致偏见的可能性，算法的输出就有可能反映这些偏见。

考虑到数据驱动的偏见，如选择性偏见，这种偏见可能在数据的初步选择阶段就已形成。例如，在构建招聘算法时，如果仅使用男性简历进行训练，算法可能对女性求职者产生固有偏见。同样地，如果数据显示男性职业为CEO而女性职业为秘书，算法可能推导出女性更适合助理职位的结论。此外，数据的分布不均衡也可能导致偏见。例如，当本地居民的数据量远大于非本地居民，数据的这种偏斜可能导致算法输出带有偏见。

当前的算法，尤其是那些采用深度学习技术的算法，在处理大数据时，不仅可以找出现有的相关性，还能发现新的模式。这种能力使得算法具有自我教育和进化的可能性。但这种进化也带来了新的风险，因为它所依赖的数据可能存在各种问题，而算法的决策和结论生成过程对人们来说可能是一个黑箱。因此，对于算法的运行模式和它处理数据的策略，人们仍需要进行深入的研究和反思。

（三）算法交互环节的偏见

交互偏见是在算法与用户之间的交互过程中，由于多种因素导致的偏见，其中包括算法本身、用户输入、外部环境等。尽管算法基于其设定原则执行，但其所具备的深度学习的能力意味着它的行为模式可以根据与用户之间的交互进行调整。在此过程中，算法的决策基于用户输入的数据，但并未区分这些数据的正负向。因此，交互的数据质量决定了算法是否会形成偏见。例如，当算法与提供有问题的数据的对象进行互动时，这可能导致原本中立的算法形成偏见，产生严重的后果。微软的Tay案例为此提供了一个典型的实证。Tay在与用户互动后，很快从一名礼貌的聊天机器人转变为含有歧视和种族主义倾向的机器人，迫使微软将其下线。此事件揭示了与人类交互的算法会对其输入数据做出反应，而这些数据真实反映了人类社会的情况。“与人类交流越多，具有极强学习能力的机器人就会变得越聪明，在与人类个体交流时也会越有针对性。而这正是微软设计 Tay 的初衷：通过每一次与人类的交流，让机器学习‘做人’，并帮助其创造者改进在人工智能领域的研究。但显然，Tay 太容易学坏了。由于不少人在互联网世界中表现得不负责任，Tay 会不可避免地接触到大量‘疯狂语言’。”[①] 算法的设计旨在优化人机交互，为用户提供更为人性化的体验。但深度学习的过程中，若其学习对象存在偏见，那么可能会对学习的成果产生不良影响。这强调了设计者在设计和运行算法时，需要考虑其与人类互动的复杂性，确保其在学习过程中不被有害数据或偏见所影响。

三、用户惰性和算法黑箱不应成为借口

在现代社会，算法已成为促进效率、提升准确性和优化决策的重要工具。技术革命与实际需求相互作用，使算法持续地对社会各个领域产生深远影响，其中许多改变已是不可逆转的。尽管无法否认算法存在偏见，但人们采取的应对策略不应是回避或抵制。实际上，人们已深知算法为现代世界带来的巨大价值，并期待其在更多领域中进一步展现潜力。要充分发挥算法的潜力，关键在于以多种方式确保其不产生偏见，从而使技术体现出正面价值。

对终端用户而言，算法的价值体现在当用户涉及多种选择时为其提供数据化表示、智能分析和个性化推荐。随着时间的推移，这些算法推荐逐渐成为用户最终决策的参考信息。在信息过载的复杂情境中，算法使用户能够轻松、迅速地进行分析和决策。用户之所以愿意将决策权交给算法，部分原因是基于对算法所声称的客观性和中立性的信任，尽管多数算法实际上无法完全达到这一理想状态；而更主要的原因是用户

① 郭爽．微软聊天机器人为何会学坏[N]．光明日报，2016-04-08（10）．

具有思维惰性，当主动分析和决策需要耗费大量时间和精力时，他们更倾向于依赖算法，并将其视为决策工具，仅期望从中得到一个结果。事实上，即使用户清楚某些算法无法完全实现技术理性，甚至存在明显问题，他们仍然愿意使用并接受算法的推荐。

从用户的角度看，尽管不同的开发者和公司可能基于不同的价值观进行算法研发，从而影响算法输出并导致某种偏见，但用户自己也不是完全无偏见的。他们意识到，许多时候，自身持有的偏见远超算法中的偏见。因此，如果用户无法完全依靠自身做出最佳决策，那么选择一个大体上较为客观的算法就成为了次优选择。这些决策往往只是关于阅读哪篇新闻、点击哪个广告或购买哪件商品，而非关乎人生重大决策，如选择大学、选择伴侣或企业并购决策。

算法作为技术进步的产物，已深度影响现代社会，为决策提供了高效、准确的参考。然而，伴随其广泛应用所产生的是关于其内部机制的黑箱问题，即其复杂的运行过程往往令人难以解读。这种缺乏透明性的现象并非单纯的技术挑战，而是涉及更深层次的文化和社会议题。黑箱问题具体表现为算法基于预定的规则将输入数据处理为特定结构，但其涉及的技术过程复杂且难以向用户解释。这意味着用户往往只能理解算法的输入和输出内容，却对输入数据如何转化为输出结果一无所知。黑箱问题不仅涉及算法的设计与运行可能导致的偏见，还关乎用户如何解读和接受这些偏见。对用户的视角进行深入分析是至关重要的。尽管算法的复杂性可能超出了大多数用户的认知范围，但理论上，用户应当努力理解与算法相关的设计理念和运行逻辑。用户应当警觉，通过算法构建的世界可能是一个带有偏见的世界。然而，现实中的情况却是大多数用户既不愿也无法深入了解算法及其黑箱特性。某些公司出于商业利益不愿公开算法机制，而更为复杂的情况是，当涉及深度学习等前沿技术时，即使是算法的设计者也可能对其运行机制感到困惑。对于缺乏算法基础知识的普通用户，算法的复杂性无疑增加了解读难度。因此，为了确保算法的公正性和透明性，研究者必须对其内部机制进行深入研究，并将研究成果与公众共享。

在算法应用的多元领域中，若设计者能确保其输出不引发社会争议，那么算法的不透明性或所谓“黑箱”特性可能不会成为公众关注的焦点。但在实际应用中，算法偶尔会产生出乎意料的、可能含有偏见的输出。例如，一位在华盛顿的女教师，尽管在职业生涯中获得了广泛赞誉，却因为未能在政府采纳的自动化教师评估算法中达到预定标准而被解聘。尽管校方对此决策持有支持态度，但其无法为此提供明确的解释，导致该决策的合理性受到质疑。此外，有些算法应用在公共领域，可能会对个人名誉造成潜在伤害。当用户在搜索引擎中输入某一名字时，搜索建议中可能出现与其不相符的、侵犯其名誉的关键词。这些例子揭示了算法在实际应用中可能带来的社会和道德争议。在某些情境下，算法的不透明性可能被作为推卸责任的依据。因此，为确保算法的公正性和透明性，相关实体需对算法的设计、应用和输出结果进行更为严格的审查。

深入探究计算机算法的“黑箱”特性后，逐渐明晰的是，该特性并非算法问题的核心，而是一个相对表面的现象。实际上，算法的潜在偏见并非源于其内部的不透明性，而是根源于外部，即社会的偏见。这些偏见已深入每个社会个体的意识中，与之形成鲜明对比的是，算法作为技术实体，并不具备动机或倾向，其功能仅限于数据的输入和输出。在计算领域，存在一个广为人知的原则，即“garbage in, garbage out”，简称GIGO。这意味着，当向计算机提供低质量的输入时，其输出也将是低质量的。此原则最初的应用可以追溯到1957年11月10日，尽管其在早期计算领域中得到了广泛应用，但在当代的许多应用场景中，特别是在处理大量可能存在缺陷的数据时，这一原则仍然具有关键意义。《自然》杂志对此原则进行了现代化的解读，提出“bias in, bias out”来直接反映基于大数据的算法中可能出现的偏见。人类文化中确实存在偏见，与人类社会紧密相关的大数据，自然也会包含深入骨髓的偏见。大数据算法仅仅是对这种偏见文化进行了概括。因此，要解决算法中的偏见问题，根本的方法是审视并改变导致这些偏见的社会因素，而不是仅仅关注算法的内部结构或操作。核心的挑战并不是优化算法技术，而是改变人类社会，因为真正产生、定义、经历并反对偏见的实体是人，而不是算法。

四、元算法：一种可能的偏见解决方案

技术转型常常触及个人和机构的安全问题，随着认知技术的进展，解决这些问题已迫在眉睫。算法，作为决策工具，难免涉及价值取舍问题。这种选择背后的决策标准可能含有某种形式的偏见。在科技界，对优化算法的追求几乎成为共识。这一现象实际上是对技术进步和其潜在风险的长期辩论中的新考量。多数人认为，与人类相比，算法具有更高的低偏见潜力。

科学领域并不是主张限制算法的普及与应用，而是希望其得到进一步完善，设计出一个与人类社会价值和信息技术价值相协调的算法工具。在当前的算法逻辑中，每个人被视为一个数据点，而不是在人类社会中拥有情感和价值的独特个体。将人的多种需求和复杂情感完整地融入计算机的程序世界是一项巨大的挑战，也是一项永无止境的追求。身处算法时代，维持探索和反思的态度已经成为每位公民的基本修养。在一个日益依赖算法提供解决方案的社会背景下，仍然具备提出疑问、探索问题并寻找更好的答案的能力已经变得至关重要。这种责任不仅是算法设计者和相关机构应承担的，也是每个算法的使用者应承担的。只有在公民积极参与的技术环境中，对算法的透明性的讨论才有真正的意义，否则对透明性的讨论就像是无源之水。

解决算法偏见不仅是技术挑战的一部分，也与文化、社会、法律和政治息息相关。为确保算法的公正性，法律的制定和实施显得尤为关键。尽管算法本身并不追求利益，但算法的开发者、拥有者和应用者可

能会根据算法可能带来的影响为自己牟取利益。因此，针对算法和与其相关的风险，制定适当的预防机制和完善法规是至关重要的。

在当前的社会背景下，算法已广泛应用于社会的各个领域。为保护公民免受算法偏见和其他潜在问题的侵害，政府有责任建立一套完整的法律体系。此法律体系应明确算法的设计者、拥有者、经营者、消费者和使用者的权利和义务；当公民受到算法偏见的侵害时，应明确责任主体并提供相应的救济措施。“一旦这些规范进入正式的立法程序，风险管理者就可以依靠法律体系和安全技术来为技术的使用和发展设立限制并创造机遇，同时将涉及的风险最小化。它们将从同一个方向发挥作用，并且都是解决方案的一部分。法律体系和安全技术合起来构成了元技术。”①

在算法应用的实践中，为满足社会对算法安全的需求，应考虑改进当前的算法或开发更加符合这一需求的新算法。同时，为防范算法偏见可能导致的社会风险，有必要制定相应的法律规范。这两个方向的努力共同构建了公正、中立和客观的“元算法”。“元算法”并非特指某一具体算法，而是对算法的全面思考，旨在提供关于算法研发、运行、使用和封禁的一整套原则、社会规范和法律体系，为社会提供完备的解决方案。

第二节　破解黑箱：智媒时代的算法权力规制与透明实现

一、新闻业的算法转向

在传媒研究领域，新闻机器人这一概念首次被引入是在 1998 年。从那时起，关于新闻机器人替代专业记者进行标准新闻生产及其可能带

① 弗洛里迪．第四次革命：人工智能如何重塑人类现实[M]．王文革，译．杭州：浙江人民出版社，2016：236.

来的影响的探讨就持续不断。从二十世纪六七十年代兴起的计算机助力的报道和精准新闻，到大数据时代的数据新闻以及自动化新闻，新闻行业正逐步向数据驱动、以算法为核心的算法化时代转型。

作为人工智能的核心组成部分，算法与数学以及计算机科学之间存在深厚的联系。在严格意义上，算法是一组包括多种数学原理的指令，通过预定的步骤来为特定问题提供解决方案的计算机程序。其核心思想是将人的问题解决方式拆分为多个步骤，如图 6-1 所示，然后通过编程技术将这些步骤模型化或形式化，利用计算机程序的结构性特点来处理更为烦琐的问题。

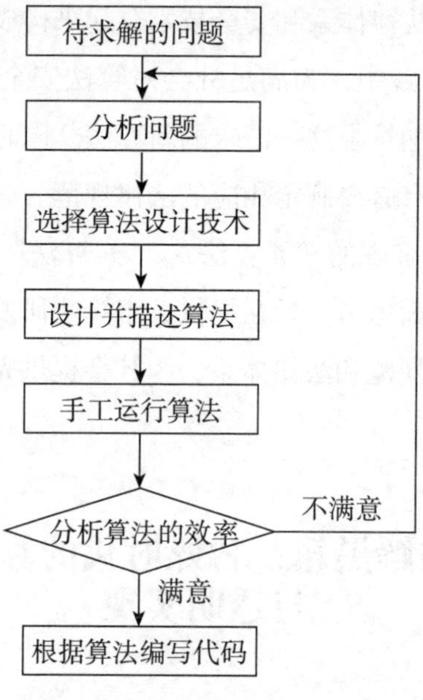

图 6-1　算法设计的一般过程

在当前的新闻产业实践中，算法技术主要在自动化新闻和算法推荐领域得到了广泛应用。算法推荐基于为用户提供定制化信息服务的理念，采用特定的推荐系统，利用算法技术筛选出其可能感兴趣的内容并进行推送。其深层的逻辑是，算法在新闻的生产和分发过程中充当了信息匹配的中介角色。这种技术将计算机程序设计的输入与输出数据相互连接，进而在新闻选题、内容创作、新闻展示、推送以及用户决策等场景中实现筛选、映射、修辞和决策等功能，如图 6-2 所示。借助垂直领域的开放接口或平台授权，算法能在大数据的支持下迅速且精准地进行资讯的抓取、生成、发布和推送，从而为新闻内容的生产和分发流程带来创新和推动转型。

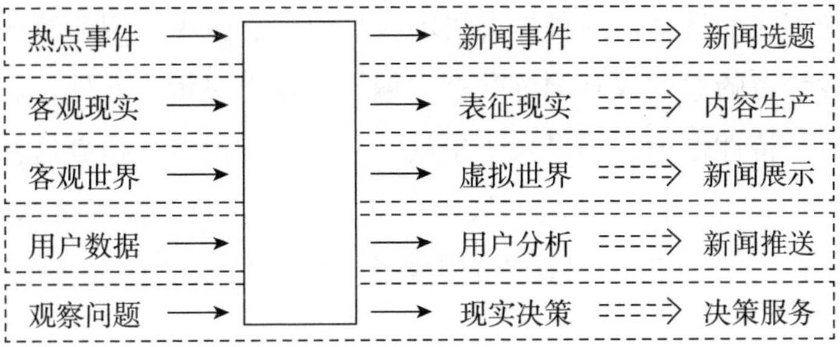

图 6-2　算法在新闻业的应用场景

二、算法权力介入新闻生产——未知的“黑箱”

在新闻生产的具体语境下，算法是如何形成并影响知识生产和公共舆论的？算法是如何利用互联网的海量数据代替人类记者和编辑行使信息传播把关人的职能的？对于专业人士以外的大多数用户而言，这个过程如同一个“黑箱”，既难以理解又无从评判和监督。

“黑箱”原本是控制论中的一种概念，用来描述那些人们无法直接观察其内部状态的系统。当这个概念被应用于技术领域，它通常指的是那些虽然某些人知道其工作原理，但对其他人来说是未解之谜的制造品。在现代的新闻生产流程中，算法在自动化决策的环节发挥了巨大的作用。这种作用主要体现在三个方面：算法自动编写新闻、算法智能推荐新闻产品以及算法利用模拟程序或预测模型讲述新闻故事。在这个背景下，由算法生成的新闻稿件可以被看作一种技术制造品。它们由机器编写，而不是传统的人工方式。然而，尽管这些算法的逻辑和原理对于它们的开发者和设计者来说是清晰的，对于大多数普通读者和用户来说，这些算法的工作方式却是一个谜。它们隐藏在一层层的代码和程序之下，在外部看来就像一个封闭的黑箱，人们只能看到其输出，却无法了解其内部的工作机制。这种神秘性给予了算法巨大的权力。它们能够决定哪些新闻被推荐给读者，哪些新闻故事得到强调，甚至能决定传播新闻的角度和重点。而大多数用户对此都是不知情的，他们只是被动地接受算法的选择。这种情况可能会导致信息偏见，因为算法可能会根据其设计者的意图或其训练数据的偏见来做出决策。此外，算法的这种“黑箱”特性也为它们带来了争议。一方面，很多人担心这种技术可能被滥用，用于传播假新闻或误导公众。另一方面，随着技术的发展，越来越多的人开始认识到算法的潜在价值和它为新闻行业带来的巨大变革。

（一）算法权力的技术黑箱

在当下的信息时代，算法的应用已经渗透到各个领域，其中，自动化决策成为算法实践的重要领域。自动化决策的实现往往并不仅仅依赖于单一的算法，而是通过多种算法的相互组合、相互作用。从功能角度，算法可以被划分为优先级排序算法、分类算法、关联度算法及滤波算法等。这些算法在处理大量数据时，经常需要结合复杂的运算程序和机器学习技术来实现最终的决策输出。由于其内部的高度复杂性，即便是专业的新闻记者和编辑，也难以完全理解其背后的运作逻辑。

此处，美国学者尼克·迪亚克普洛斯（Nick Diakopoulos）的研究成为一个重要的参考。他探讨了算法“黑箱”的两种主要情境。第一种情境与监督式机器学习技术相关，可以被视为算法“黑箱”的基础形态。这种形态的算法广泛应用于数据丰富、结构化明确的财经和体育新闻报道领域，目前在国内也有广泛的应用。具体来说，该过程拥有明确的输入输出模板，算法按照既定的规则和模式，将输入数据填入特定的公式或结构中，从而生成稿件内容。在这一模型中，尽管算法的内部逻辑仍然像一个黑箱，但由于其公开的应用程序编程接口，用户能够清楚地观察到输入与输出的关系和变化。第二种情境则更为复杂，它对应于算法“黑箱”的中级形态，主要应用于新闻的众包模式。这种算法的输入侧涉及新闻线索的挖掘、数据的收集等环节，其特点是不透明且难以观察。尽管这些输入数据往往遵循某种统计学的原则或模式，但对于大部分用户来说，它们仍然是未知的。与此相对，输出侧则是可知的，用户能够直接接触和使用。

除了上述两种情境，还存在一种与无监督式机器学习相关的第三种情境，它可以被视为算法“黑箱”的高级形态。这种算法不需要明确的输入输出模板，而是依赖于其自主学习的能力，从原始数据中自动抽取知识和信息。在这一模型中，输入与输出的关系构成了一个完整的闭环，这意味着从新闻线索的发掘、文本的生成，到后续的编辑审稿和新闻的签发等流程，都是不透明和未知的。

（二）算法中隐含的偏见和利益取向

近年来，计算机系统内部的偏见及其潜在的利益取向已成为广大学者和研究者关注的焦点。众多研究证实，软件产品往往具有一种隐蔽的特性，其中的特定权力结构、价值观和意识形态不是表面所显现的，而是预先植入其设计之中的。这种软件的掩盖性特征，使得诸如“有限性、许可、特权和障碍”等制约因素在日常使用中难以被用户所感知。

对于算法的设计过程，其基础数据以及构建于其上的推理假设均是核心要素。然而，这两个元素都可能携带设计者的某种偏见、价值观或意识形态。值得特别关注的是，在社交媒体搜索引擎进行信息过滤及个性化推送的环节中，设计者和技术人员不仅可以在设计阶段对算法造成影响，而且在算法的实际运行中仍有可能对其进行干预。这样的介入既反映了算法设计者的主观倾向，也暴露出输入数据的不完整性或不准确性，进而导致算法所产生的不公正或歧视性效应。因此，当算法自动产生的新闻内容与其设计的初衷发生偏离，或者包含了不准确甚至是虚假的信息，这种情况不仅与新闻的客观性和公正性标准相背离，也会对公共议题的定位和舆论产生深远影响。这些算法可能会在实践中创建一个所谓的信息茧房，这是指用户在算法的推荐下，仅能接触到与其观点和兴趣相符的信息，而难以接触其他多样化的信息源。这种局限性可能导致信息的同质化，进而影响用户的知识结构和世界观。同时，算法对用户的身份和兴趣的精准识别，可能会出现以算法为基础的商业歧视，即用户因其身份和兴趣被算法定位后，收到差别化的商业化推广或广告内容，这无疑构成了一种系统性的风险。

从介入新闻生产的多元利益主体来看，由于不具备独立研发智能算法的技术能力和人才资源，多数媒体只能寻求与技术公司合作，以业务外包、网络协作的方式完成基于算法的新闻生产。在技术公司、互联网公司乃至金融资本的夹击下，专业媒体既有新闻内容分发渠道被挤占的风险，也有被前者利益取向所操控的风险。

三、算法透明——算法权力规制的可能进路

与算法不断扩张的权力边界相对的是，算法的某些负面影响和潜在问题被“黑箱”所掩盖和遮蔽，业已引发了业界和学界共同的焦虑和思考。就现阶段而言，既然算法“黑箱”的核心问题在于信息不对称和不公开，要对无处不在但又不透明的算法权力加以有效规制，需要迈出的第一步就是破解算法黑箱、推进算法透明化。

在当前的传播技术、环境中，算法透明度已经呈现出一定的现实可能性，同时得到了外部环境的有力支持。随着传播技术的迅速进步，互联网和数字媒体的广泛应用大大降低了数据的存储、收集和分析成本。如此，任何连接到网络的组织或个体均有潜在能力，利用数字技术对政府和机构实施监督，并对其进行问责。对于由人工智能技术驱动的新闻行业，算法透明度不仅为新闻的客观性标准提供了新的解释方式，还强

调了专业新闻机构在内容生产上的独特地位和权威性。在数字媒体时代，受众变身为数字媒体的信息消费者和数字产业链的终端用户，各种超链接、消息来源和数据来源的公开以及社交媒体上用户生成的大量评论，使得新闻产品的数据驱动和交互特性越来越受到重视。强化透明性实际上是一个鼓励用户更深入地参与新闻生产的策略。实施透明的算法披露制度可以帮助专业人员深入了解算法的内部逻辑，并为公众提供了解真实新闻生产流程的机会，这对于完善新闻生产的问责机制和增强专业媒体的权威性具有重要价值。

推动算法透明度和规范算法权力在很大程度上是相互联系的。考虑到许多算法都是受知识产权保护的专有算法，与商业利益紧密相关，实际上的算法透明度可能是有限的。此外，提高算法的透明性并不意味着算法权力受到了严格的限制，但它确实是针对算法黑箱问题提出的一种解决策略，旨在平衡和规范算法权力。

四、算法透明机制的设计与实现

算法的透明性是一个复杂而又至关重要的议题。要决定哪些算法内容应当公之于众，首先需要明确用户的权利和信息需求。在理想情况下，透明度应为用户提供了解真实情况和背后驱动因素的途径。从新闻的角度来看，透明性意味着公众，无论其是否与新闻行业直接相关，只要他们对新闻内容或其生产流程有兴趣，都应有权了解、核实、评估乃至参与新闻的采集、生产和分发过程。这样，用户可以深入探索新闻生产的各个阶段和了解背后的设计思路。基于前述算法工作机制中的“黑箱”现象及其透明性的现实挑战，本书提出，实现算法透明性的策略应综合考虑内部生产逻辑和外部监管逻辑。具体地说，可以根据生产实体、法律体系和社会监督的三个维度来制定算法透明度的实施机制，如图 6-3 所示。这种机制不仅为用户提供了对算法的深入了解，还确保了商业实体能够在保护其核心商业利益的同时，遵循透明度和公平性的原则。找到算法透明性和商业利益之间的平衡点是一个持续的挑战，但只有确保用户对算法有足够的信任和理解，技术和商业模型才能真正获得长远的成功。

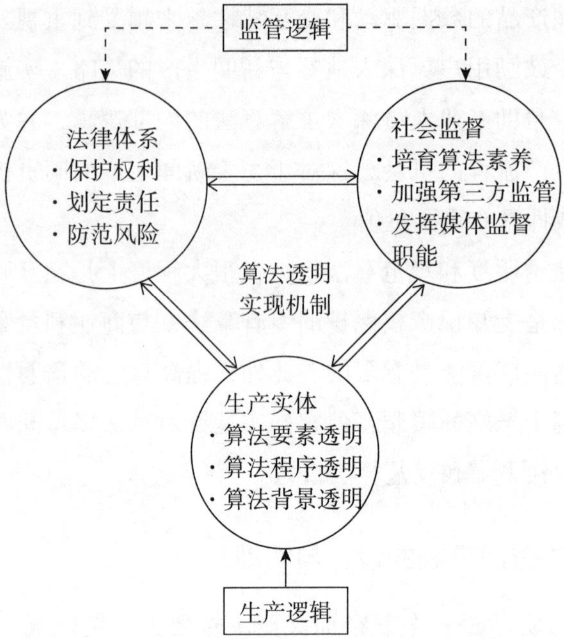

图 6-3　算法透明实现机制的设计思路

第一，从生产实体的角度来看，专业媒体、技术公司以及新闻聚合网站可以本着算法要素透明、算法程序透明和算法背景透明的原则构建算法披露机制，提高算法透明度。

（1）算法要素透明。数据在算法操作中起到了基础性的作用。数据的规模和品质对算法的有效性至关重要。为了维护透明度，新闻传播机构应确保对数据的质量、真实性、精确性、误差幅度、数据采样的广度、数据缺失情况以及在机器学习中使用的训练数据规模等提供清晰的描述。对于那些关乎公共福祉的算法，新闻机构有责任向公众开放其源代码。此外，算法中的输入变量及其属性，特别是在定义新闻价值、进行语义解析时所采用的关键变量、属性权重以及所使用的建模工具等细节，都应当被透明地展现给用户，以便让他们更深入地理解算法的构建过程。

（2）算法程序透明。算法的程序透明性在其操作中扮演着关键角色。算法内部的逻辑规则，如分类、数值估计和推荐等，都受到准确性、参考值和置信度等统计指标的不确定性影响。生产实体应对算法的计算和决策流程提供必要的阐释，确保程序的透明度。此外，与外部的接口设置、输入的可调性、权重调整以及向用户展示的界面设计等，都应以用户能够理解的方式详细说明。

（3）算法背景透明。在自动化新闻的生产中，如果存在人为编辑或记者的介入，媒体机构需要明确其介入的形式和程度，以及谁对报道内容的真实性承担责任。进一步地，媒体机构应当坦诚地与用户分享算法在运行过程中可能存在的偏差和常见的误区。尤其在媒体机构处理有争议或批判性的新闻主题时，应当向用户明确算法设计者及其所属机构的目标和动机。

在促进算法透明度的实践中，媒体机构可借鉴其他商业领域的做法，如定期发布算法透明度报告或组织行业研讨会以公开算法运行的关键信息。例如，今日头条于 2018 年 1 月面向行业公开了其算法原理，旨在解析算法并消除公众的误解。为进一步增强与受众的互动，媒体机构可以考虑在内部设置专职岗位，该岗位的主要职责是与受众或用户进行沟通，并详细解释算法的工作原理。此外，在考虑信息披露的界面设计时，机构应确保在不损害用户体验的情况下，采用清晰、用户友好的方式来展示算法相关信息。

第二，在法律体系层面，我国尚需对算法的特殊性以及其在数字化时代所引发的法律问题进行深入探讨。其中涉及的关键议题包括是否应当承认人工智能为具有法律地位的实体，以及如何处理算法生成新闻的知识产权和言论自由等相关权利和责任。监管当局在考虑如何管理算法时，应从预先干预算法的设计以及事后追责两方面进行思考。算法固然有其商业逻辑，但是算法与新闻业的融合更应被视为互联网智能演进中的一个由商业因素驱动的知识生产过程。这不仅需要监管当局对多元利益主体在互联网领域的行为进行约束，还需对算法技术本身的演变进行响应。对于各种算法，从其内部的设计准则和外部行为及其产生的后果来看，建立一个规范的算法权力框架是至关重要的。

第三，在更广的社会监督层面，随着我国信息公开进程的逐步推进和数据开放环境的改善，数据保护、数据安全意识近年来已普遍得到社会公众的认可。但智能算法在许多人的认知中仍然带有“科学”和“客观”的标签，同时被视为某种神秘的存在。为了确保对算法权力进行适当的问责和有效的监督，有必要在社会各个层面推进“算法素养”的教育，同时引进独立的第三方来对算法进行的评估和检查。此外，专业的新闻媒体在算法问责和监督中也应该发挥关键作用。

（1）培育算法素养。算法设计者和利益相关者应树立兼顾效率和公共利益的理念，在设计和使用算法的时候遵循相应的伦理规范。广大公众需要增进对算法的认识，不过分依赖它，同时要对算法可能产生的问题保持警惕。当评估算法的全局影响时，人们应持审慎的态度，并确保对其有明确的认识。除了努力揭开算法的神秘面纱，公众还需要审慎地管理和保护自己的个人信息，以预防算法可能引起的潜在风险和减少不良影响。

（2）加强第三方算法监管力量。为确保对算法权力进行深入的监督，建议构建可靠的算法伦理审查机构或其他第三方独立实体，鼓励学术机构、非营利组织和个体创作者的参与，以增强算法的第三方监管。例如，德国已经形成了一个非营利组织，由技术领域的专家与资深媒体工作者共同发起，旨在评估和监视影响公众生活的算法决策流程。这些独立的监管策略可以通过检查访问协议的完整性、制定数字管理的道德标准、指派专门的信息监管者、在线追踪个人信息的再利用，确保用户可以选择不提供个人数据，并为数据访问制定时间表，确保媒体平台不在无授权的情况下将数据转售给第三方。

（3）发挥专业媒体的算法问责职能。专业新闻媒体，特别是其中的调查记者队伍素来被视为追求事实真相、推动社会进步的标杆。算法时代的媒体机构一方面要对机构内部的算法使用和运行情况展开自我核查和纠错，另一方面应充分发挥事实真相提供者和舆论监督主力军的职能，针对算法可能存在的偏见、歧视以及错误，勇于向算法提问、调查和追责。

第三节　个性化推荐新闻客户端信息茧房的形成与消解

一、信息茧房的定义

新闻采集的来源在数字化时代已经发生了深刻的变化。传统上，新闻媒体依赖于记者的现场报道、官方声明、专家访谈等多种来源，但在当今互联网的环境下，新闻来源的多样性和复杂性已经显著增加。与此同时，个体在获取新闻信息时所面临的信息茧房现象也越发明显。这一现象不仅影响了公众理解和消化新闻的方式，还改变了新闻媒体的运作和报道策略。

信息茧房现象，简单来说，是指个体在互联网环境中，由于算法推荐、个人选择偏好等因素，逐渐被限制在一个信息单一、观点同质的虚拟环境中。这种现象在新闻采集和传播过程中表现得尤为明显。例如，社交媒体平台和新闻聚合应用通过算法推荐系统，根据用户的历史行为和偏好，定制个性化的新闻内容。这虽然提高了用户体验的个性化程度，但同时可能导致用户接触到的信息越来越单一，不利于其形成全面、多元的世界观。

从技术角度看，现代新闻采集方式已经超越了传统的手段。除了人类记者的实地采访，现在越来越多的新闻内容采集是由算法驱动的。这些算法能够从海量的网络数据中快速筛选出新闻线索，甚至能够自动生成新闻稿件。此外，社交媒体平台也成为重要的新闻来源。通过分析网民的发言、分享和互动，媒体可以迅速捕捉到社会热点和公众关注的问题。然而，这些技术手段的运用也进一步加剧了信息茧房的形成过程。信息茧房的形成不仅仅是技术导向的结果，它还与个体的认知偏好紧密相关。人们天生倾向于寻找和自己观点一致的信息，回避与自己观点相悖的信息，这被称为认知失调理论。在数字化时代，这种倾向得到了放大。网络平台提供了几乎无限的信息源，但人们往往只选择那些符合自己已有观点的信息，从而陷入了自我强化的循环。

信息茧房现象并不完全是负面的。从某种角度看，它可以提高信息的相关性和效率，节省用户筛选和处理信息的时间。然而，长期处于信息茧房中，会限制个体的思想视野，降低批判性思维能力，甚至可能导致极端主义观点的形成和传播。为了应对信息茧房的挑战，新闻媒体和技术平台需要采取积极的措施。首先，新闻机构应该努力提供多元、全面的新闻报道，避免仅仅迎合用户的预期偏好。其次，算法设计者应当考虑到信息多样性的重要性，改进推荐算法，避免由过度个性化导致的信息孤岛现象。此外，公众教育也很关键。提升大众的媒介素养，教育大众如何从多元渠道获取信息，批判性地分析和消化信息，是解决信息茧房问题的长远之计。

二、个性化推荐的新闻客户端信息茧房现象的成因

每种媒介技术的出现和演变都塑造了一种新的媒介环境。互联网技术的发展不仅催生了新的媒介形式，也改变了信息的生产和消费环境，甚至影响了信息本身的特性。信息生产环境的开放和话语权的下放，导致信息量的剧增，伴随而来的是信息噪声的增多。与此同时，信息消费方式也发生了转变，从搜索引擎、网站门户到手机新闻客户端和社交媒

体，人们在信息获取方式上拥有了更多的主动性。在传统媒体时代，信息获取的渠道相对有限，主要是报纸、广播和电视，受时间和地点的限制。信息生产者和消费者之间有明显的界限，信息生产权大多掌握在少数记者和编辑手中。这一时期的信息量相对较少，传播渠道单一，受众在获取信息时的选择较少。然而，随着数字媒体时代的到来，众多网站、社交媒体和新闻客户端为人们提供了丰富的选择，同时，也引发了信息过载的问题。为应对信息过载和用户注意力稀缺的挑战，个性化推荐的新闻客户端逐渐流行起来。这类新闻客户端将媒介控制权交还给用户。虽然数字媒体提供了大量内容，但通过技术过滤，用户往往只能接收到与自己兴趣相符、令自己愉悦的信息。技术的进步使人们能够随时随地获取信息，但这也导致了人们沉溺于碎片化的阅读，很难进行深入和系统的思考。这种浅层、粗略的阅读方式，表面上看人们似乎涉猎广泛，实际上却对所读内容留下很少的记忆，也未能对其进行深刻的理解。

（一）互联网时代下信息的特质

互联网时代下的信息与工业时代的信息不同。工业时代的信息呈现出原子的特性，传播起来更为困难，存在着时间、空间上的局限性。互联网时代下的信息则呈现出比特的特性，完全不受时间、空间的限制，可以通过网络简单、快捷地传播。互联网时代下，不仅仅是信息的传播变得简单，信息的消费和生产也变得更为简单。人们可以通过网络上的随意点击进行信息的传播，也可以在等待地铁时进行信息消费，甚至可以在吃饭时进行信息生产（如直播、发微博）。而这些造成了信息数量的指数级增长、信息质量的参差不齐、信息呈现方式的多样化以及碎片化信息的增加。

1. 信息爆炸

信息时代的特点之一是信息爆炸。尼葛洛庞帝（Negroponte）在《数字化生存》中提到，信息在这个时代变成了易于复制和传播、没有时间和空间障碍的比特。这种信息形态与工业时代的原子相比，其数量、传播途径和表现形式都发生了革命性变化。随着信息生产者的增加和媒介技术的发展，信息的总量激增，产生了所谓的信息爆炸现象。学术界将这种现象定义为媒介技术发展带来的信息数量的指数级增长。数字媒体的快速发展为信息的传播提供了更多渠道，如社交媒体、搜索引擎、网站门户和各种应用客户端。这些技术赋予了以往的信息接收者更多权利，如生成、评论和传播信息。随着信息生产门槛的降低，每个人都能成为信息的生产者和传播者，传统意义上的受众角色已不复存在。信息的过量和低质量增加了人们的不确定性和不安全感，这与信息本应消除不确定性的本质相矛盾。

在这种背景下，个性化推荐的新闻客户端应运而生，试图解决信息过载和注意力稀缺之间的矛盾。用户通过选择特定的媒介来获取信息，而这些推荐机制通常带有一定的偏向性。这种依赖可能导致用户的视野变窄，使他们更局限于自己的信息气泡内。信息的爆炸式增长不仅挤压了媒介空间，还造成了传播通道的拥堵，给人们带来了知识溢出和文化繁荣的错觉，同时掩盖了媒介失忆、传播危机和信息黑洞的严重性。在这样的环境中，优质内容变得稀缺，信息垃圾充斥，不仅无法解决问题，还可能使人们成为新时代的“信息难民”。此外，在信息爆炸的背景下，一旦出现报道错误或舆论危机，就可能引发不可收拾的后果。

2. 信息碎片化

信息碎片化是当今传播学界的一个关键概念，如社交媒体上的简短状态更新、新闻客户端的图文消息等，都是信息碎片化的体现。这种传播方式将原本完整、逻辑性强的信息分割成易于传播的简短内容。信息碎片化主要表现为事实性信息和意见性信息的碎片化。信息的广泛生产和传播权的下放，使得信息来源日益增多，每个人都有可能成为信息的生产者和传播者。这导致了事实性信息的碎片化，因为信息的每个片段都可能未经验证就被传播。而意见性信息碎片化则源于网络上各个领域的意见领袖，他们的态度和观点影响着他们的追随者，造成了意见的多样化和分散。

从技术发展的角度看，智能手机、平板电脑、穿戴设备等移动终端的普及，以及网络的快速发展，使移动端成为人们获取信息的主要渠道。移动化阅读成为信息消费的主流模式，碎片化的时间成为信息消费的主要场景。这导致信息阅读具有较大的随机性。现在，人们可以随时随地通过智能手机获取信息，不再受时间和地点的限制。然而，这种碎片化时间的阅读可能只是为了打发时间，而非深度学习或理解，使得人们对信息的记忆和认知水平受到影响。碎片化信息的另一个后果是加剧了个性化趋势。每次用户的点击行为都被记录，为个性化推荐算法提供数据。虽然这提高了信息获取的效率，但也可能导致用户的认知范围受限于自己的偏好，从而减少对不同观点和信息的接触。

（二）信息消费方式的改变

凡是为获取信息所进行的消费均属于信息消费，包括对获取信息的手段、工具、设备的消费。在 Web 2.0 的环境下，信息的消费机制与信息的生产机制是相互作用、相互影响的。对于信息消费行为，如评论、点赞、标记感兴趣或不感兴趣等行为，信息生产者能够迅速感知。信息生产者会根据舆论走向或信息消费者需求进行内容生产；而这些内容又将继续引发下一轮的信息消费，循环反复，相互影响。

1. 个性化消费趋势

在现代技术的支持下，信息消费已经变得更加个性化。这意味着满足个人需求的信息获取变得更加便捷、多样化，并且提供了更加丰富和自由的信息组合方式。过去统一的信息消费平台正在逐渐被多元化、分裂化的平台所替代，这种现象被称作定制性或个性化信息消费。在这种背景下，算法推荐成为满足个人需求的重要渠道，无论是基于内容、协同过滤还是社交网络推荐。随着信息消费者的需求变得更加细化和个性化，传播效果的实现依赖于对每个细分群体特征的深入理解，以及对每位消费者个性化和心理需求的关注。随着生活水平的提升，人们对自我实现的需求变得更加迫切。个性化的新闻消费趋势正好满足了这一需求，使信息消费成为实现自我满足的重要手段。

从信息接收者转变为信息生产者、传播者和监督者，这种角色的变化使人们能够更好地满足自我需求。人们在互联网上的行为，如点击、评论、分享，都反映了人们的价值观和偏好。不同的人会因其不同的兴趣和喜好而选择不同的内容。各种媒体平台和渠道进一步促进了信息消费的个性化。例如，新闻客户端通过智能技术提供个性化推荐，社交媒体用户通过关注、屏蔽等功能筛选信息，都是满足个人需求的表现。在数字时代，人们可以通过不同的渠道和技术手段获取、筛选、定制自己所需的信息，从而实现个性化信息消费。

2. 社会化消费的同质化本质

在当前的网络环境中，信息消费已经成为一种复杂的社会行为，而不仅仅是个人行为。信息消费不只受个人喜好的影响，还受到他人意见和社会环境的影响。例如，在浏览新闻客户端时，用户往往会查看评论，这些评论可能影响他们对事件的看法。当某个观点在社交网络上形成趋势时，它可能会影响其他用户的意见，甚至导致他们害怕表达不同的看法。此外，每个人在网络上都是信息的传播节点，他们的每次转发都可能带有个人的观点和偏见。

个性化推荐的新闻客户端虽然可以满足用户个性化的信息需求，但它们也可能加剧小范围内的同质化现象。人们生活的社会网络中不仅包含正式的群体，如家庭、班级和社团，还有非正式的小团体或“派系”。在这些小团体中，成员的信息浏览、赞同的观点、转发的内容通常非常一致，形成了回音室效应。此外，信息消费者的行为也影响着自媒体内容的生产和新闻客户端的信息推送。内容生产者，尤其是自媒体，常根据用户的评论和观点来创作内容，以迎合大众口味。这种做法可能导致信息内容和形式的同质化，增加了小范围内信息的一致性，形成了狭窄的信息圈子。虽然新闻客户端的个性化推荐似乎提供了千人千面的环境，但相似群体内的信息同质化和自媒体内容的相似化问题不容忽视。

3. 消费平台由“大众”到“个人”

随着网络时代的到来，信息消费平台经历了从“大众”向“个人”转变的过程。早期的网络环境中，人们主要通过统一的公共门户网站接收信息，这些门户网站具有类似传统媒体的自上而下的传播模式，网站编辑起到了信息把关的作用。然而，随着技术的发展，特别是人工智能和算法推荐技术的进步，个人门户成为信息消费的新趋势。个人门户不仅是社交的中心，还具备信息传播与接收的双重功能。虽然个人门户最初是在微博、微信等社交媒体平台中形成的，但今天的门户网站和新闻客户端也在逐步实现个性化转变。例如，聚合型新闻客户端提供完全个性化的信息消费体验。在用户通过社交媒体账号登录后，这类新闻客户端会根据用户的个人信息进行精确的用户画像绘制，并提供个性化的新闻推荐。此外，基于位置的服务允许新闻客户端根据用户的地理位置提供本地新闻推荐。分享和评论功能则将用户转变成信息流动和传播的节点，使其可以将新闻客户端中的内容分享到各种社交网络，从而实现信息的进一步传播。

在现代媒介技术发展的背景下，信息消费者不再仅仅被动接收网站编辑挑选的内容，而是可以在个性化推荐的新闻客户端上主动获取信息。用户甚至可以对推荐的新闻标记“不感兴趣”，为新闻客户端提供反馈，使得后续的信息推荐更加个性化。例如，一个关注社会和娱乐的用户在腾讯新闻上标记了一篇关于上市银行年报的新闻为“不感兴趣”，那么新闻客户端将会在后续推荐中降低此类新闻的出现频率，从而实现更加个性化的信息消费体验。

（三）用户心理

无论技术怎么发展，人始终是信息消费的主体。技术、软件、信息都是被人所使用、消费的。无论是信息接收平台的选择还是信息内容的选择，处处体现着人的主动性和主体性。而这背后所潜藏的深层次原因，需要从人的心理角度去剖析。值得注意的是，这里的用户并不是指单纯意义上的信息接收者，也不是特指新闻客户端信息消费者，而是指在整个互联网大环境下，信息的生产者、传播者、接收者、反馈者。

1. 用户的主动选择性

在当代网络环境下，用户对媒体的选择和使用，以及对信息的理解和处理，受到个人成长环境、教育水平和社会阶层等多种因素的影响。

用户在对数字技术的掌握和应用上存在差异，这种现象被称为“数字鸿沟”。这种鸿沟不仅存在于国家之间，还存在于社会内部的不同阶层之间。用户选择信息接收工具的行为似乎完全基于个人考量，但实际上受到其成长背景、教育程度、职业和环境等因素的影响。

用户的主动选择性不仅体现在工具的使用上，还体现在对信息内容的选择性关注、理解和记忆上。认知心理学认为，用户在接收信息时会根据个人的需求和意愿进行选择，甚至有所曲解，以使接收的信息与个人的价值体系和思维方式尽量保持一致。选择性关注意味着人们倾向于关注与自己价值观相符的信息，选择性理解则是用个人的价值观来解释接触到的信息，而选择性记忆是指用户倾向于记住那些支持自己观点的信息。

即便是在同一信息平台上，不同用户对同一信息的关注点和解读也会有所不同。例如，在腾讯新闻上关于某个事件的报道，不同网民可能会从不同角度进行评论和解读，这反映出他们各自不同的关注点和价值观。这种多样性和差异性表明，即使在相同的信息环境中，用户的信息处理方式也是多元和个性化的。

2. 用户的从众心理

从众心理在信息消费领域发挥着重要作用，尤其是在形成所谓的信息茧房现象中。从众心理指的是个体在群体中，有意识或是无意识地倾向于接受并遵循多数人的意见和做法。然而，群体并不总是正确的。从众心理可能导致群体内的观点和意见趋向一致，但这并不意味着一致性代表正确。群体内成员的相似倾向性可能导致“群体极化”和“回音室效应”，即群体讨论后倾向于形成更极端化的观点。在这种环境下，个体的自我意识减弱，逐渐陷入互联网的一个幻象：在一个封闭的小圈子里，只听到与自己信念相同的声音，仿佛与自己信念相违背的事实不存在。论坛、群组和社区都是从众心理的典型场所。例如，在明星粉丝群组中，群体成员可能会一致赞扬其偶像，并在面对负面新闻时拒绝接受不同的意见。群体内的同质化同时导致了群体间的异质化，不同群体关注的信息截然不同，彼此之间缺乏交流。

个性化推荐的新闻客户端也存在“回音室”问题。例如，对于具有特定兴趣（如体育、汽车）的用户，新闻客户端可能只推荐符合其兴趣的新闻，进一步加深用户对已有兴趣的偏好。这种机制虽然提高了用户的满意度，但也限制了他们接触到更广泛信息的机会，使得用户在信息的“回音室”中徘徊，难以获得更全面的认知。

（四）技术赋权

技术的发展为一切提供了可能性。RSS技术可将信息源分类聚合，将网络中的内容分类整理；标签技术将不同的信息进行灵活分类，通过标签化帮助人们更快地获取到感兴趣的信息；LBS技术对人们的地理位置进行实时定位，即时推送所在地信息给用户；大数据的发展和应用帮助计算机更加了解用户。而算法通过对用户的实用数据进行计算，匹配出用户感兴趣的内容，推荐引擎机制直接干预信息流动，将个性化的内容推荐给用户。

1. 大数据提供精准用户画像

在数字化时代，大数据的应用为构建精准的用户画像提供了可能。用户画像，是基于一系列真实数据构建的目标用户模型，其目的是将复杂的用户特征转化为计算机易于理解的形式。

在互联网普及之前，用户画像相对简单，主要基于基础的人口统计学特征，如年龄和性别。然而，随着互联网技术和计算能力的发展，用户的网络行为开始被广泛捕捉和记录，为创建更精细化的用户画像提供了基础。现代用户画像不仅包括人口属性，还涵盖了内容偏好、消费习惯、社交行为和环境特征等多维度信息。在这个过程中，每个用户特征被赋予不同的权重，形成了独特且复杂的用户标签系统。

尽管这样的用户画像使得个性化推荐算法更加精准，但它也带来了一定的局限性。用户是不断变化和发展的，他们的兴趣和需求可能随着时间而变化。用户画像虽然能够捕捉到用户的当前和过去特征，却难以预测用户未来的变化和潜在兴趣。这种局限性可能导致用户陷入信息茧房，即用户画像的精确性反而固化了用户的兴趣和习惯，限制了他们接触新颖和多样化信息的机会。因此，虽然个性化推荐算法能够根据用户的历史行为提供精准推荐，但它也可能阻碍用户探索新颖内容和发现未知兴趣。

2. 算法推荐的边界性

当前的个性化推荐主要分为两类：主动订阅和算法推荐。主动订阅，如社交媒体中用户通过关注或设置黑名单来筛选内容，更侧重于用户的显式选择；而新闻客户端则普遍采用算法推荐，基于用户的行为和偏好自动推送内容。算法推荐的初衷是在电子商务网站中帮助顾客决定购买何种商品，模拟销售人员的辅助作用。个性化推荐技术已经从最初的电子商务应用扩展到多个领域，包括新闻推荐。在新闻领域，常见的算法推荐类型包括基于内容的推荐和协同过滤推荐。基于内容的推荐是一种常用的个性化推荐方法，它通过分析用户的在线行为如点击、浏览和停留时长来推荐相似特征的新闻。协同过滤推荐分为基于用户和基于项目两种类型，是另一种流行的推荐方法。基于用户的协同过滤推荐利用其他用户的历史行为和偏好来预测当前用户可能感兴趣的内容。这些推荐算法有助于用户在海量信息中找到自己感兴趣的内容，减少了用户在信息选择过程中的不确定性和焦虑。然而，这种基于算法的推荐也有其局限性，它可能导致用户仅被推荐与其过去行为和偏好一致的内容，从而限制了用户接触新领域信息的机会。这种算法推荐的"边界性"可能使得用户陷入信息泡沫，即反复接触相同类型的信息，难以拓宽视野和探索新的兴趣领域。同时，这些算法都难以在覆盖率、惊喜度、准确率、多样性和新颖性之间达到完美平衡。为了实现覆盖率、惊喜度、准确率、多样性和新颖性之间的平衡，根本上需要解决推荐算法本身的问题。这意味着，要在保持推荐准确性的同时，还需增强推荐内容的多样性和新颖性，以满足用户对于多元化信息的需求。

三、个性化推荐的新闻客户端信息茧房现象的消解路径

德国社会学家马克斯·韦伯（Max Weber）提出了工具理性与价值理性的概念。[①] 工具理性侧重于目的和效率，强调以控制和目的性为准则的理性行为，而价值理性则关注于人文价值和伦理标准，以价值观和信仰为导向。在数字化时代，这两种理性在新闻领域的表现尤为突出，特别是在个性化推荐新闻客户端的应用上。个性化推荐新闻客户端的核心在于利用技术手段满足用户的个性化需求，这在本质上体现了工具理性的优势。这种方法确实能高效地将用户感兴趣的内容推送给他们，但同时忽视了价值理性的重要性。重要的、应该被知晓的新闻往往在海量信息中被边缘化，导致了公众知识面的局限性和视野的狭隘。因此，新闻客户端在推送个性化信息的同时，应当融合价值理性的考量，确保新闻的全面性和多元性。这不仅是为了满足用户的个性化需求，更是为了提升公众的整体信息素养和社会责任感。解决个性化推送的精准性与重要、热点新闻推送之间的平衡，流量驱动的新闻与高质量新闻之间的平衡，是缓解信息茧房现象、促进信息多元化的关键。

新闻客户端的发展需要在工具理性和价值理性之间找到平衡点。技术不应仅仅作为追求效率和利益的工具，而应在提供个性化服务的同时，引导公众关注更广泛、更深入的社会议题，促进公众意识的成熟和社会价值观的形成。通过合理调整算法，设计更加智能和人文的内容推荐机制，可以在满足个性化需求的同时，引领用户走出信息茧房，拓宽知识视野，承担媒体的社会责任和实现文化使命。

（一）技术提升“有边界的不确定性”

在数字化时代，新闻采集的方式日益多样化，推荐算法在个性化新

① 韦伯．社会科学方法论[M]．杨富斌，译．北京：华夏出版社，1999：46.

闻分发中起到了核心作用。这些算法基于用户数据和行为，旨在提供更加贴合用户需求的内容。然而，这种技术驱动的个性化分发同样带来了“有边界的不确定性”，即在确保内容多样性和质量的前提下，提供用户意想不到的信息。

从分发内容的数量和质量来看，高质量的新闻内容是确保个性化推荐有效性的关键。为此，结合算法与人工审核的双重机制至关重要。算法可以通过自动评估文章质量、提取关键标签和识别错误等方式来筛选内容，而人工审核则针对算法识别中存在争议的内容进行进一步的审查。这样的双重筛选机制既保证了内容的高质量，也在一定程度上限制了进入推荐池的文章数量，从而确保用户接收到的信息是可信、真实和理性的。

在用户画像和用户分群方面，数据融合、行为分析和算法优化是关键。通过进行精准的用户画像和群体划分，可以更有效地识别用户对个性化内容的偏好。对于那些偏好非个性化内容的用户，可以推荐人工编辑筛选的新闻，而对于喜欢个性化内容的用户，则通过不同的权重分发多样化的内容，不仅能满足其兴趣，还能激发其对新领域的好奇心。

从个性化推荐能力的角度来看，不断优化的算法应能够平衡硬性新闻和软性新闻、兴趣与理性之间的关系。这种平衡不仅可以满足用户的个性化需求，同时鼓励他们接触不同领域的新闻，从而拓宽其知识视野和增加其兴趣点。

在新闻采集方面，除了传统的报道和采访，社交媒体、用户生成内容、公开数据集等也成为重要的新闻来源。社交媒体平台上的趋势、网络公民的讨论和用户反馈都能够为新闻提供多元的视角。同时，大数据分析和人工智能技术也在新闻采集和处理中发挥越来越重要的作用。这些技术能够从海量数据中快速提取信息，帮助记者和编辑找到热点话题，甚至预测新闻趋势。

（二）“人工把关”与“智能筛选”相结合

在新闻媒体领域，媒体人的作用是至关重要的，特别是在新闻价值的判断和信息的核实方面。新闻价值的评估并非一项简单的任务，它涉及深层的哲学问题，即对信息内容的价值进行主观判断。这个过程复杂而微妙，没有固定的规则或公式来指导如何区分优良或劣质的新闻。因此，媒体工作者的专业判断在这里发挥着重要作用。核实媒体信息是基于媒体人的经验和专业知识的判断。这种基于经验的判断是人工智能目前难以替代的。因此，媒体工作者在这些方面的专业性和经验不可或缺。媒体人通过正确的价值观进行价值判断，通过专业、真实、经验丰富的态度进行事件核实，这对于确保新闻的真实性、客观性、指导性和价值性至关重要。他们通过专业的眼光和经验，过滤和优化信息，使其不仅符合新闻标准，也符合社会的期待和需求。在数字化和技术驱动的新闻时代，媒体人的这些作用显得更为重要，他们不仅是信息的传播者，更是价值的守护者和真相的挖掘者。

技术革新已经彻底改变了新闻行业，从内容的产生到其分发方式都发生了翻天覆地的变化。现代技术不仅增强了新闻内容的生产能力，还拓展了将信息传递给读者的途径。特别是个性化算法推荐，这一方式已被众多新闻客户端广泛采用，有效地缓解了信息过载的问题。但是，若仅依赖算法进行内容推荐，则可能导致内容的单一性。通过加入人工编辑的推荐和筛选环节，可以提高信息的质量、多样性和准确性。人工编辑不仅起到了信息过滤器的作用，还能筛选出高质量、全面和多样化的信息。在人工编辑的精准筛选与算法推荐的个性化之间寻找平衡，是新闻客户端发展的关键。那些质量差的文章不被纳入推荐池，这在一定程度上减少了用户接收到低质量信息的可能性。通过人工推荐每个类别中重要度较高的新闻，保证了不同类别重要新闻的曝光率。在个性化推荐的新闻客户端上，后台可以细分为备选池、流量池和推荐池三个层次。

智能算法将多个源头的新闻同步到备选池中，并对这些新闻进行评估。只有符合标准的新闻才能进入流量池，再由人工对这些新闻进行再次审核，最终符合标准的新闻才能进入推荐池以供个性化推荐。这一过程确保了被推送新闻的高质量和多样性，从而更好地服务读者。

（三）增加平台信息偶遇机会

在数字化时代，新闻客户端已成为人们获取信息的重要途径。然而，随着个性化推荐的普及，这些平台渐渐演变成了信息的“回音室”。在这里，用户大多只能接触到符合自己预设偏好的信息。这种现象限制了用户偶然遇见新奇的、出乎意料的信息的机会，减少了多元视角的交流。针对这一问题，可以借鉴凯斯·桑斯坦（Cass Sunstein）的观点，将网络媒体构建成类似“人行道”的平台，而非单一的“回音室”。要实现这一目标，增加信息偶遇的机会是关键。一种有效的方法是通过新闻推送来实现。目前，许多新闻客户端已在实践这种方法，对重要新闻进行推送。尽管这些推送通常也基于用户的个性化偏好，但对于某些全国性热点事件或紧急突发新闻，如国家假日安排、重大自然灾害等，客户端会在更广泛的范围内进行推送，以确保用户不错过这些重要信息。除此之外，新闻推送的内容选择和决定推送哪些新闻的过程应由编辑团队负责。这不仅增加了用户接触高质量、重要性强新闻的可能性，还能在一定程度上打破由算法设定的信息传播路径。例如，对于标签偏好为社会、娱乐的用户，在推送相关内容的同时，也可以适当包含财经、科技等其他领域的新闻。这种做法不仅丰富了用户的信息源，还有助于调整和平衡用户的兴趣偏好，从而在一定程度上打破信息的单一性。

在新闻客户端中，为了增加信息的多样性和用户的信息偶遇机会，可以在要闻或推荐页面设置热点滚动新闻和专题新闻两个重要板块。热点滚动新闻区域通过日常多次更新，覆盖社会、突发、财经等多个领域，以图文、组图、视频等多样化的形式展现，使用户能够接触到除个性化推荐之外的广泛新闻内容。这样的设计既满足了用户对即时新闻的需求，也拓宽了他们的信息来源。专题新闻则专注于对特定热点事件的深入解读。例如，2022 年北京冬奥会，这个专题可以包括冬奥会的历史背景、各国运动员的介绍、赛事亮点、与赛事相关的文化活动等内容。通过图文、视频、专家评论和实时更新，专题新闻可以帮助用户从多角度了解冬奥会，增进对赛事的理解并提升对赛事的兴趣。专题新闻的设置不仅提供了关于特定事件的详细信息，还增加了用户对这些大事件全方位理解的机会。例如，冬奥会专题不仅可以报道比赛结果，还可以深入探讨运动员的训练生活、赛事背后的科技创新、赛事对东道国文化和经济的影响等。这种全面的报道方式不仅丰富了用户的知识，还增强了新闻平台在提供深度内容方面的能力。通过在新闻客户端推荐页面显著位置展示这类专题新闻，可以有效地吸引用户的注意，鼓励他们探索与自己日常兴趣不同的领域，从而打破信息的单一性，为用户提供更为丰富多彩的新闻体验。这样全面的报道不仅加深了用户对事件的理解，还提高了他们从多角度看待问题的能力。为了提高平台信息的多样性和推送的惊喜性，平台可以采取按比例推送的策略，让不同兴趣爱好的用户群体都能通过推送获得多样化的信息。

总之，滚动新闻的设置有助于用户及时掌握重要事件，而专题新闻则提供了对事件的深入分析。通过在推荐页的前端设置滚动新闻栏目，并将重要的专题新闻放在显著位置，可以有效地促进用户在个性化推荐的新闻客户端上实现从“回音室”到“人行道”的转变，从而丰富用户的新闻消费体验。

（四）提升网民媒介素养

随着算法驱动的个性化推荐和内容生态的日益开放，媒体内容的海量化、碎片化、多样化、肤浅化和娱乐化趋势日益显著。在这样一个环境中，人们不再是仅仅被动接收统一分发、统一编排的信息，而是需要学会主动选择、辨别和理解各种信息。因此，媒介素养在当今社会变得尤为重要。美国媒介素养研究中心于 1992 年给出了媒介素养的定义，它指的是个人面对不同媒介信息时所具备的一系列能力。这些能力包括选择信息的能力、理解信息的能力、对信息质疑的能力、评估信息的能力、创造和生产信息的能力、进行思辨的能力。这一定义突出了在多媒介环境中，个体应具备的关键能力，以便更有效地处理和利用各种信息。在数字时代，这些能力对于帮助人们在信息海洋中导航、识别有价值的内容并做出明智的判断至关重要。

第一，用户必须认识到，算法的个性化推荐可能将他们限制在一个狭窄的信息空间内。这些新闻客户端通过推送用户感兴趣的内容来增强用户黏性和使用时长，但同时可能导致信息的局限性。因此，作为信息的接收者，人们需要明白这种个性化推荐可能带来的问题，并采取措施来克服这些局限。解决这个问题的一个方法是通过多个渠道、从多个角度去获取信息，而不是依赖单一的新闻客户端。这意味着除了数字媒体，还应该包括传统媒体如书籍、报纸，以及通过旅行、参与公共讨论等方式来增加信息获取的多样性和深度。这种多元化的信息获取方式有助于拓宽个人的视野，避免信息的单一性，从而提升自身的认知水平和信息的全面性。通过这些手段，用户可以避免成为互联网世界中的信息孤岛，而是成为信息丰富、观点多元的信息公民。

第二，正确选择、判断和理解信息的能力在现代信息环境中尤为重要。面对算法推荐的信息，用户应该避免盲目接受，而是要通过评估信息的重要性、必要性和质量来决定是否阅读。具备独立的理解能力对于解析信息内容、判断其表达的观点或意见是否合理至关重要。例如，对于“国际环保日”的相关报道，当这一事件被突出报道时，用户可能会接收到大量的文章和观点，包括自媒体发布的内容。面对这些信息，用户需要培养强大的判断和辨别能力，以区分哪些内容是基于事实的、有逻辑的论述，哪些可能夸大或虚构。这种能力使用户能够从复杂的信息流中提取有价值的内容，形成基于事实和逻辑的见解。这不仅有助于个人形成更全面、客观的理解，也是适应信息泛滥时代的关键技能。

第三，媒介的正确使用至关重要。作为媒介的积极使用者，人们拥有控制使用方式、方法和手段的能力。重要的是要认识到，新闻客户端只是获取信息的众多途径之一，而在采用个性化分发的新闻客户端中，其核心更多地转向了信息的分发方式，而非内容本身。因此，用户应该具备对信息的辨别能力，不应不加批判地接受所有信息。例如，对于类似“某城市空置房屋数量增加，政府考虑征收空置税”之类的新闻报道，受众需要对这类信息进行真实性和价值的判断，而不是盲目接受。提高媒介素养的关键不仅在于教育水平的提升，还包括个人的主动学习和适应。面对不断发展的人工智能和算法推荐、个性化分发的趋势，人们需要适应和成长，而不是逃避或失去发展的机会。适应这一趋势意味着学会如何在信息海洋中有效地导航，同时保持批判性思维，这样才能充分利用媒介的优势，同时避免其潜在的陷阱。

第七章　智能传播时代新闻价值重塑的策略

第一节　技术与内容的平衡

一、降低技术依赖，培育优质内容

在智能环境中，技术已经深入新闻的采集、编辑、分发等每一个环节。算法和大数据技术使得新闻机构能够更精确地分析受众需求，为他们提供个性化的内容。但这种技术驱动的方法也带来了风险。过度依赖技术可能会导致新闻内容的同质化，忽视新闻内容的质量和深度。降低对技术的依赖并不意味着完全摒弃技术，而是要找到技术和内容之间的平衡。在智能传播时代，培育优质内容是新闻机构的核心竞争力。优质的内容不仅仅包括事实准确、客观公正的报道，还包括为受众提供有深度、有见解、有价值的信息。

为了培育这样的内容，新闻机构需要对现有的新闻制作流程进行改良。在内容创作阶段，记者不应仅仅满足于表面的报道，而应深入挖掘背后的原因和逻辑，提供更为丰富和多元的视角。编辑则需要对内容进行严格的筛选和加工，确保其质量和价值。此外，新闻机构还应该加强与受众的沟通和交流，了解他们的需求和期望，使内容更为贴近受众。在技术层面，新闻机构也应该审慎使用算法和大数据技术。这些技术可以为新闻提供强大的支持，但也可能导致新闻的片面和偏见。为了避免这种风险，新闻机构需要建立一套完善的技术评估和监督机制，确保技术的应用是为了服务内容，而不是替代内容。

二、引入人工审核

在新闻传播的现代格局中，智能技术如算法和大数据已逐渐成为核心工具，其通过精准地为用户提供所需信息，正在重塑传统媒体的运作模式。尤其在数字化的环境中，传统媒体可以通过智能技术记录和分析用户的阅读习惯和消费模式，从而为其提供更为个性化的新闻内容。然而，此种模式下，机器自主选择和推送的新闻内容常常缺乏深度，容易导致信息茧房效应，即用户被限制在一个狭窄的信息圈中，难以接触到多元和全面的新闻。机器的判断基于数据和算法，但其内在的逻辑可能并不总是与人的价值观和判断一致。例如，某些劣质、低俗的内容可能因为其短期内的高点击率而被算法优先推荐，而那些深刻、有质量但不那么“吸引眼球”的新闻内容可能会被边缘化。这种现象不仅导致了新闻内容的同质化，还可能损害公众的知情权。

随着技术的进步，新闻传播的形式也在发生变革。短视频新闻以其形式的新颖和传递信息的高效性迅速获得了大众的喜爱。但与此同时，它也带来了一系列的挑战，如如何确保视频中的信息真实准确，如何处理那些隐晦的、带有不良倾向性的内容等。机器筛选在这方面的弊端逐渐显现，简单的关键词拦截很难完全滤除这些问题内容。因此，人工审核显得尤为重要。与机器不同，人类具有复杂的情感、价值观和经验，能够更为准确地判断新闻内容的价值和意义。尤其是在处理涉及伦理、道德和社会责任等复杂问题时，人的判断往往更为中肯和到位。但简单地引入人工审核并不够，更重要的是如何有效地结合技术和人的优势，建立一个既高效又公正的新闻筛选和推送机制。这需要媒体机构深入思考，如何将技术与人的力量有机结合，确保新闻的真实性、公正性和多元性。人工审核团队，不仅要有足够的专业知识和经验，还要具备高度的伦理道德观念。这需要媒体机构定期为其提供培训和教育，确保其在处理复杂的新闻问题时能够做出正确的判断。

三、培养全能人才

智能传播时代对新闻行业带来了深刻变革。传统上，新闻传播主体主要依赖人文知识和专业经验来进行新闻的采编和传播。但在当今时代，技术的高速发展和广泛应用使得这一角色发生了根本性变化。越来越多的新闻机构和工作者开始依赖技术工具，如算法、大数据和人工智能等，来进行新闻的生产和分发。这无疑大大提高了新闻的生产效率，扩大了新闻的传播范围，但也带来了一系列的伦理和价值问题。过度依赖技术可能会使人类失去对真实、公正和多元的追求，而变得像机器一样单一和冷漠。这对于新闻行业而言是一个巨大的挑战。新闻不仅仅是信息的传播，更是对公众的教育和引导。如果新闻传播主体失去了人文价值和伦理原则，那么整个社会可能会因为缺乏真实、公正和多元的信息而受到损害。因此，新闻机构和工作者应当在技术和人文之间找到平衡，既要充分利用技术的优势，也要坚守新闻的价值和伦理原则。这需要新闻机构和工作者既掌握先进的技术知识，也具备深厚的人文素养和伦理观念。

新闻工作者应当对技术有深入的了解和掌握，这不仅仅是为了提高工作效率，更是为了能够批判地看待技术，明确其在新闻生产中的作用和局限。只有深入了解技术，才能避免被其所左右，确保新闻的真实性、公正性和多元性。新闻工作者还应当加强对人文素养和伦理素养的培养。这不仅仅是为了提高新闻的质量，更是为了确保新闻传播主体在面对复杂的社会问题时能够做出正确的判断和选择。这需要新闻工作者对历史、文化、哲学和伦理等领域有深入的学习和研究。

智能传播平台，由于其强大的技术驱动能力，已经在信息传播领域取得了不可撼动的地位。然而，正如传统媒体需要遵循一定的价值观和伦理规范，这些技术平台同样也不应置身事外。尽管它们的核心团队可能并非新闻传播背景，但其产生和传播的内容已经对社会和公众产生了深远的影响，因此也应当承担起相应的社会责任。这些智能传播平台的首要任务是认识到其不仅仅是技术提供者，更是新型的信息传播者。这意味着其不仅要关注技术的创新和完善，更要深入了解新闻传播的价值观和伦理原则，确保其传播的内容真实、公正和多元。为此，智能传播平台应当加强对其技术团队的培训和教育，不仅要让他们掌握先进的技术知识，更要让他们了解新闻传播的基本规范和伦理原则。这不仅可以提高平台的公信力，还可以为公众提供更为真实、公正和多元的信息。此外，智能传播平台还应当加强与传统媒体和新闻机构的合作和交流，借鉴其丰富的经验和专业知识，确保技术的应用是为了服务内容，而不是替代内容。

第二节　伦理与责任

一、坚守真实客观

在现代社会中，新闻传播在塑造公共认知和意识形态中扮演着关键角色。人们日常的生活决策，无论是微小还是重大，很大程度上都是基于从外部环境获取的信息。这使得新闻传播的真实性和客观性成为社会运作的基石。当信息的真实性被质疑，或者被明显歪曲，它不仅威胁到个体的决策过程，更可能导致整个社会的功能失调，进而影响社会的和谐稳定。

真实性在新闻伦理中一直被视为核心原则。对于每一位参与新闻传播的主体，无论其背景是传统媒体、数字平台，还是个人自媒体，都存在一个共同的责任，那就是传播事实真相。这一原则的重要性在智能传播时代变得尤为明显。在这个时代，信息的传播速度迅猛，而人们对信息的需求也变得更为迫切。在这样的背景下，对信息真实性和客观性的维护成为决定新闻传播能否健康发展的关键。

智能传播的复杂性使得维护信息真实性和客观性变得较为困难。首先，大量的用户生成内容涌入信息流，这些内容的真实性和质量参差不齐，为信息的筛选和核实带来了巨大的挑战。其次，算法的介入使得信息的筛选和推送变得更为自动化，而这种自动化可能导致信息的偏见和同质化。在这样的背景下，坚守真实客观的原则变得尤为重要。无论是传统媒体还是数字平台，都应该加强对事实真相的调查和核实工作。这不仅需要严谨的工作流程，还需要强大的伦理观念和责任意识。此外，为了提高信息的真实性和客观性，新闻传播主体还应当加强与公众的沟通和交流，让公众参与新闻的生产和传播，共同维护信息的真实性和客观性。那些以转载主流媒体和刊发自媒体内容为主的传播平台，在信息筛选和推送中扮演着关键角色，因此其有责任确保转载和刊发的内容是真实、公正和多元的。这不仅需要技术的支持，还需要有强烈的伦理观念和责任意识。这些平台应当与主流媒体建立紧密的合作关系，确保信息的真实性和客观性，还应当加强对自媒体的监督和管理，提高其准入门槛，确保其内容的真实性和质量。

二、尊重人格尊严

在新闻传播领域中，对人格尊严的维护和尊重被视为一种基本的伦理要求。这种尊重不仅是对个体的尊重，更是对人类文明和社会和谐的维护。对于任何传播主体来说，无论其出于何种目的，都应当始终牢记这一原则，确保其传播的内容不损害任何人的人格尊严。

人格尊严这一概念源于人类对自己和他人的尊重和认同。每一个人都有自己的价值和尊严，不应当被任何人或事物所侵犯或剥夺。从这一角度看，尊重人格尊严不仅仅是一种伦理要求，更是对人的存在和价值的肯定。

在我国，尊重人格尊严的原则已经被纳入法律体系。例如，《中华人民共和国宪法》第三十八条明确规定：“中华人民共和国公民的人格尊严不受侵犯。禁止用任何方法对公民进行侮辱、诽谤和诬告陷害。”这一规定不仅是对公民权利的保障，更是对社会和谐和稳定的维护。然而，在实际的新闻传播过程中，尊重人格尊严的原则并不总能得到有效的维护。随着技术的发展和社会的变革，新闻传播面临前所未有的挑战。尤其是在数字化的环境中，信息的传播速度和范围得到了前所未有的提升和扩大，而这也给尊重人格尊严的原则带来了巨大的压力。

在这样的背景下，新闻传播主体应当加强对人格尊严的尊重和维护。无论是报道事件的选择、内容的呈现，还是信息的传播方式，都应当始终遵循这一原则，确保不侵犯任何人的人格尊严。尤其是在报道涉及犯罪或伤害的事件时，新闻传播主体应当更为谨慎，避免传播可能导致产生伤害或不良影响的内容。

三、传播正面新闻

在智能传播时代，新闻的价值观和传播方式都经历了深刻的变革。随着技术的日益进步，信息的生成和传播速度迅猛，涉及的领域也日益广泛。在这一过程中，正面新闻的价值和意义被重新审视。正面新闻不仅是指内容积极向上的报道，更多的是指那些能够促进社会和谐、增进人们相互理解和信任的新闻。智能传播时代的到来为新闻传播带来了无限的可能性。信息的获取和传播变得前所未有的容易和快速，但这也带来了一个重要的问题：在如此庞大的信息海洋中，如何确保新闻的真实性、客观性和正面性？这不仅是技术的问题，更是一个伦理和责任的问题。

正面新闻的价值首先体现在其对社会的正向影响上。在一个充满变革和挑战的时代，人们面临着各种压力和困惑，正面新闻可以为人们提供一个积极、向上的视角，帮助人们看到社会的光明面，使其对未来充满信心和希望。此外，正面新闻还可以促进人们之间的相互理解和信任，为社会的和谐和稳定提供有力的支撑。但在实际的新闻传播过程中，正面新闻并不总是受到足够的重视。一方面，由于经济和商业的压力，一些新闻机构和传播主体更加追求眼球和点击率，导致正面新闻的报道受到忽视。另一方面，由于技术的介入，新闻的筛选和推送变得更为自动化，导致正面新闻的传播受到限制。

面对这一挑战，新闻机构和传播主体应当加强对正面新闻的重视和传播。首先，应当认识到正面新闻的社会价值和意义，将其作为新闻传播的重要方向。其次，应当改良对正面新闻的筛选和推送机制，确保其能够得到广泛的传播和关注。最后，应当加强与公众的沟通和交流，了解公众的需求和期望，为公众提供真实、客观、正面的新闻。

第三节　行业监管与法律框架

一、强化行业监督

在智能传播时代，对新闻价值的塑造和维护得到了前所未有的关注。随着技术的进步，新闻传播变得更为快速和广泛，但这也带来了一系列的问题和挑战。为了确保新闻的真实性、客观性和正面性，强化行业监督成为一种必要和迫切的选择。在传统的新闻传播模式中，行业监督主要依赖于媒体的自律和社会的公众舆论。但在智能传播时代，由于信息的传播速度和范围都得到了前所未有的提升和扩大，传统的监督方式已经难以适应新的挑战。因此，新的行业监督模式和机制应当被建立和完善。

传播主体的自律意识是行业监督的基石。每一个参与新闻传播的主体，都应当认识到自己的社会责任和义务。为了确保新闻的真实性、客观性和正面性，新闻传播主体应当更加自律，加强对自身的监督。例如，中华全国新闻工作者协会推出的“媒体社会责任报告制度”，是一种有效的自律和监督方式。通过这种制度，新闻传播主体可以定期向国家和社会公开其遵守行业法律法规、安全刊播、舆论引导等方面的实行情况，及时发现和纠正自身的问题。但仅仅依靠传播主体的自律是不够的，相关主管部门的监督和干预同样重要。对于那些技术属性突出的智能传播平台，应当加强对其内容和分发规范的审核和监督。例如，可以设置关键词拦截，及时发现和剔除低俗、敏感、有害的内容。同时，监管部门还应当成立专门的监督工作小组，全天候地对平台发布的内容进行审查，确保其真实性、客观性和正面性。

二、完善并更新现有法规

智能传播时代的到来重新定义了新闻传播的边界，为信息的生产和传播带来了前所未有的便利和效率。但与此同时，这也给新闻行业带来了一系列的伦理和法律问题。在这种背景下，制定和完善相关法律法规成为确保新闻价值得以维护的关键。过去，新闻传播主要依赖于传统的媒体，如报纸、电视和广播。这些媒体的生产和传播都受到了严格的法律法规的约束和监管。但在智能传播时代，新的传播主体和平台如雨后春笋般涌现，其发展和更新速度远超传统媒体，这给现有的法律法规带来了巨大的挑战。

我国已经制定了一系列的法律法规，如《中华人民共和国网络安全法》《互联网新闻信息服务管理规定》等，来保障新闻行业的健康发展。然而，新的技术和平台不断涌现，带来了一系列新的问题和挑战，如信息的真实性、客观性和正面性，用户隐私的保护，信息的安全和完整性等。这些问题和挑战远远超出了现有法律法规的覆盖范围，因而需要人们重新思考和制定新的法律法规。

为了应对这些新的挑战，建议具体从以下几个方面采取优化措施。首先，要明确不遵守规范的平台的惩罚措施，特别是加重经济处罚。在利益驱动下，许多平台可能选择违规操作以追求更高的经济利润。只有违规成本足够高，才能有效地遏制这种行为。其次，必须明确监管部门的执法权限和范围。在智能传播时代，信息的传播速度快、范围广，从而产生了很多问题和争议。为了更好地保护公众的权益和维护新闻的真实性、客观性，监管部门的执法权限和范围必须得到明确和具体化。这不仅能够保证公众的权益得到有效保护，也能够为传播主体提供一个明确和稳定的法律环境。再次，结合行业的发展趋势和特点，必须不断完善和更新相关法律法规。这包括制定明确的准入规则、竞争规范、鼓励政策和惩罚措施等。最后，还可以向国外学习，吸取其在这一领域的先进经验和做法，结合我国的国情和实际，建立一套符合社会主义特色的新闻传播制度。

第四节　受众参与与反馈

一、鼓励受众互动

在智能传播时代，受众的地位已经从被动的信息接收者转变为信息的共同创造者和参与者。这种转变不仅为新闻传播带来了新的活力，同时为传播主体提供了新的思考和挑战。鼓励受众互动是这一变革的核心，旨在实现信息的双向流动，增强新闻传播的有效性和公信力。受众互动不仅仅是传播主体与受众之间的简单交流，更是一种深度的信息共享和合作。通过与受众的互动，传播主体可以更好地了解受众的需求和期望，从而提供更加贴近受众的信息服务。同时，受众也可以通过与传播主体的互动，更好地了解信息的来源和背景。鼓励受众互动的方式有很多，如设置在线论坛、问答平台、实时聊天室等。这些平台不仅可以为受众提供一个发表意见和提问的渠道，也可以为传播主体提供一个了解受众需求和反馈的途径。除此之外，传播主体还可以通过定期展开在线调查、问卷调查等方式，更系统地了解受众的需求和期望。

仅仅提供互动的平台并不够，还要创造一个鼓励受众积极参与的环境。这需要传播主体提供高质量、有深度的内容，以吸引受众的关注和鼓励受众参与。同时，传播主体还需要对受众的反馈给予足够的重视，及时回应受众的问题和疑虑，以增强受众的信任和满意度。此外，受众互动还可以为传播主体带来新的内容和创意。通过与受众的深度交流，传播主体可以了解到受众的真实想法和需求，从而为其提供更加贴近受众的内容。受众也可以通过与传播主体的互动，为其提供新的信息来源和创意，从而丰富信息的内容和形式。

二、建立反馈机制

在智能传播的时代背景下，传播主体与受众之间的关系不再是单向的、静态的，而是双向的、动态的。为了更好地满足受众的需求，提高信息的传播效果，建立有效的反馈机制尤为关键。反馈机制不仅可以帮助传播主体更好地了解受众的需求和期望，也为受众提供了一个表达意见和提供反馈的渠道。一个健全的反馈机制应当涵盖多个层面，从宏观到微观，从内容到形式，确保信息的全面性和准确性。这要求传播主体具备敏锐的洞察力和创新能力，能够快速捕捉到受众的变化和需求，及时调整信息的传播内容和策略。

在内容方面，反馈机制可以帮助传播主体更好地了解受众的兴趣和喜好，从而为其提供更加贴近受众的内容。例如，对于一则关于科技创新的新闻，受众可能更关心其对日常生活的影响，而不是技术的细节。通过有效的反馈机制，传播主体可以了解到这一点，从而调整新闻的内容和角度，使其更加贴近受众的需求。

在形式方面，反馈机制可以帮助传播主体了解受众的阅读习惯和偏好，从而为其提供更加合适的信息展现方式。例如，对于年轻受众，他们可能更喜欢通过移动设备阅读新闻，而对于中老年受众，他们可能更喜欢传统的纸质媒体。通过建立有效的反馈机制，传播主体可以了解到这一点，从而调整信息的发布渠道和形式，满足不同受众的需求。

此外，反馈机制还可以为传播主体提供关于信息传播效果的直接反馈，帮助其评估信息的传播效果，及时调整传播策略。例如，对于一则关于环保的新闻，如果受众的反馈显示其对该新闻的关注度较低，传播主体可以及时调整新闻的内容和角度，使其更加吸引受众的关注。

第八章　计算传播学与新闻传播的重构

第一节　计算传播学概述

一、计算传播的出发点是个性化媒介需求

在20世纪末，针对搜索引擎的不足，推荐系统开始被研究，并于21世纪初盛行。如今，各种智能设备上的应用正试图利用这种技术满足每位用户的独特需求。过去，由于技术限制和资源稀缺，用户的这种个性化需求被忽视。大众媒体更多地将受众视为一个整体，而不是独立的个体。但现在，情况发生了变化。新技术允许媒体利用大数据分析用户的行为，更准确地满足他们的需求。这也是计算传播开始受到关注的原因，它注重的是用户的异质性。新兴的媒体如今日头条、抖音等，它们并未延续传统的大众媒体路线，而是选择了使用算法来分析用户的信息消费习惯，为他们提供感兴趣的内容。这些推荐不仅基于用户所在的群体，还基于每个个体的兴趣和行为。

在当下的信息时代，人们正目睹一场前所未有的传播革命。这场革命的根源，一方面是消费者对于个性化服务和内容的渴求，另一方面则是企业和广告机构对于用户数据的挖掘和运用。随着物质消费和文化消费的升级，大众对共性的追求已逐渐转变为对个性的追求，这无疑为传播领域带来了新的机遇和挑战。

传统上，消费观念多是“我也想拥有和他一样的东西”，但在现今社会，这种观念已经演变为“我想要拥有和他不一样的东西”。这种对个性化的追求，正是推动企业和广告机构不断创新的原因。企业开始为消费者量身定制产品，而广告机构则深挖用户数据，以便为不同用户推

送更符合其需求的广告内容。广告的传播已经从大众化、分众化，逐渐进入个众化的阶段，这是计算科学驱动下的一个必然趋势。

“个众化”或“微分化”的广告传播与“魔弹论”的广告轰炸截然不同，其核心是提供一种信息服务，旨在过滤出最符合消费者需求的产品或信息，为消费者提供个性化的推荐服务。这样的服务，实际上是在品牌、产品、营销和广告的过剩语境下，为消费者提供的一种滤镜。

希佩尔（Hippel）将用户创新的概念引入传播学研究，为人们提供了一个全新的视角。在社交网络、即时通信工具和社会化媒体平台上，个体用户开始分享他们的个性化创意、需求或解决方案，并积极参与产品研发、品牌营销和内容生产等传播环节。这种参与，实际上是用户创新的体现。为了更好地整合这些用户创新，媒体和企业需要在战略层面上将焦点落于每一位用户的个性化需求，并在战术层面上深入了解用户在社交网络中的态度与行为。

为了实现上述战略和战术的转变，人们需要数据和算法。在面对众多的用户和他们产生的非结构化数据时，仅依靠人力来完成数据的采集、存储、挖掘、分析和建模等工作是不现实的。因此，计算传播学的发展成为一个必然的趋势。

然而，计算传播范式对个体和个性化需求的强调，并不意味着对大众需求的视而不见。相反，该范式在解决个性化需求的同时，也能实现对优质内容的大众化和规模化覆盖，从而满足大众的共性需求。这无疑为传播学领域带来了新的机遇和挑战，也为人们打开了一个全新的研究和实践领域。

二、计算传播的本质是实现供需精准匹配

当提及计算传播，人们很自然地会想到先进的资讯推荐系统、自动化广告平台、专业新闻发布软件以及智能舆情监测工具等。其中的信息收集、数据建模、算法设计和工具优化等技术层面，对大部分研究者、

工作者以及用户来说，似乎是高深莫测的。但事实上，如果人们不深入研究技术的具体实现，计算传播的核心是相对简单的：它以数据驱动和计算方法为基础，实现信息产品与用户需求之间的精确匹配。以流行的个性化内容推荐系统为例，尽管它背后有众多复杂的算法和架构支撑，但其基本逻辑却是简单明了的：更深入地理解待推送的内容、更全面地了解目标受众，从而更精准地将内容与用户进行匹配。这种方法旨在确保内容供应与用户需求之间的完美契合。算法的引入使得每位用户可以获得与其个性特征和兴趣相匹配的新闻或资讯，从而使“为我量身打造的新闻资讯”成为新媒体传播的标准。

再看计算广告中的程序化投放环节，尽管它依赖于先进的广告引擎和迭代计算框架，但其核心目的却是寻找最佳的广告投放策略，以最大化广告活动的效益。

实际上，计算传播的各个子领域的技术研发和商业应用都围绕以下四个核心议题逐步演进：①深化对用户的认识，为他们提供量身定制的服务；②助力用户寻找他们心仪的商品或内容；③为用户减轻信息过载的困扰；④增加在线平台或移动客户端的展示和点击转化效果。仔细分析这四个，甚至更多的实际问题，可以看出它们都强调了信息供应与需求之间的精确匹配的重要性。只要信息提供者能够精准地满足用户在特定情境下的需求，上述的问题自然就会得到缓解。

利用大数据的理念和工具，人们可以更为深入地了解用户的需求和喜好，从而为他们提供更加个性化、精准化的信息和传播服务。这样一来，转化率和点击率自然会得到提升。用户也不必再为海量的信息而感到不知所措，他们只需关注那些已经为他们筛选和匹配的推荐内容。那么，如果推荐的内容过多如何是好？这主要是因为平台对用户的理解尚未到位，或者说推荐系统和匹配算法尚不完善，导致提供的推荐并未完全符合用户的真实需求。解决这个问题的关键是在上述四个领域中持续提高自身能力，追求卓越。

人们已经经历了多个传播模式，从媒体编辑、搜索引擎，到社交关系，再到由现代的推荐系统主导的信息匹配。在每一个阶段，虽然信息匹配的精准度都有所提高，但都还存在进一步优化的可能。总的说来，现在的个性化推荐内容比传统媒体如报纸和电视上的同质化内容更为准确。目前的计算传播理念和技术存在一些挑战，如算法偏见、信息孤岛或数据不平等等，它们都反映出一个核心问题，那就是当前的算法并不完善，使得信息的供需匹配也不是十分理想。但现实是，基于大数据的算法往往比传统的报纸编辑、搜索引擎更能准确地把握人们的需求，为人们推荐合适的信息、商品或服务。人们所面对的信息噪声持续增长，因此必须不断地更新和迭代筛选和过滤方法，以避免在进行信息选择时的压迫和困惑。人们无法浏览过去 24 小时内上传到网络上的所有内容，同样地，人们也不可能在电商平台上逐一对比所有手机再决定购买。因此，高效的算法和推荐系统变得尤为重要，它们能够帮助人们在海量信息中找到真正对其有价值的内容。

在当前的智能媒体时代，信息、内容、娱乐和渠道已经不再稀缺，真正稀缺的是用户的注意力。人们所拥有的时间是有限的，而待人们探索的内容却在不断膨胀。面对这样的环境，计算传播模式，如资讯推荐系统和程序化广告投放，不仅改变了用户的信息接收模式，让用户从被动接收变为主动筛选，还提高了信息的阅读效率，确保信息能够精准传达给目标用户。

当然，传统的媒体编辑推荐、搜索引擎推荐和社交关系推荐等方式仍有其价值。但在智能媒体时代，人们的核心目标是不断优化算法推荐系统的准确性。凭借现代技术如深度学习和人工神经网络，人们有能力实现这一目标。高效的匹配算法能够从海量数据中汲取知识，预测未来，从而更为精准地满足用户的需求。理想的计算传播模式应该确保用户总能与最匹配的内容相遇，让每一个信息都如用户期待般的精彩。

三、数据思维是计算传播认识论的基础

大数据既包括长时间跨度中对特定主题的深入数据，也涉及短期内对广泛内容的集合。在计算传播的学术或实际应用中，这些信息集合是不可或缺的数据基石，为人们提供了一个全面的数字世界，记录着所有人的生活。这些数据不仅呈现出随时间变化的趋势，还为计算传播研究开辟了新的视角和方法。

大数据已经融入人们现代生活的方方面面，每一种信息交互都无法避开这个数据世界，简单的传统传播模式已然不再。无论人们是在互联网上浏览资讯，还是在车内听广播、在智能电视上看球赛，或是使用手机应用社交，背后都有复杂的数据采集与处理过程。这些设备不仅实时收集与人们行为相关的数据，还即时地将这些信息传递给远端服务器，以在瞬间为人们带来更优化的服务体验。通过先进的存储技术和经济高效的云计算，这些庞大的数据资源为传播研究和技术开发带来了新的研究方法和解释工具。对于普通用户来说，传播可能是直观和具体的，但对于研究者和开发者来说，传播更像是一系列互相关联的数据流。这种基于大量、实时、多维度的数据分析，与传统的统计抽样相比，为计算传播学带来了全新的视角和理解方式。

在当今的传播领域，大数据已经不仅仅是一个技术工具或研究方法，而是一种全新的思维方式和世界观。这一变革并不是简单的表层变动，而是触及了传播学的核心。它重新定义了人们理解、分析和应对信息的生产、传播和消费的方式。首先，大数据的出现使得传播生态体系发生了根本性的变化。原有的学术框架、理论体系和实践方法，在大数据的冲击下，有的已经黯然失色，有的甚至轰然倒塌，但同时催生了新的研究方向和实践方式。大数据时代的信息传播不再受限于传统的线性模型，而是基于数据分析的多维、交互、实时和动态模型。这意味着，无论是学术研究者还是传媒工作者，都需要用全新的视角去理解和分析

信息传播。此外，大数据不仅改变了传播的本质，还为人们提供了前所未有的机会去实现个性化、智能化的传播。算法驱动的推荐系统等工具能够深入分析用户的行为和需求，为用户提供个性化的内容和服务。例如，基于用户的行为数据，服务提供商可以为用户推荐合适的餐厅、电影或其他娱乐活动，提供个性化的行程建议，甚至自动为用户设置提醒或调整手机设置。这不仅仅是技术的进步，更是对用户需求的深度洞察和精准满足。

然而，大数据带来的变革并未止步于此。当每个用户都能够利用数据来深入理解自己的信息需求和媒介消费行为时，他们对服务提供商的期望也会随之提高。这对于媒体来说，无疑是一个巨大的挑战。但同时，这也为媒体提供了机会去更深入地了解用户，更精准地满足他们的需求，从而实现更高的用户满意度和忠诚度。这就要求其不仅掌握大数据的技术和方法，还需形成一种数据观，一种基于数据的思维方式和决策方法。

大数据时代的到来，不仅改变了信息收集、传播和消费的方式，更进一步地重塑了传播学、计算社会学以及数据科学领域的研究范式和框架。此时代融合了先进的计算技术与丰富的数据资产，为学者提供了一片前所未有的研究领地，同时为社会、政府、企业和个体提供了全新的、数据驱动的信息传播方式。然而，如何高效、有效、富于前瞻性地利用这些数据，成为智能媒体领域的核心议题。从数据的挖掘与分析层面来看，这不仅要求传统的传播学者对数据工具和方法进行熟练掌握，还要求他们具备深入的数据敏感度和挖掘能力。数据的价值不仅体现在其量化的规模上，还体现在其能够揭示深层次、细微的社会、经济、文化和个体的现象与趋势。例如，拥有大量用户数据的媒体企业，如何将这些数据转化为对用户行为、需求和偏好的深入洞察，进而为用户提供更加精准、个性化的内容和服务，是其面临的重要任务。企业不仅要积累数据，还需掌握精湛的数据分析与变现能力。毕竟，仅仅拥有数据并不等同于掌握了传播的话语权，真正的话语权在于如何将这些数据转化为有价值的知识和智慧。

提出有现实意义的前瞻性问题在数据时代显得尤为重要。只有能够从大数据中发现并提出前沿、具有研究价值的问题，研究者才能站在学科的前沿，避免沦为跟随者。其中的挑战在于，大数据提供的是原始、未加工的信息，而提出问题、形成理论需要的是对这些数据进行深度、系统的解读和思考。因此，如何培养和增强学者在大数据背景下的问题意识和问题提炼能力，成为学术界亟待解决的问题。

另外，大数据为智能媒体带来的不仅是数量上的改变，还有质的转变。在这一转变中，数据与知识、信息与智慧之间的关系变得尤为复杂。数据虽然丰富，但需要经过筛选、加工和解读，才能转化为有价值的知识和信息。同时，如何将这些知识和信息转化为真正的智慧，使之能够指导实践、促进创新，更是数据时代的核心挑战。这不仅是技术问题，也是哲学、伦理和社会学等多学科交叉的复杂问题。

四、算法逻辑是计算传播方法论的关键

在智能媒体时代，大数据价值的释放与人工处理并非直接关联，真正的核心在于算法。它帮助人们在数据的海洋中找到方向，从而得到最优的解决方案。面对这样的数据规模，算法的任务是简化复杂性，找到答案，并为人们提供结论。基于技术理性主义和数据真实性的前提，新的数据传播秩序正在形成。

在算法逻辑下，每个人的生物标志、消费习惯、心理状态等都被视为可以量化和统计的数据。例如，算法可以分析并确定用户的兴趣点，追踪舆情事件的传播路径，预测未来的市场趋势。更高级的算法能够对社交媒体上的内容进行情感和语义分析，以推测用户的多个特征。还有更多的算法正在为人们提供关于用户喜好与社交数据间关系的见解。

随着算法在提供更个性化、场景化的信息服务中的应用日益增多，

它们的推荐效果也得到了提升。真正的核心思路在于为算法提供足够的数据，使其找到个性化的解决方案。如果效果不理想，可以通过输入更多的数据或优化模型来改进。这就是机器学习中的“期望值最大化”过程：一旦设定了一个目标，算法会不断优化其模型，使其更接近实际情况。总之，机器学习的深度和迭代次数越多，得到的模型效果就越好。

随着科技的进步，算法已不仅仅局限于高级计算或复杂任务。今天，算法正在涉足更多具体的领域，如图像分析、视频处理、情境辨析、真伪辨识、声音优化等。不同算法的背后，都有一个相同的使命：确保系统在恰当的时机，将最符合用户需求的信息推送至对应的用户。无论是为用户推荐其可能喜欢的明星、精选被广大用户热议的视频片段，还是根据用户偏好调整文字排版与字号，这些都围绕着同一个核心：让推送内容最大化其传播效应，为用户带来最大化价值。事实上，算法之所以强大，不仅是因为它具有处理信息的能力，还在于它能够影响人们如何看待和解读这个世界。算法不仅仅是对真实世界的一个映射，更是在重塑人们的世界。慢慢地，人们会更加依赖算法来了解世界上所发生之事、周围的新闻、读物、音乐、电影、流行趋势和旅行路线等。许多人可能会主动点击移动应用弹出的消息提醒，如今日头条的热门内容、抖音短视频推荐等。甚至，在许多情境中，人们可能已经不再意识到自己是在与一个算法互动。这也意味着，在当代的数字化社会中，每个互联网用户，无论在中国还是全球的其他角落，他们的日常行为和决策都受到算法的影响。不少人甚至可能并不清楚“算法”“大数据”“机器学习”等这些词语的真正含义。而对于那些对这些技术有所了解的人来说，他们更加认识到一个事实：尽管觉得是自己在做决策，但很多时候，是算法提供了方向。人们已经进入一个前所未有的时代，其中，人们对算法的信任和依赖已达到空前的高度，而人们在信息选择中的主导地位正在逐渐减弱。

在当代社会中，算法在人们的决策中发挥着愈加重要的作用。虽然这些决策往往并不是那么严肃或有大影响力的，如选择哪篇文章、观看哪个视频或是听哪首歌，但随着人们对算法的信赖加深，这些小决策在某种程度上重塑着人们的生活方式和沟通习惯。然而，这种深度依赖并不完全是好事。算法对人们的生活产生的影响是双面的。一个经常被提及的负面影响是“信息茧房”现象，也就是个性化算法只向用户推荐他们可能喜欢或同意的信息。这会导致用户只看到狭窄、带有偏见的内容，从而缩小了他们的视野。但如果设计得当，算法也能够帮助用户突破这个信息茧房，将多样化的内容推荐给他们。无论是什么技术，都不可能完美无瑕，算法也是如此。但关键在于，人们是否意识到了这些问题，并寻找解决方案。比如，人们可以开发新的算法，用这些算法纠正过去算法的偏见，为用户提供更全面、多样化的内容。虽然很多人认为算法是中立的、客观的，但事实上，算法背后隐藏着开发者的价值观和偏见。这些价值观和偏见会影响算法如何为用户推荐内容，从而影响用户的信息消费习惯和世界观。因此，人们必须时刻提醒自己，技术是人类的一种工具，它的价值在于如何被使用。人们需要确保使用技术的方式是正面的、建设性的，而不是有害的或具有破坏性的。

五、计算传播学的发生发展

传统的传播模式主要是基于一对多的结构，这种结构依赖于大众传播媒介和信息的核心传播者来对信息进行编码和解码。然而，这种编解码方法，由于其固有的简化性和缺乏交互性，往往只能对信息进行基本评估。此外，由于其单向的特点，媒体机构在监控和评估受众反应时也受到许多限制。简而言之，传统的大众传播模式，由于其基于一对多的单向通信，所以在技术和需求上并未涉及大数据的收集和处理。随着网络技术的兴起，通信模式正在经历一场革命。网络技术让个人和机构能够以前所未有的方式建立连接，并在这种连接上创造丰富的交互模式。从一对一到多对多，从熟悉的社交网络到广泛的公众平台，交互变得即时和高效。在这种情境下，没有中介或信息的核心传播者，每个人和每个组织都必须直接参与信息的编码、译码和解码。这种互动的增加和频率的提高导致了大量数据的产生。这些数据不仅记录了传播的内容和效果，而且提供了优化通信的机会。算法和计算技术正在这个过程中发挥着日益重要的作用。随着计算技术在通信领域的广泛应用，人们正在从一个以发送者为中心，向接收者“推送”信息的模式转向一个新的模式，即接收者可以简单地通过数字设备来“拉取”他们需要的信息。

随着互联网及移动互联网技术的快速演进，网络空间所产生的庞大数据流为传播行为和传播过程的观察与研究提供了独特的资料来源。特别是当大数据技术与人工智能技术在近些年取得显著进展后，由数据挖掘、机器学习及智能算法推动的计算视角与工具开始在社会科学的多个子领域中获得广泛的关注与认同。在此情境之中，传播学领域也逐渐探索新的研究方法，继而在传统的传播学研究中融入计算视角，催生出计算传播学这一新兴的交叉学科。在此变革中，数据与算法的角色显得尤为关键。实际上，随着技术的革命性发展与算法的持续崛起，如经济学、营销学、统计学及管理学等社会科学领域的关键学科都在探索并不断完善一系列全新的、具有可量化与可计算特性的研究方法。这些方法旨在从更精确、更客观、更全面的角度对社会问题进行探索并提出解决方案。相应地，传播学也正在吸纳这些领域的最新研究成果与方法，努力通过更为精准的计算视角来对传播过程中的关键要素及相关问题进行深入的分析与解读。因此，可以断言，计算传播学的兴起与发展标志着传播学从传统的统计研究模式转向与现代大数据技术深度融合的创新研究模式。这不仅代表了传播学研究方法的重大进步，也为未来的传播研究开辟了新的思考与实践空间。

计算传播学的探讨不可避免地会引发对“计算”和“可计算性”的深入思考。具体而言，何为“计算”与“可计算性”呢？尽管在计算传播学以及计算社会科学的领域内，至今仍然没有对这两个概念提供一个普遍认同的明确定义，但不论是在日常生活还是学术探讨中，“计算”已经深入人心。然而，由于其普遍性，该概念往往被大多数研究者视为理所当然，因而对其进行的专门研究和讨论相对较少。对于可计算性是否为一种理论框架或是一种研究方法的问题，同样鲜有深入探讨。但当人们试图为计算社会科学或计算传播学下定义时，便会意识到有必要进一步阐释“计算”与“可计算性”的内涵。计算理论，作为数学的一个重要领域，致力于探索计算的流程和效果。该领域涵盖了算法、算法理论、可计算性理论、形式语言理论等多个子领域。其中，可计算性理论特指计算理论中探索在各种计算模型下哪些算法问题是可解的部分。

计算传播学作为一个新兴的研究领域，自其概念诞生之日起即在传播学界内外获得了广泛的认可，并展现出迅猛的发展势头。近年来，众多研究者不断地深化其理论基础，致力于拓展其研究范畴。随着计算主义与数据主义的研究方法逐渐在学术界成为主流，传统的量化研究手段如统计调查逐渐被新型的数据驱动方法所替代，从而为人们在传播现象、传播过程以及传播问题上的研究提供了更为广阔的研究视野与更为深入的分析深度。

现阶段，国内计算传播学主要应用于智能推荐、计算广告和数据新闻等领域。这些应用场景能够在短时间内在市场上获得如此显著的成功，并赢得业界及学术界的普遍关注，其背后的主要驱动力便是 21 世纪以来互联网技术、大数据技术以及 AI 技术的广泛应用与普及。这些技术的发展和应用使得大规模用户行为得以被数字化地捕获和记录，为媒体机构、营销公司以及研究机构提供了丰富的数据资源，使其进一步深化了对用户行为的研究。这些前所未有的数据，凭借其广泛的覆盖范围、深入的细节以及巨大的数据量，可以让研究者从更为客观、精确且微观的角度去探讨传播过程中的各个环节，为人们解读这一在过去似乎错综复杂的传播系统提供了创新的视角。

第二节　计算传播学与大众传播的解构与重构

一、大众传播模式与计算传播逻辑

在探索传播研究的历史与演变中，拉斯韦尔的《社会传播的结构与功能》被视为一篇关键的文献，对于中国的传播学研究具有启蒙的作用。“中国的传播学教科书里不但重点介绍这篇文章中提到的传播的5W和大众传播的社会功能，甚至大部分教材的框架也以‘传者—媒介—内容—受众—效果’这五个部分为结构。”[①] 此文一经发表，即在学术领域产生了广泛的共鸣。学者对其给予了极高的评价，甚至誉其为传播学的独立宣言。

拉斯韦尔的开篇定义，简洁地阐述了5W传播模式，即“谁、说什么、通过什么渠道、对谁、取得什么效果”（who、says what、in which channel、to whom、with what effect）。基于此模式，后续的研究者进一步发展了五大经典议题：控制分析、内容分析、媒介分析、受众分析与效果分析。此外，拉斯韦尔还进一步提出了传播的三功能学说。他强调：“我们感兴趣的不是切分传播行为，而是将其视为与整个社会过程相关的一个整体。任何过程都可以用两个参考框架即结构与功能来考察。我们的传播分析涉及其具体功能，能清楚辨析者有三：①守望环境；②协调社会各部分以回应环境；③使社会遗产代代相传。”[②] 虽然拉斯韦尔关于三功能的提法仍是学界争论的焦点，但其影响力不可忽视。

对于拉斯韦尔及其贡献的评价，学者一致认为其为传播学主流学派

① 刘海龙．一篇存在争议的传播学奠基文献[J].国际新闻界，2009（2）：9-14.
② 拉斯韦尔．社会传播的结构与功能：中文版[M].何道宽，译．北京：中国传媒大学出版社，2015：37.

的奠基者。例如，学者胡翼青认为："功能决定结构，这是标准的结构功能主义。因此，将结构功能主义引入传播研究并奠定传播研究基石的人确实非拉斯韦尔莫属。"[①] 无论是5W模式还是三功能学说，拉斯韦尔的理论为全球传播学研究树立了标杆，并与时俱进。

在当前算法、大数据和人工智能技术驱动的社会中，传统传播学正借助计算主义的思维和工具逐步优化其学科体系和理论框架，逐渐走向计算传播学的新范式。在这一变革中，新的思考模式、逻辑结构、研究工具和研究范式对传播学经典理论产生了何种影响？它是否完全舍弃了传统的研究框架，或是在新的技术背景下对传播流程进行了再造，甚至尝试重建传播学的理论体系？这些问题成为传播学研究的新挑战和方向。

在对中国计算传播学研究文献的深入分析中，可以明显觉察到，学者在探讨此学科时，大多数选择将其视为计算社会科学的一个重要分支。计算社会科学，作为信息技术与社会科学交叉的学科，已经逐渐崭露头角。此学科关注的核心是社会中的复杂现象以及集体行为，其主要的研究方法是基于计算机技术的"社会计算"，而主要的研究工具则是强大的计算机技术和庞大的网络数据。"它所侧重的研究对象是比较复杂的社会现象和群体现象，更加注重的研究方法是依托于计算机技术的'社会计算'，其研究工具更为主要的是获取大数据的计算机及大数据网络。"[②] 计算传播学在技术层面得益于一系列的创新技术，包括但不限于先进的计算机技术、传感技术、大数据技术、物联网、人工智能，以及深度学习等。这些技术为计算传播学提供了强大的技术支撑，使其能够全面地、从不同角度对传播要素和传播环节进行深入研究。利用这些技术，研究者能够对信息生产、内容分发、广告策略、用户行为、效果评

① 胡翼青．超越功能主义意识形态：再论传播社会功能研究[J]．现代传播（中国传媒大学学报），2012，34（7）：8-12.

② 詹国辉，熊菲，栗俊杰．面向大数据的计算社会科学：一种诠释社会现象的新范式[J]．科学技术哲学研究，2018，35（3）：100-104.

估以及舆论监控等传播环节进行更为精准和细致的分析。而这种深度的解读和重建，使得现代计算传播学与传统大众传播学在理论基础、研究设施、研究方法等多个层面上呈现出显著的差异。换言之，计算传播学在当今社会，已经不再仅仅是传播学的一个分支，而是一个独立而全新的学科领域，其研究深度、广度及方法论，都与传统的大众传播学有着本质的区别。在这个以数据和技术为核心的时代，计算传播学的崛起与发展，反映了信息技术与社会科学交叉融合的趋势，也为传播学界带来了全新的研究视角和理论框架。作为传播学理论研究和实践的前沿，计算传播学开启的新范式对传播学界产生了深远影响，有助于更为清晰地揭示和解释当前复杂的传播现象及其背后的机制。在智能媒体时代的背景下，计算传播学对经典传播模式的解构与重构，无疑拓宽和提升了人们对传播事件、现象、问题和原理的理解和解读的广度和深度。

二、控制分析：从意见领袖到众声喧哗

控制分析，作为研究“谁”在传播过程中发挥主导作用的子领域，关注于传播者发起并导向传播活动的各种因素。这意味着控制分析主要针对传播者及其对传播行为的影响。在传统传播环境中，由于大众媒体所固有的精英主导和资源稀缺性，话语权往往集中于少数意见领袖之手。舆论传播首先影响意见领袖，然后通过这些意见领袖进一步影响其他人群。在传统的大众传播模式下，由于信息技术的局限性，信息在到达受众后难以实现大规模的转发、讨论或再创作，这导致大部分接收者成为“沉默的大多数”，而意见领袖则在这样的背景下对他们施加影响。此种明确、单向的传播模式使得控制分析可以迅速识别并对意见领袖施加影响，进而改变其传播意图、心态、行为和效果。

在过去的 20 年中，数字化媒体的飞速进步逐渐地削弱了传统媒体中意见领袖的地位。随着博客、视频平台、即时通信、社交网络和自媒体平台的持续发展，曾经只是被动接收信息的观众，如今已经变身为可

以实时获取、评论、加工、创作和分享信息的活跃用户。在这个所谓的“微传播”时代，信息传递与接收的边界变得模糊。每个互联网用户都可以在开放的平台上建立自己的空间，成为信息的主导者，根据自己的兴趣和需要筛选和关注内容，同时创作并分享自己的观点。尽管双向互动的网络传播正在逐渐替代传统的单向传播模式，但这两种模式仍然在某种程度上存在融合和互补。传统媒体的意见领袖依然有其影响力，而在数字媒体领域也有新的关键意见领袖，或称为 KOL，他们可能是科技领域的专家、社交媒体上的名人、自媒体的创作者等。这些 KOL 与其广大的用户群体之间存在着紧密的联系，他们不仅影响着用户，也受到用户的影响，彼此间形成了一种互动和共鸣关系。

在数字媒体的时代背景下，传统的意见领袖模型正在经历前所未有的变革。数字媒体的参与性、网络化和扁平化特性为每位用户提供了成为意见领袖的可能性。每个网络参与者都可以成为信息的传播者，其言论有潜力从微小的扰动逐渐放大，最终形成具有广泛影响力的社会现象。信息在网络中以惊人的速度传播，新的网络红人可以在很短的时间内被塑造并获得广泛关注，尽管他们的名气可能会迅速消退。这种对网络中关键意见领袖可能产生的影响力的迷恋和热忱，正推动着大量的用户从被动的信息接收者转变为主动的话语参与者。这种转变不仅使得更多的受众成为信息的创作者，也催生了大量希望自己能够成为网络上有影响力的意见领袖的用户。这种广泛的参与和竞争对传统意见领袖的影响力进行了彻底的解构。

在这种环境下，媒体空间中的信息源和传播者数量急剧增加，使得信息接收者所面对的数据规模和复杂性都在急剧上升。这也使用户之间的相互作用和传播结构变得越来越错综复杂。在这种复杂的网络结构中，如何有效地分析、控制和推断信息传播的路径和结构成为重要的研究课题。然而，现今的网络环境参与者众多和信息传播路径的复杂性，使得这一任务变得格外困难。在一个充满各种意见领袖和信息流动的环境中，要准确地确定信息源、关键节点、主要传播者和信息加工者变得愈加困难。

在面临数字化传播环境中的复杂性与快速变化的挑战时，网络科学的研究为人们提供了新的方法和视角。为了深入研究这种传播模式，网络科学需要大量的实证数据，而互联网传播为此提供了宝贵的资源。具体地说，研究方式有“数字足迹”和“互联网实验”两种。在理论框架中或在互联网实验的基础上，完全可以采用传统的统计和量化方法，根据用户的“数字足迹”，如阅读、评论和转发的数据，来抽象和建模特定时间段内的信息传播路径和结构。这样的模型揭示了信息传播的起始点、传播的层次、路径的长度以及分享的范围。但在实际的传播环境中，用户行为的不确定性、传播背景的复杂性以及信息的海量性特点使得传统的研究方法面临巨大的挑战。这些难题对于传统的传播学研究来说是技术性的，因为它们缺乏适应这种环境的技术手段、分析方法和专业技能。幸运的是，大数据思维和技术的兴起为人们提供了强大的工具，特别是在研究数字化的传播路径上。数据可视化技术的应用，为人们在研究过程中解决大规模数据问题提供了实用的工具。“它主要用于微博数据流这样的大规模非数值型数据，将源数据转化为简洁易懂符合人们认知习惯的视觉图像信息。既为研究者解决了数据量大所带来的研究难度，又免去了许多社会科学背景知识的学习。”[①] 这使得，在数据化和计算化的支持下，即使在信息噪声中，人们也能够快速、直观地确定关键的意见领袖及其他角色，如发声者、附和者、追随者、反对者和搅局者，进而展开深入的分析和进行有效的信息控制。

三、内容分析：从专业主义到用户思维

在探讨传播学领域的内容分析时，不可避免地要思考一系列关于信

① 陆斌斌．社交网络中话题传播结构的可视化研究与实现[J]．现代计算机（专业版），2017（7）：58-60，65．

息传播的核心问题，即如何定义和解释“says what”的问题。随着时间的推移，尽管信息的载体和形式经历了显著的变迁，从传统的印刷媒体到电子媒体，但内容生产的权威性和决策权仍然由一群受过专业训练和教育的精英掌握。这些内容生产者，如记者、编辑、策划人员、导演和摄影师等，大多数都经受了严格的专业教育和技术培训，他们在内容制作中所采纳的方法和视角，无疑是基于专业主义和精英主义的哲学。

在全球范围内，这种专业和精英的视角在大众传播中是显而易见的。内容的生产、选择和展示几乎完全是由这些专业人士来决策的，他们为广大受众筛选、过滤和呈现信息。这些经过筛选和编辑的信息最终以各种形式呈现给公众，无论是印刷媒体上的图文、广播中的语音还是电视上的影像。在这整个流程中，这些专业人士起到了至关重要的“守门人”角色。这种模式的形成有其固有的原因：一方面，由于传统大众媒体的固有物理属性，如印刷媒体的不可更改性或广播的即时性，信息必须具有高度的质量和准确性；另一方面，鉴于大众媒体的广泛覆盖和受众的多样性，任何误导性或不恰当的内容都可能产生深远的社会影响。

在传统的传播模型中，内容的生产和分析通常基于专业人士的视角进行。这种方法强调的是内容与社会的主流价值观、精英阶层的审美标准以及宣传教育的广泛需求之间的一致性。尽管在这种模式下，受众的需求也会被纳入考虑范围，但通常被视为次要的，或在很大程度上被忽略，特别是在新闻这种信息传播领域。

然而，随着数字媒体技术的发展和普及，特别是互联网和移动互联网的崛起，传统的传播模型受到了挑战。在现代社会中，信息的可获得性已远远超出了人们的预期，如此之多的信息流入公众的日常生活中，在这种背景下，信息的供应量已经从稀缺转向了饱和，甚至超载。与此同时，专业主义的内容生产越来越多地受到了普通内容的挑战，后者更加直接地满足了用户的心理需求。这种变革的背后，实际上是市场力量的重新分配：从内容生产者的权利转向了用户的权利，从生产本位的稀缺模型转向了用户注意力的消费本位模型。因此，不仅是兴起的数字媒体，甚至那些在某种程度上被认为是日益衰落的传统大众媒体，都开始将用户的内容消费需求视为内容供应策略的核心决策因素。

消费主义是把个人的自我满足和快乐放到第一位的消费思潮或风气，该思潮促使人们不断追求新的消费品，以满足自己的精神快乐。这种现象在今天的内容消费领域也同样愈演愈烈。用户不再沉重地把内容视为一种寓教于乐、修身养性、提升能力、陶冶情操的高雅产品，相反，他们更倾向于看重内容产品的娱乐功能、休闲功能、社交功能，大多数人只是希望通过内容产品满足猎奇、消遣、宣泄等个人化的情感或精神需求。尽管这种用户至上的内容消费主义盛行的确造成了一些明显的问题，但如何在伦理和法律层面解决这些问题不是本书探讨的议题，此处关注的重点在于如何面向海量用户的个性化需求实现定制化的内容生产和分发。

计算传播学为消费者导向的内容生产提供了一种独特的方法论框架，这一框架与传统大众媒体的定性研究方法和经验主义决策机制有所区别。计算传播学更为强调利用大规模网络数据的量化分析来为内容生产决策提供客观依据。这种基于用户思维和数据主义的内容生产方式标志着传播学研究方法和实践的根本转变，其中数据的重要性和颠覆性变革在内容生产和消费中所起的作用被高度强调。在这种环境下，内容产品的各项性能指标若不能被量化，则其改进的可能性大大降低，因为只有那些可以量化的内容产品才可能受益于深入的分析和优化。

BuzzFeed 公司在数据驱动的内容创作方面表现出色，可以作为一个典型案例进行探讨。尽管该公司在全球范围内拥有广泛的新闻网络、技术先进的视频内容工作室、前沿的数据处理中心和富有创意的广告机构，每月获得超过 50 亿次的全网浏览，但其并不将自己定位为传统意义上的媒体公司。相反，BuzzFeed 更倾向于使用“数据驱动的内容创作”

这一标签来描述自己。这种方法强调了数据的反馈机制的重要性，体现了数据在内容创作过程中的核心地位。

四、媒介分析：从渠道稀缺到万物皆媒

媒体分析曾专注于研究报纸、杂志、广播和电视这些传统的大众媒体渠道。这些渠道在信息传播、内容制作和受众接收方面都留下了深远的影响。特别是，这些传统媒体的核心特质在于其集中性、单向性和有限性，这导致了其形成的媒体生产和消费模式具有内容生产的高度专业化、受众接收的被动性和信息的有限性。以报纸和杂志这类的平面媒体为例，虽然理论上其版面可以不断扩充，但实际上，当版面达到某个限制后，每增加一页都会导致边际效益的递减。这就是为什么人们常常看到 16 页、48 页或 64 页的报纸，而很少看到版面数达到数百页的报纸。尽管报纸在一些大城市曾经有过一段盛极一时的历史，但由于种种原因，其受众规模还是受到了一定的限制。相较于广播和电视这类能够广泛覆盖的媒体，平面媒体的实际影响力可能并未达到一些公众的预期。此外，广播和电视作为电子媒体，能够更直接、更迅速地与受众互动，其实时性和广泛性为其赢得了大量的忠实受众。与此相比，尽管平面媒体也努力寻求与受众的连接，但因其受限于物理媒介，信息传播的速度和范围都受到了限制。

在当代多媒体环境中，电视媒体仍然维持其作为颇具广泛覆盖力的媒体工具的地位，其普及度和受众接受性使得电视跨越年龄、性别和社会经济地位的障碍，成为一个家喻户晓、涵盖各个年龄段的媒体平台。尽管如此，电视频道的数量和每个频道的播放时间都受到了固有的限制。无论是报纸、杂志还是广播和电视，其内容的产生和分发主要都是为了满足一个广泛而不特定的受众群体。这些传统媒体确实试图通过设置专门的专栏或频道，如民生、体育、娱乐等，来满足不同受众群体的需求。但是，由于版面和播放时间的有限性，这些努力很难真正满足

每个受众独特和多样化的内容需求。基于这种现实情况，传统的媒介分析往往更加关注报纸的发行量、电视的收视率或广播的收听率，因为这些数字背后所代表的是广告商的投资决策和媒体的广告收入。在许多情况下，这些广告收入可能占据了传统媒体总收入的 70% 或更多。为了在这个竞争激烈的市场中获得更多的受众，媒体机构需不断地努力提高其内容的质量，丰富其产品的种类，并尝试对版面或节目进行调整和创新，确保其内容能够真正满足受众的需求。同时，媒体机构也需要对其广告收入模型进行深入的反思，确保其收入来源更加多元化和稳定，从而为其长远的发展打下坚实的基础。

21 世纪的媒介传播格局正在经历一场前所未有的革命。过去一个世纪的大众传播模式，以其中心化、单一性和有限性为特征，已经被今天的多元、多维和无所不在的媒介渠道所取代。互联网的无限链接性为信息提供了前所未有的传播空间，智能手机的多功能性使得它成了一个随身的信息中心，数字屏幕的广泛分布则让信息传播无处不在。此外，新一代的互联网电视和家用机器人，以及车载信息系统等，都是对传统传播模式的挑战和延伸。这些新的媒介渠道，都在各自的领域内为信息传播提供了新的可能性和机遇。其中，许多日常物品，如家用机器人、汽车和柔性屏幕，都因为植入了先进的传感器和智能芯片，而具有了信息传播的能力。这种转变使得这些原本看似普通的物品也成了一种新型的信息媒介，为用户提供了更加便捷和高效的服务。这种“智能化”不仅仅是物理上的改变，更是对传统信息传播模式的一种根本性的挑战和颠覆。这种普及和泛在的信息传播方式为用户提供了前所未有的便利。不再受限于传统的大众媒体渠道，用户现在可以根据自己的需求和喜好，随时随地地获取所需的信息和内容。更重要的是，这些新的媒介渠道不仅能够满足用户的基本需求，还能够为其提供个性化和定制化的服务，使得信息传播更加高效和有针对性。与此同时，这些新的媒介渠道也为信息传播提供了新的机会和挑战。它们的出现使得信息的生产和消费模式发生了根本性的变化，不再局限于传统的中心化和单向性的模式，而是朝着更加开放、多元和互动的方向发展。这种变革不仅仅是技术层面的，更是对整个社会信息传播模式的一种深刻的反思和重构。

泛媒介化、万物皆媒、媒介基础设施化等趋势使得媒介本身不再是稀缺资源，用户可以在任何时空、任何场景、任何状态、任何环境下以合适的渠道获取信息资源和内容产品。此时的媒介分析便不能再将目光锁定在发行量或者收视率这样依赖广泛覆盖而堆积起来的单一数据上面，因为媒介已经从单纯的内容传输和呈现方式演变成了为用户提供多元化信息解决方案的服务方式。在过去，媒介即讯息；在今天，媒介即服务。在智能媒体语境下，无论是提供信息服务的媒介还是获取信息服务的用户都不再是泾渭分明的甲方乙方关系，而是一种协同成长、相互成就的共生进化关系。

在当前的媒体环境中，核心的分析问题变为在特定的情境中，用户的信息需求具体是什么？应该通过哪些最优的媒体设备和应用来满足他们的这些需求？与之前试图通过单一媒体渠道为全体受众提供统一内容的时代不同，现在的时代更多地强调个性化的消费体验。这就要求媒体利用数据分析、算法优化、语音互动技术和深度学习等先进的计算工具，在众多具备媒体特性的设备和应用中，为每个用户找到适合的工具，展示相关的内容。此时，用户与媒体之间形成了一种互动和共生的关系。用户通过他们的行为数据来“教育”媒体，使其更加了解用户的需求和偏好，而媒体则通过提供更加精准和智能的服务来满足用户的需求。因此，现代的媒体分析更多地转向了研究算法如何在特定的媒体平台上为特定的用户提供高度相关的服务。

五、受众分析：从客群素描到用户画像

在大众媒体的黄金时代，受众被普遍视为一个同质化的整体，媒体为这样的受众提供了一致性的内容。确实，为了更好地服务受众和为广

告策略提供依据，媒体与广告公司会不惜成本进行市场研究和调查。但这些调查的真实意义和价值常常被质疑。它们往往更多地被视作为预先确定的策略提供合理性的工具，而非真正反映受众的需求和偏好。无论是媒体机构还是广告主和广告公司，他们往往对这些数据持保留态度，更多的是为了在策略论证中增加权重，而非真正地对其进行深入的分析和应用。这种调查数据的局限性主要归咎于传统统计研究方法。传统的统计学调查研究方法是从上到下，然后再从下到上进行数据的汇总，其核心原理是通过对个体的抽样来推测总体的情况。但这种多层次的抽样和汇总方式很容易产生误差。由于抽样的范围有限，它难以真实反映整体情况。此外，传统统计研究还经常面临受访者不配合、统计人员工作压力大、工作效率低、统计数据准确性受到挑战、统计数据时效性不佳等问题。这些问题并非大数据时代的产物。实际上，它们在过去的媒体实践和市场调研中就已经存在，只是在当今的信息爆炸和数据泛滥的背景下，这些问题变得更加明显和紧迫。因此，对于那些致力于理解受众、提供有针对性的内容和广告策略的机构来说，克服这些调查数据的局限性并找到更准确、更具代表性的研究方法成为迫在眉睫的问题。在此背景下，新的数据分析和研究方法，如大数据分析、社交媒体挖掘和人工智能技术，引起了广泛的关注。这些新方法的应用可以为媒体和广告公司提供更准确、更具深度的受众洞察，从而使其能够更有效地为受众提供真正有价值的内容和广告。

在过去的大众媒体时代，受众研究经常基于一个核心的前提，即受众是一个高度同质化的群体。这种前提产生了一种普遍化的研究方法，即通过抽样调查来捕捉受众的特性和偏好。这种方法的逻辑是，一个小规模的、代表性的样本可以反映大规模的受众群体的特征和偏好。但随着时间的推移，这种方法的局限性变得越来越明显。人们在实践中发现，通过问卷调查获得的数据往往不能真实反映受众的意图和需求。这不仅是因为抽样调查的局限性，还因为传统的研究方法往往忽略了受众的多样性和复杂性。换句话说，受众不再是一个同质化的群体，而是一个由不同的个体组成的异质化的群体。因此，基于传统的研究方法得出的受众描述往往是一个高度抽象的、笼统的群体画像。例如，研究者可能会描述目标受众是20～25岁的年轻女性，她们是大学生或白领，热爱生活，喜欢旅游等。这种描述的优点是它很难出错，因为它是如此的泛泛而谈，但其缺陷也很明显，即它提供的信息太过笼统，难以为媒体和广告商提供有针对性的策略建议。现代的受众研究已经超越了传统的人口统计特征，如年龄、性别和收入，转而关注受众的行为特征、生活方式、价值观和喜好。这种转变的背后有一个明确的认识，即受众不再是一个被动的接收者，而是一个主动的、有选择的消费者。为了更准确地描述和理解这种复杂的受众，研究者需要采用新的研究方法和工具，如大数据分析、社交媒体挖掘和人工智能技术。

传统的媒体研究方法，如问卷调查和焦点小组访谈，往往基于一种假设，即所有受众都是一样的，他们的需求和偏好可以通过一种标准化的方式来描述和理解。这种方法的局限性在于它很难捕捉到受众的真实需求和偏好，因为它只能提供一个笼统的、泛泛的描述，没有深入每一个个体的真实世界。而计算传播学提供了一个完全不同的研究方法和视角。它不再将受众视为一个同质化的群体，而是将他们视为一个个独特的、具有自己需求和偏好的个体。这种方法的核心是大数据和算法。通过收集和分析大量的数据，研究者可以深入了解每一个受众的真实需求和偏好，并为他们提供定制化的内容和服务。大数据为受众分析提供了一个全新的研究方法和工具。它不再基于传统的统计学方法，而是基于数据驱动的方法。这种方法的优点在于它可以提供一个更加准确、更加细致的受众描述，而不是一个笼统的、泛泛的描述。此外，计算传播学还强调了算法在受众分析中的重要性。算法是一种可以对大量数据进行快速处理和分析的工具，它可以帮助研究者找到受众的真实需求和偏好，并为他们提供定制化的内容和服务。这种方法的核心是精准匹配，即将每一个受众的真实需求和偏好与最合适的内容和服务进行匹配。

在当代传播研究中，计算传播学所代表的新范式与大众传播学的传统模式产生了鲜明的对比。计算传播学强调的核心思想在于深度关注每位用户的需求，并根据不同的用户需求提供量身定制的信息服务。这种方法背后的逻辑是在当前市场环境中，准确地描绘用户画像、精确地预测他们的信息需求，并为之提供恰当的信息，这将成为企业在竞争中的核心优势。为了更加深入地理解用户，一个关键步骤是对用户在线行为所生成的大量数据进行深度分析。这些数据为研究者提供了宝贵的线索，能够帮助他们更加准确地了解用户的行为、需求和偏好。通过对这些数据的分析，研究者可以为每位用户构建一个详细的画像，从而更好地理解他们的需求。这种对用户的深入理解并不仅仅是为了满足用户的短期需求，更重要的是，研究者可以预测用户的长期需求和行为趋势，从而为他们提供更加精准、更加高效的服务。这种基于大数据的用户分析并不是简单地收集和整理数据，它需要复杂的数据分析技巧、先进的算法和深入的用户洞察。只有这样，才能确保用户画像的准确性和有效性。例如，基于某位具体用户的 LBS 地理位置数据显示，这位用户每个工作日 9 时至 17 时的坐标通常是国贸大厦，系统便会自动将“国贸大厦”这个标签与用户画像中“工作”相关的标签进行关联。同样的道理，借助于大数据技术，可以为这位用户贴上“美食爱好者”“购物狂”等多种多样的标签。这些标签能够更好地呈现这位用户身上所表现出来的各种特征，算法借此将用户与内容进行更精准的匹配。

六、效果分析：从魔弹轰炸到精准匹配

传播效果研究，作为传媒学术与实践领域的核心议题，始终受到广泛关注。尤其在 20 世纪末和 21 世纪初，这一领域的研究仍面临着巨大的挑战。多年的研究似乎只得出了一个众所周知的事实：传播确实产生了效果。但具体的效果如何产生、何种因素影响其产生以及其对社会

和受众的实际影响如何，这些问题仍然是未解之谜。在传播效果研究的历史中，颇具争议和影响的莫过于“魔弹论”。这一理论认为，传播如同魔弹，能够直接、迅速且确切地影响受众。受众在这一过程中是被动的，毫无反抗之力，完全受到传播的控制。这种观点在其提出之初曾广受欢迎，对20世纪下半叶的传播实践产生了深远的影响。然而，“魔弹论”的观点并不被所有学者和研究者接受。批评者认为，这一理论过于简化，忽略了受众的主观能动性和社会、文化等多种因素对传播效果的影响。实际上，受众并不是完全被动的，他们会根据自己的认知、情感和价值观对传播内容进行筛选、解读和评价。因此，传播的效果并不是单一、固定的，而是多样、复杂的。

从实践的角度看，“魔弹论”确实为传播者提供了一种有效的传播策略。面对广大的受众，传播者往往选择使用大量的资源进行广播式的传播，希望能够影响到尽可能多的人。这种策略虽然不够精确，但却具有较高的效果。只要有足够的资源和广泛的覆盖面，总会有一部分受众受到影响。但随着技术和社会的发展，这种传播策略正在逐渐被更为精准、个性化的传播策略所替代。新的传播技术，如大数据分析、人工智能等，使得传播者能够更为精确地识别和定位目标受众，为其提供更为个性化的传播内容。这种传播策略不仅更为高效，而且更能满足受众的个性化需求，从而提高传播的效果和满意度。

传统效果研究的没落更多的原因在于客观技术层面。研究者和实践者没有办法获取精确到每一位用户的媒介浏览、阅读、收视、购买等行为数据，没有客观数据的支撑，仅凭经验主义的主观臆断是无法得出真正具有说服力的效果分析的。以传统广告效果的监测为例，尽管广告主可以明确知晓广告是否在指定的媒体上被发布，但其后续效果，如信息是否真正到达受众，是否产生了预期的认知、情感和行为反应等，却常常成为一个难以捉摸的未知数。这种固有的数据缺失和不确定性，使得研究者在分析广告的效果时，往往只能依赖于一种经验主义的方法，而这种方法本身存在的主观性和偶然性，进一步削弱了研究的可靠性和说服力。

此外，信息路径的不可跟踪性和受众数据的无法获取性，这两大问题，如同传统传播效果研究的天然瓶颈，制约了这一研究领域的深入发展。在这样的背景下，传统的效果研究往往陷入一种困境，即其既无法为实践提供具体、有针对性的策略建议，又难以在理论上进行深入的拓展和创新。随着信息技术和数据分析技术的日益发展，尤其是大数据和人工智能技术的崛起，传播效果研究正逐渐从这种困境中解脱出来。现代技术不仅能实现对信息传播路径的精准追踪，还能对受众的行为数据进行实时、细粒度的采集和分析。这种技术进步，为传播效果研究注入了新的活力，也为研究者提供了更加坚实的数据基础，使得研究的结果更加客观、准确和有说服力。

随着互联网和大数据技术的兴起，传播效果研究经历了一次深刻的革命，这不仅是研究方法和技术的进步，也是对传播本身认知和实践逻辑的根本重塑。现代技术使得研究者能够对传播路径进行精准追踪，同时为他们提供了前所未有的大量用户行为数据。基于此，传播效果分析不再仅仅是回顾性的描述和解释，还能够进行前瞻性的预测和策略制定。传统的效果研究更多地侧重于群体层面的分析，而现代技术使得研究者可以深入个体层面，了解个体的具体需求和偏好。例如，现代技术不仅可以告诉研究者某个用户阅读了哪些新闻，还可以显示这些新闻是如何通过社交网络传播并最终触达该用户的。更进一步地，通过对用户的详细画像进行分析，研究者可以预测该用户未来可能感兴趣的内容，从而实现更为精准的内容推荐。这种基于大数据的分析方法，特别是对用户行为的深入挖掘，为商业营销带来了新的机遇。如今，商家不再满足于简单地了解消费者的大致喜好，他们更希望能够深入了解消费者的个体差异，从而为每一位消费者提供更为个性化的产品和服务。这种方法的优势在于，它可以帮助商家更为精准地锁定目标市场，从而实现更高的转化率和更好的用户体验。

简言之，计算传播学为传播效果分析提供了一种新的视角，强调个性化传播对于提高信息传播效果的关键性。这种方法的核心假设是，只有与用户需求高度契合的信息才能实现有效的传播效果。在此背景下，效果分析不仅为内容推荐和广告策略提供了决策支持，更为整个传播过程提供了针对性的优化方向。例如，当一个内容推荐系统观察到用户对清史类资讯展现出强烈的兴趣时，它可能会优先向用户推送此类资讯。这种决策基于用户的历史行为，如点击率、阅读完成度、社交互动等。随着时间的推移，系统不断地收集和分析用户的行为数据，以此来进一步优化其推荐策略，确保推荐内容与用户的实际需求尽可能匹配。程序化广告投放采用相似的策略，但焦点转向了广告内容。基于用户的个人画像和其与广告互动的历史数据，系统可以决定向用户展示哪些广告，以及何时展示。例如，一个经常在线上搜索运动装备的用户可能会看到更多与运动相关的广告。这种方法的目标是确保广告内容与用户的实际需求和兴趣尽可能匹配，从而提高广告的点击率和转化率。这种以大数据为基础，追求个性化和针对性的传播策略，与传统的“魔弹论”形成了鲜明的对比。在“魔弹论”的框架下，信息被视为一种“魔弹”，可以自动地影响受众，受众被视为被动的接收者。而在计算传播学的视角下，信息传播被视为一个动态、交互的过程，需要根据受众的反馈进行实时调整。

七、计算传播学是传播学的理论拓展

数据主义对大众传播核心要素的解读和计算主义对网络传播结构的塑造，在根本上重新定义了学术界和产业界对传播的理解和方法论。这些深刻的转变促使传统大众传播学逐步接纳数据主义和计算主义的思维，从而孕育出计算传播学这一全新的学科分支。在短时期内，计算传播学可能只被视为对经典大众传播学的一种增补，因为它为拉斯韦尔的

5W 传播模式中关于控制、内容、媒介、受众和效果的分析提供了更为丰富的量化数据和明确的效果指标。然而，从长远视角出发，随着数据和计算思维在传播过程中的日益普及，这种广泛的改变有潜力推动传播学领域的根本性范式演变。

库恩（Kuhn）在其经典著作中不仅定义了“范式”的概念，还强调了科学范式并不是恒定不变的。[①] 他把这种从旧范式到新范式的变革称作“范式转换”。其中，科技进步是这种转变的关键动力。现在，随着互联网、大数据、人工智能、机器学习等技术的飞速发展，人们正在见证传播学从传统的大众传播模式转向更具精准度、个性化、动态性和智能性的计算传播模式。从传播学史的角度，人们更容易认为计算传播学是一个全新的研究和实践范式，而非只是一个分支或工具。它对传播的影响是全方位、多维度、深度的，甚至是颠覆性的。它对传播学的改革涉及的不仅是方法，还有基本假设、核心理念、逻辑等根本性的东西。新旧范式之间的差异不仅仅在于具体要素或思想，更深层的差异是它们在认知论和方法论上的不同。新知识、新思维和新方法正在瓦解原有的假设和基础原则，使学科的核心理论和应用逻辑发生深刻变化。现如今，计算传播范式的研究者和实践者正试图用数据和计算的方法为传播问题提供创新答案，如机器写作、数据新闻、程序化广告、内容推荐引擎、智能舆情分析等。然而，即使新范式的影响无处不在，旧范式的思维仍然根深蒂固地存在于人们的心中。

人们正处于计算社会科学的崭新时代。现在，数据与计算能力已经成为所有社会科学的基石。数据已经不再只是一个工具，而是如何看待和理解世界的新视角。此外，算力与算法不仅仅是人们认识世界的工具，它们与数据结合，正在重塑全球的传播格局。若计算主义和数据主义只是帮助人们更高效、更便捷地执行传统任务，那么它们只能被视

① 库恩．科学革命的结构[M]．李宝恒，纪树立，译．上海：上海科学技术出版社，1980：36.

为进步，而非革命。但现实是，计算传播学的方法论正在开启一个新纪元，它为人们提供了之前无法想象的分析社会和传播行为的手段。这不仅改变了人们研究传播的方式，还推动了人们以超出人类极限的方式处理数据和传递信息。在这个新的情境中，数据科学家、算法工程师、计算机专家和人工智能研究者将成为传播研究和决策中的核心人物。这也反映了新旧范式间的重要转变，它预示着传播的权力中心将向那些既精通技术又深知传播原理的人群转移，但这种权力转移和范式的变革并不是瞬时的。虽然新范式的轮廓已经显现，但要建立一个真正稳固的计算传播学范式，还需要满足四个条件：新现象的出现、新数据的获取、新方法的推广和新人才的培养。人们已经实现了前两个条件，但后两个，特别是计算传播学方法的普及和人才培养，仍然是当前新闻传播教育面临的关键问题。

当前人们面临的挑战是，虽然众多学者和行业人士已经隐约认识到计算传播学作为一个创新范式，将对传播行业以及更广的政治、经济和文化领域产生深刻的影响，但很多人对这一新范式的主要特点、核心理念和关键方法的了解仍然不足。因此，对计算传播学新范式的核心思想、方法和理论的深入探索、明确、总结和广泛传播变得至关重要。与传统的大众传播相比，计算传播具有诸多特点，如数据驱动、个体化、实时动态、高智能、情境感知、高效集约和精确定位等。这些特点都围绕着其核心目标：在正确的时间、正确的地方为正确的用户提供恰当的信息，实现用户、场景、内容和广告等传播要素的最优匹配。

关于计算传播的新范式，所有的技术应用、研究途径和理论突破都致力于解决这一核心问题。正因为对这个核心问题的持续研究和解决策略的不断进化，人们得以对传统大众传播理论进行重新评估，挑选其仍具有现代意义的部分，并在此基础上进行更为先进的演化。最终，人们能够为当下及未来的传播研究和传媒实践塑造一个更为适应时代的新范式。

第三节　计算传播学视角下的新闻传播策略与实践

一、新闻传播策略的重塑

（一）受众定位与个性化内容推送

在数字化和网络化的时代，受众的信息消费习惯发生了巨大的变化。他们不再满足于被动地接收信息，而是希望能够获得与自己兴趣、需求和背景相匹配的内容。这种变化要求新闻机构对其传播策略进行调整，以满足受众的这种新的需求。受众定位在这里起到了关键的作用。通过对受众的行为数据、社交网络互动、阅读历史等进行深入分析，新闻机构可以更准确地了解受众的兴趣和需求。基于这些数据，新闻机构可以为受众提供更为精准的内容推送，从而提高信息的传播效果和受众的满意度。个性化内容推送则是受众定位策略的具体实践。通过使用先进的算法和技术，新闻机构可以为每位受众提供独特的内容推送列表。这不仅可以提高受众的阅读率和互动率，还可以为新闻机构带来更高的广告收入和更好的品牌形象。但是，个性化内容推送也带来了一些挑战。过度的个性化可能导致受众陷入信息茧房，从而失去与外部世界的联系。此外，如何确保推送内容的质量和公正性，也是新闻机构必须解决的问题。

（二）基于算法的新闻内容策划

基于算法的新闻内容策划在现代媒体环境中日益受到关注。这种策划方法的核心是利用先进的计算技术和数据分析工具，对大量的新闻内容进行筛选、排序和推荐，以满足用户的个性化需求。与传统的新闻编辑工作相比，算法策划更加注重数据的驱动和技术的应用，能够更加精准地捕捉到用户的兴趣和需求，从而提供更加贴合用户的新闻内容。

在基于算法的新闻内容策划中，数据是核心。通过对用户的浏览历史、搜索记录、社交媒体互动等数据进行分析，算法可以识别出用户的兴趣点和偏好。这些数据不仅可以帮助新闻机构了解用户的需求，还可以为内容推荐提供依据。例如，对于一个经常搜索健康饮食信息的用户，算法可以推荐与健康饮食相关的新闻内容，从而提高用户的阅读体验和满意度。

除了用户数据，新闻内容本身的数据也是算法策划的重要输入。这包括新闻的主题、关键词、来源、发布时间等信息。通过对这些数据的分析，算法可以对新闻内容进行分类和排序，确保用户看到的是最新、最相关、最有价值的信息。此外，算法还可以根据新闻的热度和影响力，对内容进行权重分配，确保重要和热门的新闻内容能够被优先展示。

基于算法的新闻内容策划不是对数据的简单处理和分析，而是一个复杂的系统工程。它涉及多种技术的融合和应用，如机器学习、自然语言处理、数据挖掘等。这些技术的应用使得算法策划更加智能和自动化，不仅可以提高新闻内容的推荐精度，还可以实时调整策略，以适应用户变化的需求。

（三）多媒体与跨平台的新闻传播策略

多媒体与跨平台的新闻传播策略在当今的媒体环境中占据了核心地位。随着科技的快速发展，新闻传播已经不再局限于单一的平台或媒介，而是涉及多种形式和渠道。这种变化为新闻机构和记者提供了更多的机会，但同时带来了更大的挑战。为了有效地应对这些挑战，新闻机构需要制定合理的多媒体与跨平台的新闻传播策略。

在多媒体环境下，新闻内容不再仅仅是文字和图片的组合，还包括音频、视频、动画、互动元素等。这些多媒体元素为新闻内容增添了更多的维度和深度，使得新闻更加生动和有趣。但同时，它们也对新闻的制作和发布提出了更高的要求。新闻机构需要具备多媒体制作的能力，确保新闻内容的质量和完整性。此外，多媒体元素还需要与文字内容相互配合，形成一个有机的整体，确保新闻的连贯性和一致性。

跨平台的新闻传播则意味着新闻内容需要在多个平台上进行发布和推广，如网站、移动应用、社交媒体、电视、广播等。这为新闻机构带来了更大的受众群，但同时增加了新闻内容的复杂性。不同的平台有着不同的用户群、使用习惯和技术特点，新闻机构需要根据这些特点进行内容的调整和优化。例如，移动应用上的新闻内容需要考虑到屏幕的大小和触控操作，而社交媒体上的新闻内容则需要考虑到用户的互动和分享。

二、计算传播学与新闻实践的融合

（一）计算工具在新闻采集与编辑中的应用

在传统的新闻实践中，记者通过人工方式采集、整理和编辑新闻内容。这种方式虽然经典，但在处理大量信息和数据时存在效率低下和准确性不足的问题。而计算工具的引入，为新闻采集与编辑提供了新的可能性。通过自动化的数据抓取、文本分析和可视化技术，记者可以更加迅速和准确地获取和处理信息，从而提高新闻内容的质量和深度。

计算工具在新闻采集中的应用主要体现在自动化的数据抓取和信息检索。例如，通过网络爬虫技术，记者可以自动化地从各种在线资源中抓取数据和信息，无须人工逐一浏览和筛选。此外，通过信息检索技术，记者可以快速地从大量的数据中找到相关的信息，从而提高采集的效率和准确性。

在新闻编辑中，计算工具的应用则主要体现在文本分析和可视化技术。文本分析技术可以帮助记者从大量的文本数据中提取关键信息，如关键词、主题和情感，从而为新闻内容的编写提供有力的支持。而可视化技术则可以帮助记者将复杂的数据和信息以直观的方式呈现给读者，如图表、地图和时间线等，从而增强新闻内容的吸引力和说服力。

计算工具在新闻采集与编辑中的应用，不仅为新闻实践带来了技术上的创新，还为新闻的思维方式和方法提供了新的启示。在计算传播学的指导下，新闻不再采用传统的叙述和报道方式，而是更加注重数据的挖掘和分析，更加追求深度和广度的结合。这种融合不仅提高了新闻内容的质量，还为新闻机构带来了更大的竞争力和影响力。

（二）数据可视化与新闻报道的结合

数据可视化与新闻报道的结合在现代新闻传播中展现出其不可或缺的价值。在信息爆炸的时代，传统的文字报道方式可能难以为读者提供清晰、直观的信息解读，而数据可视化技术则为新闻报道提供了一种有效的手段，使得复杂的数据和信息能够以更为直观、易于理解的方式呈现给公众。

数据可视化，简而言之，是将数据和信息转化为图形和图像的技术。这种技术在新闻报道中的应用，使得记者可以将大量的数据和信息以图表、地图、时间线等形式展现给读者，从而使读者能够更加直观地理解和感知新闻事件的背景、进程和影响。例如，当报道一个经济事件时，通过数据可视化技术，记者可以将经济数据以图表的形式展现，使得读者能够一目了然地看到经济的增长或下滑趋势。

数据可视化不仅提高了新闻内容的吸引力，还为新闻报道提供了更为广泛和深入的视角。通过数据可视化，记者可以从大量的数据中挖掘出有价值的信息，为新闻报道提供更为丰富和多样的内容。此外，数据可视化还可以帮助记者发现数据中的规律和趋势，从而为新闻报道提供更为深入的分析和解读。

数据可视化与新闻报道的结合，也为新闻机构带来了新的机遇和挑战。在机遇方面，数据可视化为新闻机构提供了一种新的报道方式，使得新闻内容更加丰富和有吸引力，从而提高了新闻的竞争力和影响力。在挑战方面，数据可视化要求新闻机构具备相关的技术和人才，确保数据的真实性和准确性，避免数据的误读和误解。

总之，数据可视化与新闻报道的结合，标志着新闻传播进入了一个新的时代，为新闻机构和记者提供了更为广阔的发展空间。

（三）人工智能与自动化新闻生产的结合

人工智能与自动化新闻生产的结合引发了新闻领域的一次技术革命。在数字化和信息化的背景下，新闻产业正面临巨大的变革，其中，人工智能技术的引入为新闻生产带来了前所未有的机遇和挑战。人工智能作为一种模拟人类智慧的技术，其在新闻生产中的应用主要体现在数据处理、内容生成和分析预测等方面。通过深度学习、自然语言处理等先进技术，人工智能可以自动化地从大量的数据中提取有价值的信息，为新闻报道提供有力的支持。例如，通过对社交媒体数据的分析，人工智能可以迅速捕捉到公众的关注点和情感倾向，为新闻选题和报道提供参考。

自动化新闻生产则是在人工智能技术的支持下，实现新闻内容的自动化生成和发布。这种方式不仅可以提高新闻生产的效率，还可以确保新闻内容的客观性和准确性。例如，通过自动化的算法，新闻机构可以实时地对股市、体育赛事等事件进行报道，无须人工干预。这种方式不仅节省了人力资源，还避免了人为的偏见和误差。

第九章　智闻未来：人工智能新闻问题应对及未来展望

第一节　人工智能新闻问题应对

一、新闻生产系统：多利益主体间冲突的应对

（一）要素性问题的解决方案

在新闻制作体系中，存在的主要冲突涉及新闻工作者、读者、AI机器人、投资者和技术供应商。其中，AI机器人与用户之间的主要矛盾是隐私权的保护；新闻工作者担忧AI机器人会取代他们的工作，并对机器人所产出的新闻内容是否应享有著作权表示关切。与此同时，新闻机构面临与投资者和技术供应商之间的经济和技术冲突。再有，假新闻的盛行也凸显了人工核查与机器自动核查的矛盾。这些冲突可以分为两大类别：人与机器和人与人。在人与机器的冲突中，包含了隐私权保护、新闻工作者的职业未来以及如何核查新闻的真实性的问题。而在人与人的矛盾中，机器人所产出的新闻内容的著作权归属问题和新闻机构的经济挑战是焦点。值得一提的是，虽然机器人产出的新闻著作权问题涉及机器，但其背后真正的争议在于各方对这类著作权的竞争，真正受益的也是机器人背后的团队或企业。

人与机器的冲突主要是技术发展所引发的问题，但绝不能因此而放弃技术进步，反而应从技术本身及其应用规范中寻求解决方案。针对隐私问题，完全禁止对用户信息的收集是不实际的，但可以采取以下方法来应对：首先，可通过法律途径明确机器人对用户信息的采集边界。机器人只能在规定的范围内获取用户信息，并在使用时需遵守相应规定，

同时要确保用户信息的安全，防范数据泄露的风险。其次，研究和开发新型技术来补偿机器人信息采集可能带来的隐私疏漏。这种技术既能获取必要的数据，又能确保对用户隐私的保护。虽然看似矛盾，但目前区块链技术提供了新的思路。它可以确保数据的真实性和可靠性，同时保护数据提供者的隐私。如何将其具体应用于这个领域，还需要进一步的探讨和研究。

关于新闻工作者是否会被机器替代的议题，从长远看，即便 AI 机器人能完全执行新闻制作工作，那么新闻工作者的角色也可以转变为体验者，而非传统意义上的工作者。现实中，AI 新闻具备快速性、准确性和高效性，而人类创作的新闻则更富有情感、关怀和批判性。当前，人机协同制作已是趋势，AI 机器人处理大量数据，而人则负责进行深度分析和给予关怀。未来的新闻教育应注重这种协同，既培训传统技能，也强调与 AI 机器人合作的能力。至于假新闻，单靠机器核查并不完备。核查新闻真实性时，人工和机器都应发挥作用。新闻工作者应利用 AI 机器人提高核查能力，而不是完全依赖机器。在人与人的冲突中，技术无法调解，需要人们之间的沟通和对话。对于 AI 新闻作品的著作权，笔者认为设计者更应享有此权，因为他们为此付出了巨大的智力劳动。这种归属能激励他们创造更出色的 AI 新闻作品。如果权利归于使用者，可能会抑制设计者的创新动力，不利于 AI 设计的长期发展。

人与机器的问题以及人与人之间的问题是媒介技术发展的自然结果。为了应对这些问题，人们需要从技术和沟通中寻找答案。这些问题的出现反映了媒介发展的某种不完整性，而解决它们将为媒介的未来发展提供指导。正是人与机器、人与人的冲突，推动了人工智能时代媒体相关法规的制定，这些法规为媒体提供了一个稳定的功能框架。从这个角度看，未来的新闻制作系统将是人机深度合作的模式，两者都能发挥各自的优势，与其他技术手段协同工作，以解决相关问题。

（二）结构性问题的解决方案

新闻生产系统在当下的技术和社会环境中所面临的一系列挑战，以其内在结构为核心，呈现了一种复杂的、互相制约的动态关系。这种关系不仅在新闻工作者的职业问题和技术的发展问题之间形成，而且在各利益主体间形成了一种独特的相互作用。因此，对于这一结构性问题的解决方案，核心的思路应该是寻找一种能够调和这些相互冲突和制约的关系的方法，以确保技术进步的持续性，并确保新闻工作者能够适应这种进步。

为了有效地解决新闻生产系统中的这些问题，首先需要对其涉及的各方利益主体进行规范。这意味着需要在法律层面明确各种数据的所有权和机器人生产内容的版权归属。法律制度的制定和完善，不仅可以为技术进步提供必要的法律保障，还可以为新闻工作者提供一个清晰、公平的职业环境。这种法律框架不仅可以促进技术的进步，还可以帮助新闻工作者进行必要的职业转型和教育升级。

技术问题无疑是新闻生产系统中的核心挑战。随着技术不断发展，寻找那些可以提供长期解决方案的技术是十分重要的。但在技术还不够成熟的阶段，需要依赖法律来规范和指导技术的使用，以确保其不会对新闻工作者和整个社会造成不良影响。

此外，对于新闻工作者的职业问题，需要从教育的角度来进行思考。这意味着需要推动新闻教育的改革，以确保新闻工作者能够适应技术进步带来的挑战。这不仅包括对现有的新闻工作者进行再教育，还包括对新一代新闻工作者进行更加与时俱进的教育。

二、新闻分发系统：算法分发问题的化解

（一）人机合作：短期解决方案

短期来看，对于新闻分发系统所出现的各种问题需要充分利用现有的技术条件，在避免算法分发所导致的各类问题的同时激励算法技术的自身成熟。

新闻分发系统在现代媒体领域起到了至关重要的作用。但随着算法技术的广泛应用，系统中也产生了一系列突出的问题。这些问题不仅涉及技术层面，还涉及社会伦理和媒体的公共责任。首先，算法黑箱是一个日益受到关注的问题。由于算法的设计和工作方式通常是商业机密，这使得普通用户难以了解算法如何运作、如何决策，即便是新闻分发平台的工作人员也未必完全了解。这种不透明性可能导致用户对新闻分发的结果产生怀疑，怀疑其背后是否存在某种未知的、隐秘的操纵。为了解决这个问题，可解释性成为一个关键词。可解释的算法意味着用户可以对算法的决策进行某种程度的理解，从而提高对新闻分发结果的信任。但实现算法的可解释性并不容易，因为它可能与算法的效率和准确性产生冲突。其次，算法偏见已经成为社会伦理层面的一大争议。算法并不是中立的，而是由人类设计和训练的，因此可能包含设计者的价值取向。另外，即使算法设计者尽量保持中立，算法在处理大量数据时也可能放大社会中已存在的偏见。例如，一个关于职业的算法可能会在处理数据时发现，社会普遍认为某一性别更适合某一职业，从而在给出建议时更偏向于这一性别。这不仅违背了平等和公正的原则，还可能进一步强化社会偏见。最后，算法囚徒，或称为信息茧房问题，是新闻分发系统中一个尤为令人担忧的问题。为了迎合用户的喜好，算法往往会为用户推送与其兴趣相符的内容，这会导致用户长时间处于一个信息茧房中，难以接触到多样性的信息。这对于新闻领域来说是个大问题，因为

新闻的目的是为公众提供全面的信息。长期处于信息茧房中的用户可能会变得偏执、狭隘，对外部世界的了解也会变得片面。

在新闻分发的数字化转型中，算法应用所带来的诸多问题及其解决方法均指向一个核心命题：人与机器的深度合作。不同于以往的信息传递模式，新一轮的算法分发不仅是一个技术驱动的流程，也是一个涉及多个领域，尤其是新闻生产和算法设计的交叉领域的复合体。对于新闻工作者来说，这是一个与算法设计者建立更紧密联系、进行深度沟通的机会。理想的情况下，新闻工作者将积极参与算法设计的过程，使算法更为透明，从而更好地服务于新闻的传播目的。这样的参与不仅能够提高新闻内容的质量和准确性，也有助于消除算法中可能存在的偏见，为用户提供更加客观、公正的新闻。

进一步来看，未来的媒体领域可能会涌现出一种新的职业——算法监督师。他们介于新闻工作者和算法设计者之间，既不直接设计算法，也不是传统意义上的新闻制作人员。他们的主要任务是对算法的合理性进行分析，监督算法的实施过程，确保其真实、公正地服务于新闻传播的目标。同时，他们还要承担沟通的重任，作为新闻工作者和算法设计者之间的桥梁，确保两者的工作高效、顺畅地进行。

从结构功能主义的角度来看，算法分发所引发的各种问题和挑战，实际上是新兴话语与主流话语之间的冲突的体现。这种冲突不仅推动了媒体领域的技术和制度的创新，也促进了算法分发向人与算法双重分发模式的演进。这种双重分发模式不仅更能够满足用户的个性化需求，还能够确保新闻内容的真实性、公正性和全面性。

（二）人机共生：长期解决方案

人机共生的概念在技术哲学和传媒研究中呈现出深远的意义，这种概念突破了传统的人机合作范畴，呈现出一个前所未有的技术与生物、情感与计算的深度融合图景。当谈论人机合作时，人们通常聚焦于技术如何为人们提供辅助，如何帮助人们更好地完成特定的任务。这种合作模式下的人和机器，各自有着明确的职责和功能范围。然而，当人机合作进一步深化到人机共生的层次，这种明确的界限开始变得模糊，甚至可能消失。以算法黑箱为例，传统的机器学习模型可能难以为人们提供完全的透明度，因为它们是基于数学和统计的复杂模型。但在人机共生的视角下，这一问题得到了彻底的解决。由于人类思维逻辑与技术算法逻辑在某种程度上已经实现了深度融合，黑箱的问题不再成为问题。人的直觉和经验与算法的计算和预测相结合，为解决问题提供了更多可能性。先看算法偏见，这种偏见在许多情况下是由于算法在设计和实施时所依赖的数据集存在固有的偏见。但在人机共生的情境中，机器可以从更宏观的层面上获取数据，这些数据反映的是人类社会的真实状态，而不是某一特定群体或文化的视角。因此，通过深度融合，算法能够避免放大某一特定人群的偏见，为信息的公正和多元提供了坚实的基础。再看算法囚徒问题，传统的推荐算法可能会过度迎合用户的兴趣，导致用户被困在信息茧房。但在人机共生的模式下，算法与人类的思维和感知深度融合，使得信息的推送更为全面、多元，用户可以获得更为丰富的、有深度的新闻信息。这种深度融合不仅仅是技术上的，它还涉及人的情感、价值观和社会认知。未来的媒介将不再是外部的、与人类分离的存在，而是与人构成一个有机的、相互作用的体系。这种媒介的核心特征是它可以真正理解人的需求，而不仅仅是通过算法分析数据来做出推荐。它会依据人的生理数据、情感数据以及社会行为数据来判断人的真实信息需求，并根据这些数据向人推送相关内容。

人与媒介的互动也将发生根本性的变化。未来的人机互动不再依赖于传统的接口，如鼠标、键盘或触摸屏，而是直接通过神经网络、生物电信号等进行。这意味着信息可以直接以比特的形式传输到人的大脑，大大提高了信息获取的效率。这种前景不仅对技术和传媒研究提出了新的挑战，也对人类社会、文化和伦理提出了新的问题。如何确保人的自主性和隐私，在技术日益智能化的同时保障人的权益，是需要认真思考的问题。

三、新闻体验系统：内容过载和拟态环境畸变的应对

（一）人与机器互相克制：短期解决方案

在当今数字化的时代，互联网的目标是“连接一切”，而人工智能技术在其中起到了加速剂的作用。这种无处不在的连接加深了人与人、人与内容，以及人与服务之间的关系，形成了一种新的新闻体验系统。然而，这种过度的、普遍的连接也带来了挑战：内容过载和拟态环境的畸变。内容过载现象出现在用户被大量、多样的信息所包围时，由于信息的海量性和复杂性，用户难以筛选、理解和消化这些信息。拟态环境的畸变则是由于用户的偏好和行为导致的数字环境朝特定方向塑造。这种环境可能并不反映现实世界的多样性，而是一个过度简化、偏颇的数字生态。在这种过度连接之下，一种反抗的趋势开始在用户中出现。一部分用户开始重新评估人与人之间的连接，他们更加珍视线下的亲密沟通，以摆脱数字连接带来的表面性和虚拟性。另外，面对内容和服务的过度连接，一些用户选择适时“断网”，即暂时远离数字环境，以寻求心灵的宁静和思维的清晰。然而，仅仅依赖用户自己选择“断连”显然是不够的。这一选择在某种程度上暴露了新闻体验系统中的问题，但要解决这些问题，需要多方面的合作。技术公司、媒体和政府应当认识到过度连接带来的问题，不能仅仅追求连接的数量和密度，而是应该帮助用户实现有意义和有质量的连接，并非单纯的数字连接。技术公司可以通过设计更为人性化、考虑用户需求和心理健康的产品来帮助用户。媒体则应该在内容创作和传播时，考虑到内容的真实性、多样性和深度，避免简化倾向和失之偏颇。政府的角色则是在政策和法规上为健康的数字环境提供支持，如制定有关信息过滤、隐私保护等方面的规定。

在当今数字信息时代的背景下，媒体与技术的交织所引发的问题，如内容过载、注意力分散，不仅挑战了个体的信息消费方式，也对整个社会的信息交流和公共议程构建带来了深远的影响。为此，媒体和技术的深度融合、商业模式的适度调整、主流媒体的价值重塑和政府法规的制定都成为当前新闻体验系统优化的关键路径。为了更好地适应用户的信息需求和避免信息过载，现代算法需要在精准性和克制之间找到平衡。这意味着，算法在推送内容时，除了考虑用户的个性化喜好，还要兼顾编辑或策划者的人为推荐。在此基础上，当用户的阅读时间达到某一阈值，系统可以主动进行干预，提醒用户适度休息，甚至可以考虑限制某段时间的新内容访问，从而促使用户有意识地暂停信息消费。进一步考虑，商业媒体面临的核心问题在于如何整合其商业利益与公共价值。商业模式常常以用户的注意力为核心资源，但是过于追求这种注意力经济可能导致公共价值的损失。长期以来，媒体所肩负的公共职责与其短期的经济效益之间存在某种张力，但只有将两者融合，才能保证媒体的可持续发展。而对于主流媒体，其在新媒体和人工智能时代所面临的挑战在于如何维护和发挥其社会舆论引导的功用。新技术为主流媒体提供了创新的方式，但同时使其面临前所未有的竞争压力。因此，主流媒体需要在新技术的支持下，创新传播策略，增强其对社会舆论的引导作用。政府的角色在于制定相应的法律法规，确保新型算法在应用时能够尊重用户权益、促进公共价值的实现。

（二）人与机器共同进化：长期解决方案

在探讨未来的新闻体验系统时，人与机器共同进化的思想成为一种前沿的观点。脑机接口技术，作为一种正在研发的科技手段，在人的大脑与计算机之间建立直接的信息传输通道，预示着未来人类可能会有全新的信息获取与处理方式。

脑机接口的核心理念在于，通过植入人脑的芯片，建立人与计算机之间的直接通信链路。这种直接的通信机制，使得信息的接收与反馈不再依赖传统的感觉器官与执行器官，而是通过大脑的神经网络进行。这种创新的通信方式，为解决当前新闻体验系统中的信息过载、信息筛选和信息传递的问题提供了新的思路。

基于脑机接口的新闻体验系统能够大大提高信息的传输效率。与传统的视觉或听觉方式相比，直接通过神经网络传输的信息可以更快、更精准地被大脑所接收。因此，未来的用户不再需要花费大量的时间阅读或者听取新闻报道，而是可以通过简单的意识操作，将所需的新闻内容直接传输到大脑中。在这种技术形式下，新闻体验系统中的个性化和精准推送将得到前所未有的提升。基于大脑的神经活动，计算机可以更为精准地捕捉到用户的信息需求、情感反应和认知状态，从而为其提供更为个性化、更符合其实际需求的新闻内容。

更为重要的是，人与机器共同进化的理念意味着，未来的新闻体验系统将不再是人对机器的单向获取，而是双向的交互和协同。人可以通过意识对计算机进行指令控制，而计算机也可以根据人的神经活动，为其提供更为合适的反馈。这种“你中有我，我中有你”的关系，将人与机器的合作关系提升到一个全新的维度。

第二节　智能传播未来图景

新闻业正在以前所未有的速度行进，然而技术发展的速度更快，人工智能技术正在和大数据、云计算、物联网、5G 等技术深度融合，随着人工智能技术度过幼稚期，可能很快就会发现现在热议的人工智能应用迭代升级了。本书研究智能传播环境下的新闻生产，希望跳脱令人眼花缭乱的技术本身，回到新闻生产的基本规律，中立地审视技术驱动下新闻生产出现了何种变革。因而，这一部分将智能传播阶段的基本特征抽离出来加以描述，以便读者理解后面的研究内容。

一、新闻业生态重构为智能化的平台新闻业生态系统

新闻业生态的重构进程在智能化时代呈现出独特的变革。一个日益明显的趋势是，互联网的内容汇聚使得内容的生产与分发产生了分离。在此背景下，原本一体化的新闻生产与分发的新闻机构开始采用跨平台分发的策略。这不仅包括了自建移动 App，还涉及在各大内容分发平台发布新闻以覆盖更广泛的用户。用户的习惯也发生了改变，越来越多的人选择从内容分发平台获取新闻信息，这使得新闻生产机构逐渐转型为主要负责新闻生产、跨平台传播的内容生产商。

与此同时，内容分发平台以算法为引导，对新闻生产机构进行内容生产的指导，新闻业因此出现了算法驱动的特点。智能技术在新闻的生产、分发和传播环节中发挥了越来越重要的作用。这种新型的媒体平台，以其聚合性、社交性和个性化的特点，为用户提供了与众不同的新闻体验。传统新闻的严肃和单一性逐渐被打破，用户与新闻的距离因此大大缩短，这无疑为新闻业注入了新的活力。

当然，这并不意味着算法没有缺陷。智能化内容分发平台虽然在分发效率上进行了显著提升，但是其固有的问题也在研究治理的过程中逐渐暴露出来。不过，从一个更为宏观的视角看，智能化的技术进步为新闻业的发展提供了新的可能性，内容的海量化和用户习惯的变革，使得新闻业必须进行重构，以适应时代的潮流和满足用户的需求。此外，新闻业的变革也为相关研究提供了丰富的素材和议题，未来的研究者将面对更为复杂和多元的新闻业态，但这也意味着面临更多的机会和挑战。

二、智能媒体为新闻业的主体

在智能传播的新时代背景下，智能媒体日益成为新闻业的中心主体，为行业的新闻生产带来了前所未有的提升。“媒体智能化”概念，

为人们提供了一个明确的方向：以满足用户需求为核心，运用先进的智能技术，逐步赋予媒体人类的感知、记忆、思维、学习和自适应等能力，进而形成全新的智能媒体模式。这不仅仅是一个技术层面的跃进，更是对新闻传播理念的深度刷新。

人工智能技术的广泛应用，为新闻信息的采集、制作、分发、审核以及反馈等各环节注入了活力。其中的影响不止体现在简单的效率提升，更显著的是其带来的生产模式的革新。例如，智能生产支持平台为各类型媒体提供了一条快速通往智能化生产的道路。新华社的“媒体大脑・MAGIC 短视频智能生产平台”便是其中的佼佼者，其秒速生产、海量生成的能力，展现了当代智能媒体技术的前沿地位。

智能媒体的崛起，实际上对传统新闻生产模式提出了深刻的挑战。过去的新闻生产主要依赖于记者的采访、编辑的策划与校对，而现在，智能技术可以辅助甚至部分替代这些工作。这种转变不仅仅局限于生产层面，而且更进一步地影响到了新闻的传播和接收。用户在获取信息时，更多地依赖于算法推荐，而不再是纯粹的被动接收。

从宏观角度看，智能技术对新闻业的渗透和改革，是科技发展与社会需求相互作用的产物。用户的信息需求日益多样化，他们渴望获得更为精准、个性化的新闻内容。而新闻机构，为了满足这一需求，必须不断引入新的技术手段，进行自我变革和优化。这样的趋势预示着，未来的新闻业将更为依赖智能技术，而这种技术与人的结合，必将催生出更为丰富和深入的新闻体验。

三、沉浸式媒介技术带来仿真社会

在传媒和通信的漫长历程中，技术的不断进步使得信息的传递方式和形式都发生了深刻的变化。尤其是在数字时代，媒介技术的飞速发展正在推动传播领域向沉浸式、仿真方向迈进，为社会构建一个高度仿真的信息环境。法国学者让・鲍德里亚（Jean Baudrillard）提供了一个有趣的理论视角来探讨这一现象。他的拟像社会和仿真理论认为，现代媒介及其技术的发展在某种程度上导致了现实与虚拟之间的界限变得模糊。[①] 在他的观点中，由媒介技术所建构的仿真社会不仅仅是对现实的模仿或再现，更多的是对现实的替代。这一观念在数字时代尤为突出。智能传播环境下的媒介生态和传播方式为这一论点提供了更为有力的论据。

在人工智能技术的驱动下，人们正在进入一个与真实社会高度相似，甚至在某些方面超越真实社会的仿真信息环境。首先，人工智能技术为传播提供了一个更加自然、真实的人际传播环境。与传统的机械式、单向的传播方式不同，人工智能技术能够根据每个人的特性、需求和偏好，为其提供更为个性化、多样化的信息和服务。这种传播方式更接近于真实社会中的人际交往，使得人们在这一仿真信息环境中感受到更多的真实感和沉浸感。其次，沉浸式技术和影像的进步为这一仿真信息环境提供了更为生动、直观的视觉和听觉体验。现代的影像技术可以为人们构建一个与真实世界高度相似的虚拟空间。在这一空间中，人们可以自由地探索、互动和体验。沉浸式技术则使得人们可以完全沉浸在这一虚拟空间中，与虚拟角色互动、感受虚拟环境，甚至忘记自己是在一个虚拟的世界中。

这一仿真信息环境并不仅仅是技术的产物，它是在社会的需求、文化的影响和技术的驱动下共同构建的。社会的需求决定了传播内容的方向和形式；文化的影响决定了传播内容的内涵和价值；而技术则为这一切提供了可能性和手段。然而，这一仿真信息环境也为社会带来了新的挑战。随着仿真和现实之间的界限变得越来越模糊，人们可能会对现实产生混淆，甚至丧失对现实的认知能力。这一现象可能会影响人们的社会行为和心理状态，导致社会的失序和人的异化。因此，面对这一仿真

---

① 鲍德里亚．消费社会[M]．4 版．刘成富，全成钢，译．南京：南京大学出版社，2014：151．

信息环境，既要看到其带来的机遇，也要清醒地认识到其带来的挑战。只有在这一基础上，人们才能更好地利用技术，构建一个既能满足人的需求，又能保持社会稳定和人的健康的信息环境。

四、智能传播环境下的“连接”

对于新闻业，互联网的冲击在于其连接和重组了人与人的社会关系，从而变革了生产关系。在互联网“连接一切”的场景下，社会关系重组，权力格局变迁，产生新权力范式——“关系赋权”，而互联网的逻辑是各个领域变革的基础逻辑。

从一定意义上说，“互联网+”改变连接关系，人工智能技术则是在互联网+新闻业的基础上的赋能，人工智能技术形塑新闻业的形态和结构。那么，新闻业生态重构，为新闻业的连接关系带来了何种变革？变革又是如何影响了新闻生产的观念和常规？媒体需要做出何种调适？这是本书进行智能传播环境下新闻生产研究的着眼点。换句话说，本书研究技术驱动下的新闻生产变革，而连接的视角是本书研究的筋骨。

本书梳理了三种连接关系，这三种连接关系将作为本书考察新闻生产与传播在技术驱动下如何变革的抓手。

（一）网状、液态连接的行动者网络

在智能传播的新时代，新闻业的生态已经发生了深刻的变革。随着算法在内容生产和传播中的重要作用日益凸显，传播学者开始从行动者网络的理论视角来探索内容产业的生态变革。例如，李本乾、吴舫认为，在智能传播环境中，算法不再只是一个简单的工具或中介，而是成为具有独立行动力的参与者，与人类行动者共同构建新的传播生态。①

传统的新闻生态是基于线性的连接关系构建的，也就是说事实、媒

---

① 李本乾，吴舫．智能传播[M].上海：上海交通大学出版社，2018：112.

体和受众之间存在一种相对固定和简单的关系，如图 9-1 所示。媒体采集事实、进行加工处理后再将其传递给受众，媒体在这一过程中具有相对的垄断性和稀缺性。

图 9-1　传统传播阶段线性连接关系

但在 Web 2.0 时代，这种线性关系开始发生变化。尤其是随着大数据、物联网、云计算和人工智能等技术的广泛应用，新的传播生态逐渐形成。在这一生态中，媒体、用户、政府和商业机构都成为内容的生产者和传播者。因此，新的传播关系更加复杂和动态，呈现出一种网状的结构。在这种新的生态中，媒体虽仍然是一个重要的节点，但其在传播过程中的垄断性和稀缺性已经大大减弱。事实可以直接传递给用户，而不需要媒体这一中介。同时，用户之间也可以直接交流和传播信息，使得信息的流动更加快速和广泛。此外，用户不再只是被动地接收信息，他们可以主动地生产、分享和传播内容，成为一个积极参与的群体。这种新的传播生态也带来了新的挑战。由于行动者之间的身份和角色不再固定，他们之间的关系变得更加复杂和动态化。为了描述这种复杂的关系，学者借鉴了英国社会学者齐格蒙特·鲍曼（Zygmunt Bauman）的“液态社会”理论，认为新的传播生态中的关系就像液体一样，既有流动性，又有不确定性。[①] 网状、液态连接的行动者网络如图 9-2 所示。

① 史密斯．齐格蒙特·鲍曼：后现代性的预言家[M].余江涛，译．南京：江苏人民出版社，2013：65.

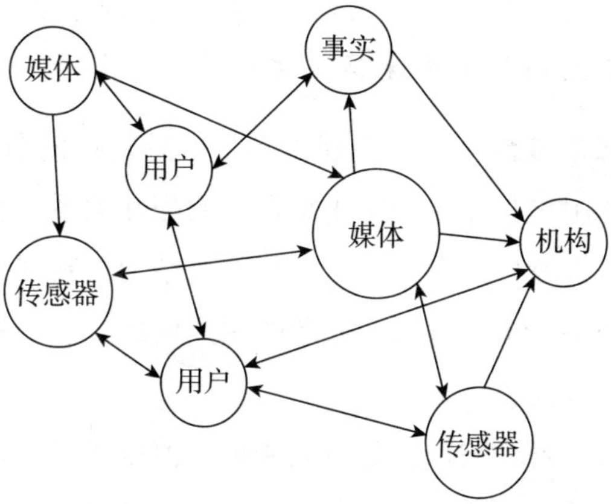

图 9-2　网状、液态连接的行动者网络

在人工智能、物联网、VR 和 AR 等前沿技术的推进下，媒体正逐渐展现出其智能化的趋势。在这样的智能传播背景下，人们不再仅仅看到传统的媒体形态，而是观察到一个万物互联的现象。

在这个智能传播的范畴中，连接不再仅限于人与人之间，它扩展到了人与物乃至物与物之间。随着物联网技术的不断成熟并在多个领域中得到应用，结合各种先进的感知技术，这些连接变得更加丰富和多样。人们不仅看到了人与设备之间的互动，还见证了设备与设备之间如何相互沟通和协作。这种广泛的连接为人们创造了一个海量的数据生态，其中每一个节点、每一个动作都可能产生信息，使网络社会逐渐形成一个以数据为中心的巨大体系。

而在这样的环境中，机器生产内容（machine generated content, MGC）开始充斥人们的日常生活。这些内容不仅仅是由人类创作的，更多的是由算法、机器人和其他智能系统自动生成。因此，人们不仅应将自身视为内容的生产者，也应将机器和算法视为重要的内容创造者。它们所生产的内容，无论是新闻、艺术还是娱乐，都在以前所未有的方式丰富和影响人们的生活。

（二）部落化的节点型连接关系

在数字传播的浪潮中，人们观察到了一种特殊的节点型连接关系，它适用于描述“用户与媒体一体化平台”的相互关系。在这种复杂的社交网络生态中，传播机制展现出三个层次的结构：基础层是由社交关系组成的社会化网络，顶端由众多分散的用户构成，居于中间的则是起到关键作用的传播节点。

这些关键节点通常被认为是意见领袖。值得注意的是，意见领袖并不仅仅是在实体社会中遇到的公众人物或权威，他们也可能是网络空间里的互联网红人或者在商业领域中起到决策作用的KOL。在如今的新闻传播网络中，媒体机构不再只是单纯的内容生产者，它们已转变为内容分发平台上的核心节点，并与用户形成了一种部落式的共同体关系。

麦克卢汉（McLuhan）在其著作《媒介即信息》中，对媒介发展的三个阶段进行了深入解读：从口头交流的部落阶段，到文字记录的个体化阶段，再到电子信息的全球化阶段，他形象地将这三个阶段描述为“部落化—脱部落化—再部落化”。这种“再部落化”的现象，为人们提供了理解当代社交媒体影响下的社会结构的新视角。用户不再仅仅因为地理、学术或职业关系而形成社群，现今，在算法的推动下，基于共同兴趣和趣味的隐性联系也构建了具有亚文化特色的隐性社群。

在这个数字化的新闻产业中，媒体与用户之间的关系已经超越了传统的生产与消费关系，它更接近于前述的部落化的节点型连接关系。这种关系的核心特征在于媒体与用户之间建立了一种深度互动、高频沟通的黏性联系，如同一个有机的生态系统，各部分紧密连接，相互影响，如图 9–3 所示。

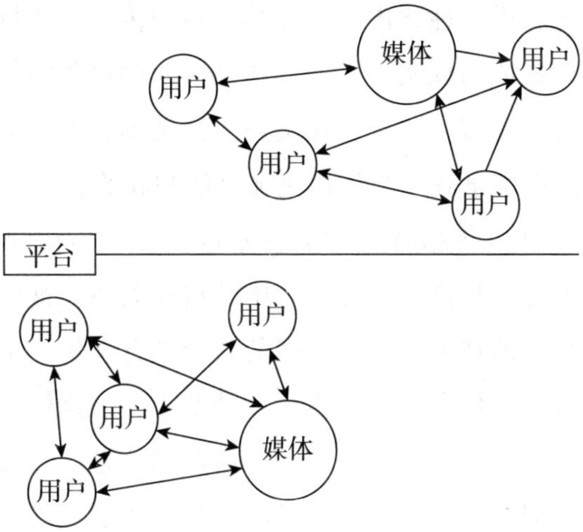

图 9-3　部落化的节点型连接关系

随着媒体转变为连接节点，新的商业策略和新闻制作逻辑开始浮现。人们已经见证了平台新闻业的迅速崛起，这一变化预示着基于平台媒体算法的新闻生产范畴正在逐渐确立。尽管内容分发平台本身与用户间缺乏深度的互动，但媒体在其中充当了重要的桥梁与枢纽角色，成为平台与用户之间的连接点。

具备良好用户关系管理策略和视角的媒体与用户间构建起了部落式的深度联系。在这种新的用户—媒体关系中，用户常常因共同的价值观、兴趣点、内容特性与媒体建立联系。媒体在传达某种价值观上具有一定的影响力，同时能了解用户的喜好，可以为用户提供个性化的内容推荐。这种变化促使媒体与用户之间实现了更为深入的互动。

（三）以人为中心的个人门户型连接关系

在智能传播时代，媒介不再是单纯的信息传输者，而是转向了以人为中心的模式。这种变革凸显了“个人”作为基本单位的传播力量，推动了媒介生态的重构。个人门户型连接关系成为这种转变的象征，每一个用户都变成了一个独特的信息门户，不仅可以主动搜索信息，而且可以通过算法推送获得个性化内容。在移动新闻传播的背景下，这种个人化的信息处理方式成为现实：人们在物理空间中移动的同时，也在媒介的虚拟场景中自由穿梭。这种连接关系为移动场景下的新闻传播提供了全新的视角，使得信息获取与传播更加灵活和高效。

与此同时，智能传播环境中的技术进步，如移动网络、VR 和 AR 技术，也促使了对“身体”在传播学中的重新关注。这些技术趋势凸显了技术的具身性，即技术与人体之间的紧密结合。从这个角度看，用户在智能传播环境中不仅是信息的生产和消费者，也是信息传播的智能主体，他们通过多种手段携带、生产、传播新闻信息。此外，弱连接、反连接、连接的断裂等传播模式也为新闻信息的传播提供了丰富的解释视角。在“互联网 +”的背景下，传统的社会连接关系得到了重建，这为智能传播环境下的新闻生产与传播创造了新的可能性。这种重构不局限于技术层面，还涉及新闻业的生态和生产范式的根本性改变。

五、生成式 AI 对新闻生产的颠覆

在探讨生成式 AI 对新闻生产造成的颠覆性影响之前，必须对两者的关系进行深入解析。随着技术的飞速发展，生成式 AI 已成为现代技术领域的一大热点，尤其在内容创作和数据驱动决策中。对于新闻行业，这种技术的崛起预示着信息收集、内容制作、信息发布和分发方式的彻底改变，从而引发新闻生产方式的全面转型。新闻的本质是传播事实和解释事件，而生成式 AI 的特性是基于大量数据进行学习和生成内容。这意味着，一旦获得足够的数据支持，生成式 AI 可以独立完成新闻的撰写工作，而且可以快速、准确地为目标受众生成针对性的内容。这种自主性为新闻生产带来了效率和规模上的优势，使得新闻机构可以在更短的时间内为更多的受众提供更加个性化的信息。但这也带来了伦理和质量的挑战。生成式 AI 的内容质量依赖于其训练数据，而这些数据可能会受到偏见和误导的影响。此外，完全依赖生成式 AI 进行新闻生产可能会

降低新闻的深度和复杂性，因为机器缺乏人类的直觉和情感判断。因此，虽然生成式AI为新闻生产带来了便利，但也对新闻质量和可信度提出了新的要求。

生成式AI对新闻生产方式的影响也不容忽视。传统上，新闻生产是一个集体的、层级的过程，涉及记者、编辑、校对和发布等多个环节。但在生成式AI的帮助下，这一过程可能会变得更加流畅和自动化。记者可以使用生成式AI工具进行数据收集和分析，编辑可以使用生成式AI进行内容优化和修改，而信息的发布和分发则可以通过自动化平台实现。这种自动化和流畅化的生产方式不仅提高了生产效率，也为新闻机构带来了经济效率上的优势。然而，这也意味着新闻行业可能面临重大的就业和结构调整。随着生成式AI的广泛应用，一些传统的新闻生产岗位可能会被机器替代，而新的岗位和技能需求也会随之出现。例如，数据科学家和AI工程师可能会成为新闻机构的核心团队成员，而传统的记者和编辑则需要适应并满足新的工作环境和技能需求。

生成式AI对新闻生产的颠覆也带来了新的商业机会。新闻机构可以利用AI进行数据驱动的决策，优化内容分发和受众定位策略，从而提高广告和订阅的效果。此外，通过与其他行业和领域的合作，新闻机构可以利用生成式AI开发新的产品和服务，如数据分析、市场预测和内容推荐等。

参考文献

[1] 阿多尔纳托 . 移动和社交媒体新闻：实践手册 [M]. 赵如涵，译 . 北京：中国传媒大学出版社，2021.

[2] 安琪，刘庆振，许志强 . 智能媒体导论 [M]. 北京：中国传媒大学出版社，2022.

[3] 陈峻俊 . 现代媒介与民族新闻传播 [M]. 武汉：湖北人民出版社，2019.

[4] 丁柏铨 . 新闻传播论坛：第 2 辑 [M]. 南京：南京大学出版社，1997.

[5] 董天策 . 提要探微：新闻传播理论纵横 [M]. 重庆：重庆大学出版社，2022.

[6] 马可尼 . 新闻的新模式：人工智能与新闻业的未来 [M]. 李莎，曹思澄，译 . 北京：新华出版社，2022.

[7] 高晓虹 . 中国新闻传播研究：新闻传播实践教育体系 [M]. 北京：中国传媒大学出版社，2022.

[8] 贾丽云 . 融合新闻报道伦理与法规：理论及案例分析 [M]. 秦皇岛：燕山大学出版社，2020.

[9] 李本乾，吴舫 . 人工智能时代新兴媒介、产业与社会：第 4 辑 [M]. 上海：上海交通大学出版社，2022.

[10] 李本乾，吴舫 . 智能传播：机遇与挑战 [M]. 上海：上海交通大学出版社，2018.

[11] 李娟 . 泛媒体生态与新闻主导力研究 [M]. 北京：中国广播影视出版社，2021.

[12] 刘文阁，李强 . 新闻传播概论 [M]. 北京：民主与建设出版社，2021.
[13] 周文 . 基于媒介融合的新闻传播与发展 [M]. 长春：吉林出版集团股份有限公司，2021.
[14] 希尔，拉什马 . 简明网络新闻学教程 [M]. 张玉，译 . 上海：同济大学出版社，2017.
[15] 隋岩，哈艳秋 . 新闻传播学前沿：2020 [M]. 北京：中国国际广播出版社，2021.
[16] 田智辉 . 对话与变革：智能媒体技术驱动下的国际传播 [M]. 北京：知识产权出版社，2022.
[17] 童清艳 . 新闻实务：内容策划与媒体设计 [M]. 上海：上海人民出版社，2013.
[18] 汪万福 . 新闻传播学 [M]. 长春：吉林大学出版社，2018.
[19] 王佳航 . 智能传播环境下的新闻生产：基于连接的视角 [M]. 北京：中国广播影视出版社，2020.
[20] 王晓宁 . 融合新闻传播新论 [M]. 南京：南京师范大学出版社，2021.
[21] 魏瑾 . 移动时代的新闻传播理论与实践研究 [M]. 北京：中国商业出版社，2021.
[22] 谢金文 . 新闻学通论 [M]. 上海：上海交通大学出版社，2019.
[23] 徐翔 . 计算智能与传播：第 1 辑 [M]. 上海：同济大学出版社，2020.
[24] 杨溢，陈雁，丁豫峰 . 新闻传播与营销策划 [M]. 长春：吉林人民出版社，2020.
[25] 张梅珍 . 全媒体时代的传媒发展与新闻传播教育重构 [M]. 武汉：武汉大学出版社，2017.
[26] 安鸿 . 基于人工智能技术的智能化新传媒创新路径探讨 [J]. 网络安全和信息化，2023（3）：16−18.
[27] 陈丽丹，姚艺 . 人工智能赋能新闻传播教育：实践转向、未来愿景与赋能路径 [J]. 重庆邮电大学学报（社会科学版），2023，35（1）：140−

147.

[28] 代晓利，刘敏 . 元宇宙赋能未来新闻传播教育及其带来的挑战 [J]. 西昌学院学报（社会科学版），2023，35（1）：116-122.

[29] 党红霞 . 虚拟主播对新闻传播发展格局的影响及建议 [J]. 声屏世界，2023（14）：32-34.

[30] 杜朋 .VR 技术在新闻传播领域的应用研究 [J]. 中国市场，2022（28）：194-196.

[31] 封荣权 . 人工智能在新闻传播中的应用分析 [J]. 新闻潮，2023（5）：27-29.

[32] 付松聚 . 智媒时代高校新闻传播人才培养转向探析 [J]. 全媒体探索，2022（11）：77-78.

[33] 高可意 . 人工智能发展下的新闻传播机制 [J]. 中国报业，2022（20）：10-12.

[34] 葛成利 . 主流媒体短视频新闻传播力的提升途径 [J]. 新闻文化建设，2023（6）：135-137.

[35] 葛杨，付松聚 . 智媒视域下 AI 合成主播传播伦理审视 [J]. 采写编，2023（6）：92-94.

[36] 韩冷 . 网络化关系视角下新闻内容的多元化传播分析 [J]. 新闻文化建设，2023（7）：171-173.

[37] 洪杰文，常静宜 . 人工智能的新闻传播实践及反思 [J]. 青年记者，2023（1）：45-49.

[38] 惠梦婕 . 人工智能技术对新闻生产传播模式的革新 [J]. 西部广播电视，2023，44（10）：74-76.

[39] 匡文波，姜泽玮 . 变革与挑战：运用人工智能，赋能新闻生产 [J]. 新闻战线，2023（18）：66-69.

[40] 李秦硕，商海明，罗舒婷 . 创新共生：人工智能赋能新闻传播的融合发展研究 [J]. 新闻文化建设，2023（12）：33-35.

[41] 李文健 . 试析电视新闻记者如何应对人工智能的挑战 [J]. 新闻潮，2023（6）：61–63.

[42] 李欣怡，冯帆 . 数据新闻可视化与人工智能融合发展的创新路径 [J]. 海河传媒，2023（2）：50–54.

[43] 廖圣清，舒瑾涵 . 数字社会卓越新闻传播人才培养模式的创新 [J]. 中国编辑，2023（3）：74–79.

[44] 陆小华 . 智能内容生成的实质、影响力逻辑与运行范式：ChatGPT 等智能内容生成现象透视与解析 [J]. 新闻大学，2023（4）：17–24，119–120.

[45] 吕叶 . 5G 通信技术对新闻传播带来的机遇与挑战 [J]. 中国新通信，2023，25（7）：10–12.

[46] 潘倩云 . 5G 时代新闻传播领域的变革机遇与挑战分析 [J]. 中国新通信，2023，25（2）：99–100，205.

[47] 任芸莹 . 高校新闻传播专业人才培养路径探究 [J]. 山东开放大学学报，2022（4）：55–57.

[48] 史安斌,高姝睿 . 人工智能在新闻传播中的运用: 实践探索与伦理困境 [J]. 青年记者，2022（19）：92–96.

[49] 史安斌，刘勇亮 . 聊天机器人与新闻传播的全链条再造 [J]. 青年记者，2023（3）：98–102.

[50] 史昆，岳彦慧 . 浅析“AI 合成主播”在新闻传播中的应用与发展 [J]. 中国广播电视学刊，2023（9）：72–74.

[51] 思治春 . 短视频新闻传播破圈策略探析 [J]. 新闻文化建设，2022（18）：83–85.

[52] 宋奇宸 . 新闻传播领域的人工智能技术应用思考 [J]. 中国传媒科技，2023（5）：109–112.

[53] 习近平 . 加快推动媒体融合发展构建全媒体传播格局 [J]. 新湘评论，2019（9）：4–6.

[54] 夏红平 . 人工智能与新闻传播的联姻 [J]. 新闻文化建设，2022（18）：18–20.

[55] 向风秀 . 人工智能与融媒体时代的新闻传播 [J]. 电视技术，2023，47（2）：197–199，215.

[56] 谢姝娜 . 5G 背景下媒体新闻传播主动权的掌握途径 [J]. 新闻文化建设，2022（18）：167–169.

[57] 辛晓青 . 科技时代背景下让新闻传播更"接地气"的思考 [J]. 国际公关，2022（19）：170–172.

[58] 闫雨昊 . 数字虚拟技术在新闻传播中的应用分析 [J]. 记者摇篮，2023（6）：33–35.

[59] 杨春光 . 智媒时代提升新闻传播工作效度的实践进路 [J]. 齐齐哈尔大学学报（哲学社会科学版），2023（8）：123–126.

[60] 杨丹娟 . 媒体融合背景下新闻传播方式的转变与突破 [J]. 新闻文化建设，2023（16）：157–159.

[61] 杨倩 . 虚拟数字人在新闻传播中的应用及特征探析 [J]. 视听，2023（9）：141–144.

[62] 叶星煜 . 新媒体环境下的电视新闻传播创新策略研究 [J]. 传播与版权，2023（2）：4–6.

[63] 俞伟蓉 . 短视频新闻传播优化路径探析 [J]. 新闻研究导刊，2023，14（1）：132–135.

[64] 张波 . 生成式人工智能对新闻传播教育的影响及因应 [J]. 中国广播电视学刊，2023（10）：22–25.

[65] 张强 . 智媒时代高职新闻传播人才培养模式的创新研究 [J]. 新闻研究导刊，2023，14（1）：71–74.

[66] 张雯暄 . 融媒体时代新闻传播的特点及路径 [J]. 百科知识，2023（15）：30–31.

[67] 赵子忠，王喆 . 智能媒体技术助力主题主线新闻传播 [J]. 电视研究，

2022（10）：43-46.

[68] 周培源，钟沈军 . 虚拟媒体人的发展及对新闻传播业的影响 [J]. 青年记者，2023（2）：16-18.

[69] 周荣庭，沈秋月，张欣宇 . 全媒体视域下 VR 新闻发展策略探究 [J]. 青年记者，2023（3）：44-46.

[70] 陈兆禹 . 智能传播视角下虚拟新闻主播发展研究 [D]. 西安：西安工业大学，2023.

[71] 齐雅文 . 顺应智能媒体时代新闻传播教育 [N]. 中国新闻出版广电报，2023-03-28（8）.

图书在版编目(CIP)数据

智闻未来：人工智能技术视域下的新闻传播发展研究／岳小玲，尹红茹著．--长沙：中南大学出版社，2024.9.

ISBN 978-7-5487-6000-9

Ⅰ．G210-39

中国国家版本馆 CIP 数据核字第 20246KA077 号

智闻未来：人工智能技术视域下的新闻传播发展研究

ZHIWEN WEILAI：RENGONG ZHINENG JISHU SHIYU XIA DE XINWEN CHUANBO FAZHAN YANJIU

岳小玲　尹红茹　著

□出 版 人　林绵优
□责任编辑　谢金伶
□责任印制　唐　曦
□出版发行　中南大学出版社
社址：长沙市麓山南路　邮编：410083
发行科电话：0731-88876770　传真：0731-88710482
□印　　装　河北万卷印刷有限公司

□开　　本　710 mm×1000 mm　1/16　□印张 18.5　□字数 254 千字
□版　　次　2024 年 9 月第 1 版　□印次 2024 年 9 月第 1 次印刷
□书　　号　ISBN 978-7-5487-6000-9
□定　　价　88.00 元